阅读成就梦想……

Read to Achieve

指尖上的场景革命

打造移动终端的极致体验感

[美]玛丽贝尔·洛佩兹（Maribel Lopez） 著 平宏伟 龚倩 徐荣 译

RIGHT-TIME EXPERIENCES

Driving Revenue with Mobile and Big Data

中国人民大学出版社

·北京·

推荐序

场景革命：让上帝为顾客服务

陈禹安　心理管理学家

自商业繁盛以来，全球数以亿万计的消费者都心怀一个美好的梦想，这就是顾客的上帝梦。成千上万的商家，喋喋不休地重复着“顾客就是上帝”的论调，但几乎没有哪一家能够尽善尽美地做到让“顾客上帝”真正满意。“顾客上帝论”尽管徒有虚名，但几乎每一个消费者都很不愿意从这个美好的想象中脱身而出，时不时地以“上帝”的身份，对于不甚尽责的商家发出愤怒而无奈的抨击。

这种悖论式的商业现象早已是商业丛林中的常态。一方面，这是受限于商家的供给能力。另一方面，消费者的需求和欲望也是没有止境的。

从本质而言，顾客需要的是一种“极致的体验感”。所谓“极致的体验感”，就是随时随地、即时即刻提供与消费者需求完美匹配的产品或服务，没有任何时间滞延、空间隔离以及流程阻力。我曾经在《技术情商》一文中写道：“未来的产品，必须具备与用户的每一使用时刻不同的情感状态相呼应的调适性，才有望立足并赢得未来。换言之，未来的产品必须具备与用户共情的能力。”这段话，也可以视为对“极致的体验感”的另一种诠释。

无论是哪一种诠释，事实上，除了全知全能的上帝，没有人能够真正满足消费者这些形形色色、不断进化的需求。这种“极致的体验感”，也许只是我们一厢情愿的美好想象。

但是，《指尖上的场景革命》这本书却告诉我们，让上帝为顾客服务，已经不再是梦，而是正在发生的现实！

移动互联网以翻天覆地的力量，掀起了一场指尖上的场景革命。智能手机、

App、大数据、云计算、可穿戴设备这些移动互联网的基本技术要素正以前所未有的默契感与想象力，制造出各行各业的产品之神！这些被移动智能技术神化了的产品（或服务），仿若全能上帝的化身，可以基于各种各样的应用场景而给予消费者以极致的体验感。

不妨来看几个“惊心动魄”的经典案例。

从我们的日常经验来看，驾车发生交通事故之后，将会迎来一场耗神大战。我们无法精确报告自己的当前位置，从而延误医疗救援以及道路救援。我们也没有办法及时向保险公司报告出险状况，只能坐等勘察人员赶到现场，随后则是一个漫长而艰苦的理赔流程。但是，法国的安盟保险公司（Groupama）却用一款 App，让顾客变成了上帝。这个 App 向客户提供了一键式服务直接引导客户联系对口的部门。发生交通事故之后，安盟保险的 App 从手机的 GPS 模块获取位置信息，确定客户在什么地点发出服务需求呼叫，为实施医疗或道路救援创造便利条件。同时，客户在现场就可以用智能手机拍摄车辆受损情况，将图片传送给经纪人，从而大幅缩短完成索赔流程的时间。在报险时，除了首次应用 App 的顾客，需要提供保单号码等基本信息，此后 App 就自动保存了相关信息而无须客户重复提供了。这款 App 创造出了前所未有的极致体验，吸引客户纷纷下载，19 个月内，下载量就达到了 2.4 万次。

赌城拉斯维加斯的米高梅百乐宫酒店通过安装的思科无线网络，当某位顾客在餐饮区停留十分钟，就会向酒店的市场营销软件上传这一信息。市场营销软件根据这位顾客的预订酒店信息了解到他正在同家人一起旅行。软件还根据他以前停留的地点可以了解到他的饮食偏好，然后市场营销系统通过酒店的 App 向他发送消息，内容为：“你好，在当前的餐厅吃面条，如果要四人一张的桌子，要等一小时。但在 Café 百乐宫餐厅就餐，只需要等十五分钟。你想订位子吗？”

亚马逊公司在平板设备 Kindle Fire HDX 上配备了一个“电子”按键，用户按下这个按键，可联系亚马逊专家提供一项被称为“Mayday”的支持服务。亚马逊专家可远程和用户一起操控平板设备，介绍设备的各项功能。客户可看见亚马逊专家在设备屏幕上画图，一步一步带领客户完成操作，或为客户完成操作。亚马逊公司一年 365 天，每周 7 天 24 小时免费提供 Mayday 服务。在 Mayday 提供客服过程中，用户在屏幕上能够真切地看到亚马逊技术顾问的一举一动，但顾问们看不到用户。亚马逊要求客服人员对服务请求作出响应的时间不超过 15 秒。后来，这一响应时间竟然被缩短到了 9 秒钟！

乐购公司在应用电子货架标签之前，需要手工更换的纸质标签数量在 500 万到 1 000 万之间，既耗时又不能为顾客或商家增值。电子货架标签具备的价格更改的敏捷性为乐购公司运营带来了莫大的便利，使其对存货变动情况和竞争对手定价变化可以作出快速反应，以价格为武器进行短期促销。这一切在纸质价签时代是不可想象的。比如，乐购订购了大量的草莓，但在某个门店或某一地区，喜欢草莓的顾客不多，草莓滞销了。草莓保存时间短，如果不能尽快卖出去，草莓会烂掉。连锁店管理人员可以决定在这个门店或几个门店降价销售草莓，优惠时间限定在 6 小时以内。其他门店的草莓价格保持不变。顾客在门店的显示板或 App 上能看到草莓降价促销信息，收银台也实时按草莓新的价格收款。这种敏捷性定价策略使得商家拥有了近乎实时的弹性定价能力，足以让顾客从平淡无奇的降价感受中走出来，享受到基于场景信息量身订制的价格优惠。

华盛顿医疗中心（WHC）则通过指尖上的场景革命，将世界一流水平的医疗服务外延到应急医疗车辆上。WHC 和美国电话电报公司合作开发了一款叫作 CodeHeart 的 App。当应急医疗车到达抢救现场后，抢救人员发起实时的音频和视频对话，同医疗中心的心脏病科的医师远程共享患者的病情和心电图信息。CodeHeart 为患者提供了医疗服务领域的极致体验。WHC 能够提前做好患者救治的准备工作：派遣医师到达现场，就地处置不宜运送的患者；在患者到达医疗中心后，急诊室立即开展针对性的救治，调配医师优先抢救病情危重者。

……

这几个案例，无不让人感受到产品神化之后的超级震撼感。这还仅仅只是场景革命的开始。本书作者玛丽贝尔·洛佩兹在全球范围内精心调研，以独到的前瞻力和精准的判断力，为我们提供了数以百计、遍及各行各业的关于极致体验感的案例。无论客户在哪儿，处于什么样的状态，基于场景的移动化商业模式，都能够触及顾客，黏吸顾客，为他们提供量身定做的完美服务。这项在我们的想象中，只有上帝本人才能得心应手加以实现的艰巨任务，如今竟已飞入寻常百姓家，并日益成为商业世界的新常态。

尤为值得一提的是，这本书不但帮助众多处于移动互联网转型大潮中的迷茫者看清了方向，而且也为他们提供了极具实践价值的方法。

当下，“场景革命”早已成为热得发烫的显词，很多人抛出了不同角度的“场景论”。事实上，真正搞懂“场景”一词内核及含义的却是屈指可数。很多人以为，场景无非就是移动互联网化下的位置信息，但本书却开创性地提出了场景九要素：位置、设备类型、行为状态、天气状况、环境条件、社会角色与社会关系、时间、移动状态和目前的处理状态。

这是截至目前，就基于场景的商业模式建构所提出的最为完整精准，也最具可行性的实施模式。上述九个因素（而不仅仅是位置信息），都会微妙地影响到顾客的体验感。要想为顾客提供极致的体验感，必须确保场景九要素之间的无缝对接，完美组合。

德国哲学家尼采说“上帝已死”，而基于移动互联网的场景革命却说“上帝重临人间”。在这个全新的商业时代，唯有上帝才能让“上帝们”满意。所有的产品或服务，只有经由场景再造，成为上帝的化身，才能让消费者的“上帝梦”成真，才能为他们提供随时随地、即时即刻、完美匹配的极致体验感。

从虚无缥缈的“为顾客上帝服务”，到扎扎实实的“让上帝为顾客服务”，这就是正在发生的场景革命，这就是正在发生的商业未来！

前言

场景商业时代扑面而来

RIGHT-TIME EXPERIENCES

Driving Revenue with Mobile and Big Data

移动技术、云计算和大数据正在像很多人说的那样改变着世界。截至目前，我们使用移动通信技术已经有很多年了，强大的终端、无处不在的无线网络、人们对移动技术的热衷等几种因素交织在一起，成为改变我们生活、娱乐和工作方式的强大力量源泉。现在人们可以将信息、游戏和服务等万千应用尽收掌中。公司员工无论到了哪个地方，都不会错过任何一个商业机会，仍能及时处理各种工作，而且还可以随时置身于任何一个工作流程之中。鉴于此，有远见的管理者正在创建更加复杂的基于场景的各种新型业务，他们通过不断引入先进技术来让自己的产品、服务和信息沟通时刻适应消费者、潜在客户、员工等不同用户不断变化的需求以及快速变化的形势。本书在开篇部分将详细说明场景业务的含意及其运作流程。

要创建地点正确、时机正确、感知良好的基于场景的新业务，仅依靠移动技术是不够的，创建场景业务还需要打破现有的分散的信息小仓库的壁垒，来全面革新业务流程和商业模式，并实现 IT 技术和商业战略的协同发展。另外，要创建这些新型场景业务，还需要利用移动技术、云计算、大数据和解析学理论来将原本很枯燥无味的、呆板的“数据”转化为有用的、活灵活现的“信息”，以充分发挥其应有的作用。通过使用移动技术、云计算、大数据和解析学这四大基础技术，企业最终就能够办成那些在过去看来难度太大、花费太大而难以办成的事情。

在这个英雄辈出的时代，那些有生命力的、成功的企业将能够收集并整合如位置信息、过往交易信息等来自众多分散数据点的大量有用信息，以产生对所需要了解的雇员、潜在客户和消费者等目标群体的全方位洞察力。这些整合后的信息通过有效的信息解析与分析后，将分析成果应用于新产品的规划与生产中，或是应用于服务提供的流程之中，抑或是应用于对员工的技能提升的培训计划的制订之中……这样一来，就能够设计生产出用户满意的、更好的产品，就能够大大优化业务和服务流程，就能够让每一个员工都能在自己想要发展的方向上得到进一步的提升。目前，有许多企业正在将这种信息整合技术的分析成果或多或少地反馈到他们的产品规划与生产的各个环节之中，从而获得了新的巨大的商业价值，并确保他们能够在未来残酷的市场竞争中赢得先发制人的优势。

与其将以上这些业务称为基于场景的业务、实时业务或定制业务，不如称其为具有极致体验感的业务更为妥当。这是因为在一个具有极致体验感的业务提供与服务享用的完整循环中，买卖双方的每一位亲身参与者都会达到乐享其中的状态，他们都分别达到了各自想要达到的极致体验感的最佳境界。这种境界就是恰到好处地在用户（可以是消费者、潜在客户、员工、合作伙伴等任何商业活动的参与者）最迫切需要的时候，以最恰当的方式出现并提供最完美、最恰当的产品或服务。这种最佳境界也是让想提供产品服务的人在最恰当的时机向最恰当的客户提供出最恰当的产品，同时让想享受服务的客户在最需要的时候享受到最想要的产品或服务。

我们这里所讲的极致业务体验感，人们可能还不熟悉或不知道如何获得，但对他们来说，在正确的时间点获得正确的服务和令人满意的体验感所具有的商业价值是显而易见的。有时候，早在一个新需求被满足之前，只要你能够时刻以追求极致体验感为工作目标，那么极致体验感就能够帮助你及早作出预见：及早地发现需求、及早地推出产品、及早地满足需求。极致体验并不一定非要实时性，例如，空调可以在某个时候发起一个“是时候该更换空气过滤器了”的报警信息，虽然这个告警信息的发出时间以及订购新的空气过滤器的时间并不需要具有实时性，但如果实现了诸如此类的用户体验，对广大消费者来说，一定是一种非常具有吸引力的、非同凡响的感受。

基于场景的业务这个概念在目前来看已经并不是什么新鲜稀奇的事情了，我们已经拥有实现场景业务所有必要的技术储备，而且在我们实现的各种应用和服务中都存在诸如时间、地点、频次等诸多可资利用的信息元素，因此，我们完全相信能够向客户提供基于良好体验感的场景商业时代正在向我们扑面而来。可能有些企业管理者非常担忧场景业务在隐私性、透明度、费用成本和安全可控性方面的诸多问题，虽然这些担心在某种程度上是有道理的，但是那些更有眼光的、更具有竞争力的市场开拓者们却在你们犹豫不决的时候已经将很多有前途的场景业务尽收囊中了。大多数公司正在错失非常重要的企业转型的战略机遇期，这种战略机遇期就是通过场景业务对传统业务的改造来实现公司的战略转型，并借助新型场景业务来改善公司的盈利能力、提升利益相关方的参与度、提升用户满意度。当然，在其整个实现过程中新技术都是实现最佳体验的最基础要素。

追求极致体验感的发展思路，对既有企业的高级管理者、市场营销人员和IT领导者都是非常有价值的。极致体验感的概念，既能帮助现有企业领导者理解即将发生的市场形态的剧烈变化，又能帮助他们适时做出相应的应对规划。极致体验感不仅能够成为初创企业的奋斗目标，亦能帮助企业家在市场环境发生改变时，更容易地调整商业模式和产品规划。

本书由以下三部分组成。

第一部分，主要描述了在移动技术和大数据背景下的商业创新机遇和挑战，详细阐述了为什么在技术、市场形态、市场变化的共同影响下，迫切要求企业领导者制定新的战略措施来应对这种挑战，否则就有被淘汰出局之忧。

第二部分，主要讨论了用于设计业务流程、制造产品和创立具有吸引力的极致体验的新方法；并通过大量实际案例的分析介绍，来说明企业如何提供极致体验服务和建立新的战略方向，以应对新挑战。

第三部分，主要论述了实现基于移动场景的极致体验感的行之有效的实施计划，以及该行动方案的体系框架。虽然每家企业的情况都不尽相同，但本部分所论述并提供的框架体系将能够涵盖规模大小不同的企业和各种行业领域的公司，并适应他们的转型发展需要。本部分主要解决并回答了如下几个问题：如何开始为用户提供极致体验感？需要改变哪些业务流程？怎样创立极致的业务体验？这时，作为一家需要求新、求变的企业，就需要在技术、人员和流程战略等各个方面制定出相应的发展策略与行动计划。

本书透彻分析了在移动互联网全新商业模式背景下人们所面临的挑战，指导人们如何扫清创新发展前进路上的障碍。而且在本书中，我还反复强调了何种技术对企业是至关重要的，哪些流程是你需要考虑进行改变的。一旦理解了这些要点，你就会更加渴望知道有关大数据、解析学和云计算等基础技术的细节知识了。本书对基于移动场景的极致体验感不仅仅作了概要性的、全景性的介绍，还介绍了企业在追求极致体验感的转型道路上如何制定长远规划和实施纲要。本书不会赘述有关各项技术的具体实现细节，关于这些技术的基本知识请阅读其他相关书籍。

在本书的最后部分，我们会引导那些希望创新发展的企业领导者能够更好地利用移动技术、大数据、云计算等领域的创新发展成果，做出正确的投资方向决策和企业转型发展规划。本书的宗旨就是要鼓励有志向的企业将致力于向客户、潜在客户和员工提供具有极致体验感的新业务或新服务作为他们至死不渝的奋斗目标。如果他们能够接纳这些创新发展理念并付诸实施，那么其结果必将像我在本书各章节所提到的那样，他们将能够在市场中获得更强的盈利能力、更广泛地扩展其业务范围、获得更大的市场份额，并吸引更多的利益相关者相互合作、共同投身到这个伟大的事业之中。

第一部分　移动场景时代的适者生存

移动性、大数据和云计算正在打破传统的商业模式。新创企业和对技术有敏锐洞察力的企业，都有机会向客户和员工提供具有极致体验感的新业务和服务。

未来从现在起步

由于技术的巨大进步，在过去看来不可能的行为和业务在今天却都可以现实了。当新技术发展的影响力以及对新的潜在能力的开发力这两者结合到一起时，就会打破既有的传统商业模式。目前在各行各业中，都有一些新创企业成功利用互联网思维来挑战既有的行业惯例和传统的商业模式，他们给市场注入了新生力量，大大地增强了市场活力。第 1 章我们将简要介绍一些以提供极致体验感为创新发展方向的企业的商业创新案例，并分析论证他们是如何抢占市场，如何实现市场的重新划分，以及如何增强其市场竞争力的。

以史为鉴，走向未来

尽管一些大公司的决策者已经意识到他们的很多产品和服务达不到客户的期望值，但是他们却苦于没有良策以应对新模式下的新挑战。在很多情况下，企业需要有实质性的创新发展，但是这通常是很困难的。在环境急速变化且难以预料未来发展的情况下，要让这些企业自发自主推动变革将更加艰难。对既有的企业而言，在新的市场模式下，他们的发展机遇和风险并存。第 2 章将主要讨论如果企业决策者不采取行动或迟疑不决，那么他们的企业将会在新的技术革命浪潮中受到巨大的伤害。在此基础上，我们还在本章向他们提出了若干拆除前进路上障碍的方案和建议。

第二部分　极致体验才是制胜之道

极致体验应运而生

既有的传统行业惯例即将过时，企业怎样才能继续获得成功？一家企业如果要谋划长远的发展就需要直面新的市场发展方向，平衡市场各方面的发展动力，以创建基于移动场景的极致体验感作为其新的前进方向。充分利用移动技术、社交网络、传感器、交易数据等全方位的信息源和渠道，将分散枯燥的数据提炼解析成可资利用的信息。在新的商业模式下，一切机构和组织都要学会使用新的信息贮存技术，并熟练掌握更加全面的新的信息解析方法，从而能够将从各方面挖掘到的信息资源转化为可付诸实施的洞察力，也就是通过使用更深入的感知技术来获得提供更加精准服务的能力。

通过对从不同技术维度或领域获得的大量数据之间的关联性信息的细致解析与分析，就可以形成对该事物的全新洞察力，从而可以将过去很传统、很普通、很呆板的产品与服务改造成为适应客户要求的、可以为客户提供更加满意的极致体验感的业务与服务。

尽管对许多人来说基于场景的极致体验感还给人以云里雾里的感觉，很多理念好像还停留在想象中，但通过对极致体验感的追求来推动企业转型发展的作用依然超出想象。推崇极致体验的企业和公司至少会在以下三个方面获得提升：更多的人文关怀、更多的生意和更多的沟通与理解，本书将它们称作是极致体验的三个C优势。

极致体验感中的核心要素：信息交互

使用全方位的场景信息，如上线与否的信息、社交网络状态信息和地理上的位置信息等，任何企业和单位都可以更加精准地确定与员工和客户或者合作伙伴应该在何时、以何方式、交互何种信息了。在将来，使用增强现实技术的浏览器这样的（具有强大洞察力的）软件，借助数字数据渲染这样的技术，就完全能够对终端设备上的相机拍下的物体的物理景象，进行各种各样的增强渲染处理，以获得各种各样更让用户满意的十分逼真的图像或场景再现。对消费者来说，服务企业能够将所需的位置、产品、可提供服务的员工等有用信息相互关联起来，通过专门的分析研究，然后将其链接或引导到面向客户专门定制的应用入口上来，那么他们就可以为客户提供即需即有的完美服务。由此可见，信息交互是极致体验的一个核心要素，但在很多情况下，信息交互也可以说就是极致体验本身。

极致体验感中的人文关怀

通过实现极致体验，企业就可以重塑他们的商业模式、增强工作协同度，还能改善客户关系。在客户体验方面领先的企业深刻地认识到，在交易的每一个环节，从售前到售后，对客户的关怀应该无处不在。当前，新技术的发展使企业能够交付以前做不到的业务。现如今，在实现极致体验的过程中，企业完全能够通过俯身聆听以及社交媒体沟通等形式，来获得比过去的客户关怀更多的反馈信息和更多潜在的产品机会。此外，由于移动新技术的广泛使用，以及通过对移动终端中各种交互数据的深度挖掘，现在的企业完全能够和客户建立起一对一的、端到端的更紧密的相互协作关系。第5章还讨论了如何将极致体验感带来的人文关怀用于企业自身员工身上及这样做的效果。

极致体验感中的商业模式

现在，消费者在商场可以使用智能手机随时查询价格、查询存货、浏览产品评论。传统的零售商们要对付“先逛店后网购”的挑战——消费者在实体店看样品问价格，掌握信息后再到网上购物；或在你这里看好东西，然后从其他零售商处拿货。“先逛店后网购”给传统商业模式带来了前所未有的挑战，但是如果一家企业能够利用好移动技术，就可以对潜在的客户进行追踪。如今，移动技术是如此的普及，通常完全可以很方便地获得客户的购物地点等基本信息。如何将信息技术和面向客户的要求融合到一起，并很好地利用起来是一个非常大的挑战。为了应对这种挑战，就不可避免地要利用移动技术，来获得诸如位置信息、人们的活动信息和捕捉到的图像信息等等各种有用的信息。除此以外，移动性和大数据还能帮助企业在获得大量数据的基础上，细致地分析数据，并根据大数据的分析结果，有针对性地在客户有需求时及时准确地提供所需要的服务。这种对移动技术与大数据分析技术的有效利用，极大地改善了企业对企业（B2B）电子商务的商业模式。

第三部分　做好应对移动场景时代变革的准备

在本书的第一部分，我们分析了技术、社交和商业模式正在发生结构性变化的现实情况；在第二部分，我们分析了极致体验的价值所在；那么在第三部分，我们将详细论述企业管理者如何在呼唤英雄的时代做出正确的投资及企业创新发展方向的决策。

迈向极致体验要经历的三个阶段

企业领导者必须保持企业战略目标始终与时俱进，并能够跟上技术发展的步伐，还要确保企业始终向前看，时刻准备着使用新技术来改善企业内部效能。那些能够推动企业创新发展的措施一般包括：扩展业务范围、改善业务流程、使用新流程推动变革等。在第一个阶段，企业要追求完成目标的最佳效能，要使用云计算，将业务迁移到移动设备上，提供新的协同工具；在第二个阶段，企业要超越追求效能的阶段，以寻求业务流程的革新，这时就必须用好移动技术，并引入大数据技术，对大数据进行分析挖掘；在第三个阶段，企业必须使用互联设备、创建新的工作流程、提供新产品，并改变传统的业务形态。

在第 7 章中，我们还讨论了为公司制定一个新的商业战略规划的需求，这个战略规划对建立工作流程引起的变化和管理员工需要使用的技术进行了系统整合。之后的3章将详细讨论其中的具体细节问题。

场景技术解决方案的构成要件之移动性

实现极致体验的技术方案涉及三个不同的技术领域：移动性、大数据和解析学。现在，越来越多的员工将他们拥有的终端设备携带到工作场所，这就为公司的首席信息官制定一个移动性的信息管理方案对公司的信息进行分发、管理和控制提供了十分便利的基础环境。而这个具有移动性能力的信息管理方案也借助这样的环境基础，实现了降低成本、风险最小化和为技术革新提供畅通途径这个宗旨。极致体验首先要求收集和贮存比过去多得多的数据信息，然而幸运的是，使用大数据技术就可以让这件事变得十分简单。大数据让决策制定更容易，主要是因为那些具有IT系统和大数据中心的公司决策者们通过使用大数据工具，就能够快速甄别和检验出大量的虚假信息，从而可以快速地获得最科学、最可靠的决策数据。第8章将讨论管理者用于实现移动性战略的方式方法和各种不同选项工具。

场景技术解决方案的构成要件之大数据

第9章继续讨论实现极致体验的技术方案的构成要件，重点主要集中在大数据。本章首先要定义大数据，然后再说明大数据带来的挑战。本章还在如何克服信息碎片化、新技术不断发展演进、数据专家通常缺少分析技巧等问题所带来的挑战方面，分别给出了相应的解决方案。

用移动互联新思维雇用员工和提升员工能力

任何一家企业只有发现人才并留住顶尖人才，才能在市场竞争中赢得胜利，并能够提升客户满意度，在行业中建立新秩序。第10章将详细描述现代企业需要如何确立新的角色或团队架构来应对新模式下的技术挑战。第10章还讨论了如何将极致体验理念引入到人力资源的招聘工作中，以及将其应用于制订员工培训计划的工作当中，这样不仅变革了招聘工作，而且还通过有针对性的培训方案，能够最大限度地发挥所有员工的主观能动性，从而最大限度地提升公司运转的效能。

按照游戏化思维（一个名声不太好的重要理念）来设计产品和提供定制化服务，

能够改善客户和员工的参与度。人们将对地位、成就、竞争或自我表现的愿望等信息输入到键盘中，这种游戏化的做法能够驱动客户真实所期望的事情的发生。本章通过对游戏化理念的简要描述，举例说明了一家企业如何通过引入游戏化理念来帮助企业实现其各项管理目标和市场目标。也就是说，在公司运作的各个环节中引入“游戏化思维”，就能够在员工管理上做到人尽其才，在产品服务上做到真正满足客户需求的最佳状态。

结语

在本书的最后部分，我们对极致体验进行了简要总结。尽管我们对极致体验的探究才刚刚开始，但是我们依然要鼓励读者勇敢地接纳极致体验的全新理念，并充分发挥极致体验在各行各业中的技术优势。

目 录

RIGHT-TIME EXPERIENCES

Driving Revenue with Mobile and Big Data

第二部分　极致体验才是制胜之道

第三部分　做好应对变革的准备

第一部分

移动场景时代的适者生存

RIGHT-TIME EXPERIENCES

Driving Revenue with Mobile and Big Data

你还记得自己的第一部手机吗？我想你一定会对自己拥有第一部手机时的情景记忆犹新。1993年，当时我还在摩托罗拉公司供职，那一年，我买了自己的第一部手机。回想起来，第一部手机在我的生活中扮演了解放者的角色，就像汽车扩大了我的生活圈子一样。第一部手机带给我的解放感，就如同我学会开车解放了我的双脚，从而大大扩展了我的活动空间一样。那时的移动通信已经改变了我的世界，而且我也朦朦胧胧地预感到移动通信将改变整个世界，但让我想不到的是，直到二十年之后，移动通信的主流应用才陆续出现。

我们处在一个风云变幻的移动互联时代，通信业发生了翻天覆地的巨大变化，互联网横空出世，电子商务日新月异，发展势头强劲，宽带网络和无线网络无处不在，人们享受着随时、随地、随需接入网络的便捷。移动技术的发展尤其令人感到震撼。我亲身感受到诺基亚公司的第一代智能手机对摩托罗拉公司长期占尽功能机市场优势的强烈冲击，与此同时，也推开了智能手机时代的大门。另外，我还亲眼目睹了大量企业人士对与RIM公司黑莓手机之间进行交互通信的痴迷。黑莓手机强大的通信功能让企业人士倾慕不已，也从此拉开了移动应用大戏的帷幕。大概在2005年前后，我就深信移动通信技术将成为未来发展的大热门。经过三年左右的准备，2008年，我创建了洛佩兹研究机构，来帮助企业客户了解移动技术的发展和应用对其业务到底有哪些影响，帮助他们了解应采取哪些有效措施来应对移动互联时代的巨大挑战。

在潜心研究移动技术的革命性变化并伏案疾书多年以后，我终于能够通过本书向读者呈现系统性的研究成果了。如今，遍布世界每个角落的用户已普遍使用智能手机和数字健身手环为代表的互联设备。在企业中，员工已将移动通信设备带进工作场所，企业信息管理者陷入赶上移动技术发展大潮和确保信息安全的两难境地中，对采取什么战略举棋不定。我创办的研究机构中的企业客户开始向我们咨询移动应用方面的问题，咨询如何通过移动技术推进企业流程的诸多问题。

移动技术的有些问题仍处于争论之中，如移动操作系统到底有几种为宜。当然，主流观点是不应少于两种。在我看来，移动技术发展已进入了成熟期。移动技术令人惊奇，也令人恐惧，让人爱恨交织，五味杂陈。每一个人都意识到移动技术的重要性，并希望对它更了解。显而易见，移动技术非常重要，同大家的想法一样，我也想知道移动技术究竟会带来什么变化。我经营着一家企业，和其他企业主一样，我迫切地想知道未来五年，移动技术将会给企业带来怎么的变化。在我看来，移动技术的未来决不仅仅局限于移动设备和移动网络主宰的双雄世界，移动技术的巨大作用也绝非仅仅是将 PC 机上的业务移植到移动设备上那么简单而已。

早在 2011 年，我就提出了移动场景通信的理念。尽管许多人热议移动场景通信，但就我所知，市场反应平平，波澜不惊。的确，在功能机大行其道、手机上网龟速的时候，移动场景通信的精粹真不是三言两语就能说明白的。我尝试定义过移动场景业务，即企业聚合客户以往交易数据和客户当前位置信息，判断客户需求，为客户提供量身定做的业务和服务。场景业务就像客户自己定制的业务，让客户感到非常满意。许多人将移动场景业务等同广告定向推送业务，但差异还是存在的。几年下来，在场景业务中，信息交换始终存在问题，预定目标也没有实现，因此，企业对员工（B2E）和企业对客户（B2C）这两种商业模式虽然引起过人们的兴趣，而且业务内容还可以灵活定制，但事实证明，这两种商业模式只是镜中花，水中月。

尽管移动场景业务发展不尽如人意，但人们还是想知道，如果移动技术成为企业技术架构的一部分，企业未来的产品和业务会发生怎样的变化？互联网技术自我革新能力非常强，变化无穷，移动技术也能做到这一点吗？如何描绘移动技术的未来景象？无论如何，移动技术是企业产品和服务发展的转折点，我在 2012 年就琢磨明白了这一点。我不能像预测大师那样看穿未来，但我坚信移动技术一定是新变化的源泉，这种变化对我经营的企业将会非常重要。

人们正置身在技术和市场大变革的过程中，这种变化看似寻常，似曾相识，实际上，差异就在细微变化之中。几十年来，企业目睹了技术的飞速发展，目睹了企业外部环境的变化，这种变化是纷繁复杂的，变化的速度在加快，变化产生的经济影响在增强，发生变化的领域也在增多。还记得信息产业发生的巨变吧，大型机为王的贵族时代落幕了，ＰＣ机为王的平民时代闪亮登场了。计算机走下了神坛，ＰＣ机操作简便，人人会用，ＰＣ机价格直线下跌，人人买得起，计算机应用从阳春白雪的小圈子走进寻常百姓家的平凡世界。想像一下大型机时代进入 PC 机时代所发生的变化，我们就不难理解，当世界进入移动互联时代，也一定会发生更加巨大的变化。

移动技术的未来让人浮想联翩，我相信，这将是一个英雄辈出的时代，上演的是一个场上人物众多的大戏，移动终端和移动网络只是其中的两个角色——两个大牌演员。因此，在企业领导者放眼移动技术的未来时，首先映入眼帘的是移动技术随时、随地、随需接入网络的能力，但这绝非移动技术的全貌。还记得生不逢时的移动场景业务理念吧，移动场景业务绝处重生的机会在哪里？移动技术的发展提供了答案。得益于新一代移动技术的强大能力，在移动场景业务模式中，产品、服务和信息交互能力将满足用户需要，利用用户所处的场景信息，可随时、随地、随需地为用户服务，这种服务是近乎实时的服务。发展移动场景业务，移动技术独木难支，需要聚合几种技术的优势。创建移动场景业务需要拆掉信息交互的壁垒来革新业务流程，并实现 IT 技术和商业战略的协同发展。创建移动场景业务还需要利用移动技术、云计算、大数据和解析学理论。

为持续保持竞争优势，已在行业中处于领先地位的企业首先要使用各种技术、各种手段，全面获得用户场景方面的数据和信息，如位置信息，过往交易数据，整合分析数据和信息，了解用户的喜好，打开能够深度了解雇员、潜在客户和消费者诉求的大门。这是一种洞察未来的能力，获得了这种能力，企业就能制造更好的产品，提供更优异的服务，建立更敏捷的业务流程。这些技术或多或少地已在企业里获得了应用，将这些技术融合起来，企业就能够提高盈利水平，建立竞争优势。遗憾的是，能够做到这样的企业还不多。

后来，我认为称这些业务为移动场景业务、实时业务或个性化业务都还不够精准，倒不如称之为基于移动场景的极致体验感（RTEs）的业务更确切一些。由于极致体验感尚未规范定义，或许给人云里雾里的感觉，但在正确的时间获得正确的信息或良好的感受应符合极致体验感的要求，这是每个人都会认同的。极致体验感的价值就在于无论是企业员工、客户还是合作伙伴，只要他们有需求，那么在整个商业交易活动中，他们各自都会获得自己满意的产品和服务。在很多情况下，企业在追求极致体验感的过程中就会孕育出新的产品和服务。不能简单地把极致体验感和实时服务划上等号，极致体验感要让用户怦然心动。

多年前，人们曾试水移动场景业务，但获取信息的技术支撑能力不足，多年后，技术能力已能支撑获取场景类信息。场景类信息能够创造价值，改善公司的盈利能力，提升利益相关方的参与度，最大化用户满意度，因此，善用场景类信息应视为一种战略行为，可惜这种战略机遇正在从绝大多数公司的身边溜走。

本书的读者对象是传统的现有企业领导者和 I T 企业高级管理者。考虑到新创企业可能洞察到了什么才是未来需要的产品和服务，本书试图帮助现有企业领导者了解市场即将发生的巨大变化，制定适合的策略以应对这种变化，继续保持竞争力。在许多行业和领域，新创企业的产品和服务开始达到极致体验的标准，当巨变来临时，改变商业模式对这些新创企业是件易如反掌的事情。

本书由三部分组成：第一部分讨论企业领导者面对技术、市场形态和社会变革时如何制定新的战略，战胜挑战，使企业规避被淘汰的命运；第二部分讨论企业如何在业务流程设计、产品制造、崭新的体验感建立等方面做到求新求变；本部分会提供具有实用价值、可借鉴、可操作的案例，了解某些企业是如何制定战略以战胜变化带来的种种挑战的；第三部分讨论创立极致体验感需要哪些技术作为支撑，重点讨论移动技术和大数据。

虽然世界上没有两家企业是一模一样的，但本书提供的建立极致体验感的体系框架适用于各种规模的企业和行业。在本书的最后部分，作者希望，读者对即将发生的变化能够做好准备，满怀激情地投身到开创全新的、基于场景的、具有极致体验感的新经济中去。

第一部分　移动场景时代的适者生存

第 1 章　未来从现在起步

由于技术的巨大进步，在过去看来不可能发生的行为和不可能实现的业务在今天却都可以现实了。当新技术发展的影响力以及对新的潜在能力的开发力这两者结合到一起时，就会打破既有的、传统的商业模式。

电影必不可少的元素是大胆的想象、燃烧的激情和远大的抱负。许多人在电影中找到了自己的理想世界。电影将人们带进一个新奇的地方，一切都可以期待，一切都有可能发生。多少年前，科幻小说就描绘了未来世界的景象：无人驾驶汽车穿行在大街小巷，不知疲倦的机器人将家家户户都打扫得一尘不染，戴在手腕上的智能手表不再只是计时工具，竟然有了通信功能。

2002 年，科幻惊悚电影《少数派报告》（*Minority Report*）上映，在该影片中，一个人走进一家店铺，天呀，商家竟然马上知道了他的身份。更神奇的是，家居管理充满了智慧，智能控制系统能够感知主人何时进入房间，无论是房间光线的明暗，还是播放的乐曲，都能完美契合主人当时的心境。影片最大的卖点是计算机自动控制的犯罪预防系统。利用几位“先知”超凡的能力，让他们一直处于非清醒状态，不停地捕捉“先知”脑电波中出现的未来犯罪场景，成功地阻止犯罪的发生。

科幻世界毕竟不实，还是赶紧回到现实世界来吧。今天，无人驾驶的原型车已在许多城市上道行驶。在 2012 年国际消费电子展会上，宝马公司发布了新版 M235iCoupe。无须驾驶人干预，这款新车能够自动刹车、控制行驶方向和改变行驶速度。艾罗特公司也生产了鲁姆巴牌真空扫地机，并同时制造出高端机器人，在操作人员控制下，这种机器人可为医院提供健康护理服务，为制造业提供远程检测服务。

高通、三星和其他公司宣称智能手表已和一台小型电脑无异，同时具备手机功能，能接受文本消息，拨打电话，安排行程。除此以外，平板电脑和电子书阅读器正在掀起出版业的第二波变革浪潮，读者不仅可以和出版物的内容进行互动，还可通过分享和评论等互动方式，同出版商合作确定出版选题。

当前，公共安全部还不能预测什么人会在什么地方实施什么犯罪行为，执法人员更多依靠视频监控、移动定位和犯罪分析学等手段打击犯罪，以保障公民安全。在观赏电影时，观众通常会看到新奇的小玩意儿，能识别影片中角色的身份，感知角色的一举一动，根据角色当时的处境，或提供角色迫切需要的东西，或提供行动的锦囊妙计。这些看似怪诞不经的玩意儿正在走近我们，我们将会变得无所不能。世界变化太快，转眼间，我们已生活在电影描述的神奇世界里了，科幻世界里的东西已来到了我们身边。

智能手机里的各种传感器可捕捉各种信息，上报用户位置的连续变化信息，商家能够获得客户进入店面的信息。客户下载商家的移动应用后，商家会识别出客户的身份，知道是不是熟客。广告精准推送的基础是场景信息，如客户当前停留在什么地方，喜欢买什么东西，当前时间是几点几分，天气是晴是阴、是热是冷、是刮风还是下雨等，诸如此类的场景类信息是对客户需求的模拟画像，其中蕴涵着巨大的商机。

此外，人们的穿戴用品也能成为收集信息的传感器，获取健身养生效果方面的数据。有一种传感器可像吃药片一样吞到肚里，能够持续监控关键的生理统计数据。这类传感器的一个典型代表就是普罗透斯数字健康公司（Proteus）研发的“智慧药片”。这种药片实际上是一个信息收发系统，微型传感器内置在药片里，源源不断向外传送信息，通过固定在人体腹部给电池供电的贴片，源源不断接收信息，包括睡眠、身体活动、呼吸和心率情况。MC10 公司生产的超薄–可伸缩式电子传感器，因形状符合人体曲线，可像创可贴一样贴在皮肤上，穿戴舒适，有如“数字纹身”，能够获取大脑、四肢、心脏、体温方面的生理数据，甚至能掌握身体水分流失情况的数据。微软公司几年前开始研发隐形眼镜，谷歌公司接手后继续研发，该公司宣称研发中的隐形眼镜能测出血液中的葡萄糖含量。想象一下吧，诸如此类的技术会带给人们生活怎样的影响和变化，隐形眼镜若具备跟踪葡萄糖含量变化情况的能力，那从糖尿病患者到运动员，再到普通民众都会从中受益。

电影《少数派报告》中出现的智能家居已从科幻世界走进现实生活，智能手机扮演控制器的角色。手指轻轻一点，门开灯亮，室温永远保持在令人舒适的度数上。

梦想和现实的距离有时挺近的。我记得，在度假期间，坐在我身边的一位朋友戴着一副谷歌眼镜。这位朋友能用声音控制眼镜，录下孩子嬉戏玩耍的画面，录下周围大千世界的美景。谷歌眼镜不但目光敏锐，过目不忘，还能识文断字，读电子邮件，将文字消息转换成声音读给收信人听，省去操作键盘的麻烦。我的朋友戴的何止是一副眼镜，简直就是一部声控电脑，这样的神奇之物曾在电视剧《星际迷航》（*Star Trek*）里出现过。维珍航空老板理查德•布兰森（Richard Branson）、特斯拉公司 CEO 埃隆•马斯克都正下功夫破解星际航行迷局。

未来从现在起步。移动技术、云计算、社交网络和大数据这四大技术潮流汇聚到一起，任何奇迹都会发生，科幻电影里让人迷恋的东西正在走下银幕。（见图 1-1）这四大技术凝聚到一起，力量之大，影响之深，人们的社会行为和市场模式都会因此发生不可逆转的改变。

图 1—1　改变世界的四大技术驱动力

在本章中，我将讨论这四大技术是如何不断地改变我们生活、工作和休闲娱乐方式的。

我们生活在一个互联的世界

移动技术和物联网正在催生一个万物互联、传感器主宰一切的社会。四十多年前，手机之父摩托罗拉雇员马丁 • 库帕（Martin Cooper）第一次用手机打通了电话，这是一次改变世界的通话。多年来，移动设备给人的印象是价格昂贵、外形笨重、只能打电话。第一部手机重达 1.15 千克、10 英寸长、电池续航时间只有 20 分钟。1984 年，第一部商用便携式移动电话上市，售价高达 4 000 美元，价格超过了用户的承受能力，移动电话业务用户少，市场发展慢，前景并不看好。

时至今日，手机已然发生了脱胎换骨的变化。移动设备已变得小巧精致，可以放在衣兜里，戴在手腕上。移动设备的运算能力已今非昔比。2012 年，一部智能手机的运算能力令第一艘在月球上着陆的飞船都相形见绌。除了计算能力有了惊人提高外，智能手机的价格也在直线下降，从 4 000 美元一路狂跌到 150 美元到 700 美元的区间，从第一部手机商用以来，这些年累计跌幅超过 83%。

国际电信联盟（ITU）发表报告称，截至 2013 年，全球移动终端数量已达 68 亿台。一个用户可能有两部及更多的移动终端，据此推算，全世界一半以上的人口已经人手一部移动电话，其中 19 亿部为智能手机，到 2019 年，智能手机数量将达到 56 亿部。

想象一下吧，到了 2019 年，全球超过 80% 的人口都会使用智能手机。2013 年 9 月份，印度网络用户达到 1.432 亿，其中只有 16%（约 2 380 万）的用户使用移动数据业务。放眼全球，许许多多的人访问互联网时首选移动终端，毕竟，谁都想拥抱新事物，获取新体验。显而易见，手机众多的功能并未充分使用，人们最常使用的是语音通话功能。现在，用户有新的选择了，能够期待新的体验了。智能手机可以导航，可以玩游戏，可以看家护院，还可以拍照。

进入 2014 年，一个人随身携带的互联设备可不只一个了，移动互联设备已从手机发展到平板电脑、电子书阅读器、健身装置。2010 年年末，智能手机和平板电脑销量已超过桌面电脑和个人电脑。移动设备的普及速度火箭般直线上升，10 多年前，年销量就达到 5 000 万部，超过笔记本电脑，更让人大跌眼镜的是，平板电脑年销量只用了不到 3 年时间就骤然涨到 5 000 万部。

移动终端功能无比强大，网络覆盖无处不在，用户遍布天南地北，几种力量集结到具备了横扫一切的力量，组织之间从封闭孤立走向开放互联，组织内的信息冲破了组织间的壁垒，奔涌而出，相互作用，影响之大，范围之广，没有一个组织可以置身事外。移动技术孕育了无穷的机遇，但遗憾的是，不是每家企业都能将这种机遇挖掘殆尽。人们面临的最大挑战在于，互联什么，怎么互联，互联之后干什么，能获得什么？

将电脑装到每个衣袋里

20 世纪 90 年代，微软公司创始人比尔•盖茨曾说过，创立微软公司的愿景是，让电脑走进每个家庭，摆上每张书桌。计算能力的发展一浪高过一浪，继大型主机和小型计算机后，PC 机掀起了计算能力的第三次浪潮。这次浪潮汹涌澎湃，计算能力走入个人桌面，计算能力变成个人拥有的一种能力。在 21 世纪的前十年，笔记本电脑使计算能力实现了小型化、轻型化、便携化。但人们多半不会只满足于将电脑变小，装入衣袋或钱包中。由于连接受限，机身还不够灵巧，人们随时随地获得计算能力的需求还不能得到满足。今天，人们生活在计算能力和无线网络无处不在的世界。走到哪里都有网络，走到哪里，计算能力就跟到哪里。无线网络提供了互联能力，计算芯片越做越小，各种各样的传感器，都使计算能力不再局限在 PC 机上了。

移动计算能力带来的第一个变化就是互联网实现了便携化。以前，人们可以将笔记本电脑带在身边，但如果没有 WiFi 信号或以太网连接，就不能接入互联网或办公网。现在，移动设备支持多种网络连接，这意味着，网络连接将几乎不再受限。即使在瑞士滑雪场，在波士顿地铁站，你也可以打电话，发电子邮件。预计 10 年内，几乎每个衣袋里都会装着一部电脑的时代就会到来。

智能手机：21 世纪的瑞士军刀

过去，P C 机基本不支持触控屏幕，声音识别，GPS 定位。笔记本也许会配一个摄像头，但用的机会不多。台式机视频会议系统尚未普及，没人相信笔记本电脑上的摄像头会代替手持式能录视频的相机。现在，智能手机和平板电脑既能拍照又能摄像。一直以来，PC 机逐步具备了多功能，用户能处理工作、购物和玩游戏。但 PC 机并没有取代专用设备，如相机、游戏机和 GPS 装置。

现在，人们使用智能手机和卡片式相机记录下转瞬即逝的美好时刻，如孩子蹒跚迈出的人生第一步，足球比赛的最后一次触地得分，摇滚音乐会的一首喜爱的歌曲。在数字化摄影技术大潮冲击下，胶片时代的行业巨头柯达公司、宝丽来沉沦了，无数其他转型速度不快的公司消失了。智能手机和平板电脑横扫傻瓜相机市场。国际数据公司（IDC）是全球著名的信息技术、电信行业和消费科技咨询、顾问和活动服务专业提供商，旗下全球数字成像研究总监克里斯托夫 • 许特（Christopher Chute）经研究得出结论：数字成像业务下滑始于 2013 年年初，下滑速度不断加快，没有慢下来的迹象。

现在，传感器已是智能手机的标准配置。一般手机中的传感器超过了 16 个，可以追踪移动信息，确定方向，检测湿度，还有更多的用途有待挖掘。有了磁导率测量仪和加速度测量仪，智能手机可当指南针使用，移动传感器可用于赛车游戏，可以控制赛车道内的赛车。想象一下吧，假如智能手机可以当手机和游戏机使用，便携式游戏机，如任天堂 DS 和索尼 PSP 还有戏吗？

更有实用价值的是定位传感器和地图应用软件，可以帮助一个人找到距离最近的咖啡店或下一趟公共汽车当前的位置。智能手机具有个人导航功能，这种手机的出现给专业导航仪公司带来了负面影响，如 Garmin 公司和 TomTom 公司就深受冲击。个人导航厂家必须找到新的盈利方式，如出售软件和服务，否则只能等待淘汰出局的命运。

智能手机不再是传统意义上的手机。智能手机可以扮演导航系统、游戏机、浏览器，甚至可当闪光灯用。手机能够远程控制灯、车库、电视。智能手机颠覆了消费者电子产业，不过，这还仅仅是巨变的开始。

显而易见，智能手机和平板电脑改变了人们的交往和获得服务的方式。设备互联浪潮方兴未艾。思科公司估计，到 2020 年，全球将有 500 亿个互联设备。这就是大家所说的物联网。

声控设备让业务和客户变得更聪明

在无线网络和传感器技术推动下，互联设备的种类和信息类型在改变。这种改变能够帮助企业实现业务自动化。人们将互联网定义为通过计算机技术为公众提供 Email 和信息的计算机网络，而物联网定义为设备互联，不再局限于计算机互联的定见了，超出了计算机范畴。这些物理体配置传感器，能够和计算机、人或其他同类设施通信。物联网设备可以是固定的设备，如 HVAC 系统，使用固定或无线连接方式，或移动设备，通过无线连接方式，如汽车或 Polar 心率监测器。这些物理设备可以是生物体上的传感器，如农场里的牲畜、作物，甚至农夫。

过去，一个设备不能告诉你自身的状态信息或只能告知很少的信息，现在，告诉的信息要多得多了。举一个简单的例子，多年来，汽车上的油箱指示仪的指针只提供何时需要加油的信息。现在，汽车的仪表可提供轮胎气压信息，甚至可用于自动将汽车停放在指定地点。传感器内置在汽车中已经有几年时间了，制造商正向汽车所有者、服务中心和其他潜在的有兴趣的人提供更多的数据。

《纽约时报》登载的一篇文章谈到了特斯拉汽车行驶试验，这一特点表现得尤其明显。但特斯拉公司声称这篇文章没有说明测试的各种条件，该公司可以提供相关数据进行说明。安装在汽车内的传感器可收集很多数据，从车速到已充电时间。每个人的汽车都已是互联网的一分子，可同智能手机、经销商和制造商实现互联。

物联网的门槛很低，涉及的对象不限于消费者和消费者的设备。任何可内置传感器，通过无线和有线连接进行通信的东西，都是物联网要拥抱的对象。物联网和企业的管理系统，实现互联和共享信息后，能够为改善企业运营提供新的思考和新的机会。想象一下，如果风力涡轮机彼此能够实现交互信息，会发生什么事儿？

第一风电公司（First Wind）是一家位于美国波士顿的拥有16个风力发电场的公司，一直在安装更多的传感器，通过控制软件，对发电用风力涡轮机进行最佳运行状态控制。新的传感器可测量温度、位置和叶片的倾斜度。风力非常大时，第一风电公司通常要关闭整个风力发电场，改变叶片的倾斜度，以防止由于旋转过快叶片受到损害。有了新的传感器，第一风电公司只需关掉受影响的涡轮机，而不是整个发电场。在冬季，当叶片正在经历霜冻时，那些新传感器就能够检测到这种状态，就会指挥提高或改变叶片的转速以便甩掉结冰。

第一风电公司的首席执行官保罗·盖纳（Paul Gaynor）说："这些新传感器能够收集相当于几年前涡轮机中传感器所收集数据量的3到5倍的数据信息。"这就是我在本章后续部分将要讨论的第四个发展趋势，那就是对大数据进行处理的信息挖掘与信息处理工具将蓬勃发展。

第一风电公司使用常规的电子软件来收集和分析风轮机的数据，得到的最大实惠就是通过对大数据的洞察分析最高效地运行每一个风轮机。该公司的运营数据显示，在两个风场通过123个风机的软件升级，已经增加了3%的电力能源输出，或者相当于在第一年每个风轮机都多输出了120兆瓦/小时的电力。这就相当于这两个风场一年额外增加了120万美元的收入。盖纳说："尽管这个数字并不惊天动地，但其意义是非凡的。这些恰恰说明了我们的这些商业投资的经济价值所在。"

在过去，诊断机器设备状况的方法是相当简陋的。举例来说，设备最佳的工作温度是75度。当温度低于50度或高于100度时，仪表会发出报警信息。机器在85度启动时会发生什么事情？警报声大作，但机器不会自己停下来。设备高温运行三周发生故障了，操作员才知道出了问题了。现在，设备内置的传感器和软件会告诉操作者，设备持续工作的温度达到85度，三周后设备可能会出现故障。应用物联网的数据，更多的信息可以作为决策的依据。设备如涡轮机、航空发动机、铁路机车头、农场里的联合收割机以及生产线上的机器人，能够适时上报设备健康状态信息，生产管理人员能够采取预防性维护措施，设备可以更长时间地健康运行。

这只是物联网作用的一个例子。通过物联网，人们能够获得周围各种设备的信息，据此进行控制和维护，降低运行和维护费用，正所谓“省钱就是硬道理”。

物联网中的这些设备并不是计算机（尽管具有类似计算机的一些特征），但可以为软件信息系统提供数据，在过去，这些数据的获取是困难的，有时甚至是不可能的。随着传感器和无线通信芯片种类的增多和价格的下降，人们在获取信息方面的费用也比过去降低了。那些可能链接着多个机器的商业软件能够将数据转换成信息，以供人们做出恰当的决策。软件可以提供告警信息，例如“请检查轮机护套，它的运转温度很高”、“请检测左后轮轴”或者“在下午使用电子烘干机将使成本增加一倍。”

费用下降的同时，效率也获得了提升。采用移动设备和彼此相连的传感器，能够使互联设备数量不断增多，人们获得的数据量也不断增多。移动技术和物联网不仅改变了设备的面貌，也改变了软件业的面貌。移动技术和云计算技术（这些技术我稍后就会描述），已经在消费者和企业软件市场造成混沌和机会并存的局面。2007 年苹果公司推出 iPhone 时，没人会料到软件产业会受到那么强烈的冲击。许多应用软件、网站和服务都是面向 PC 机开发的，没有开发面向智能手机和平板设备等移动设备的应用。但是，改变迅速发生了。

2013 年 10 月，苹果公司宣称，在过去的 5 年中，为苹果 iOS 系统开发的应用软件已超过 100 万个。几个月后，谷歌的 Android 操作系统的应用软件也超过了 100 万个。事实上，移动应用软件已经真正实现了产业化，开发者开始赚到真金白银了。2013 年一年，苹果应用商店的收入已高达 100 亿美元。有些移动应用软件纯粹是为消费者开发的，但这一形势正在变化。适应行业应用的移动软件蕴藏巨大的商机，是等待软件业挖掘的巨大的新兴市场。

进入 2013 年，员工已经将个人终端带进工作场所。对这些终端进行管理是必要的，在过去的几年中，许多公司的 IT 部门对此需求已作出回应。在一个几乎每个人都可以实现互联的世界中，员工被要求能够立即、按需进入业务系统，无论使用终端的所有者是谁。

洛佩兹研究机构的调查表明，2013 年年末，超过三分之二的公司已经允许员工通过自己的终端，主要是智能手机和平板电脑，获取公司数据，访问业务应用系统。尽管大多数公司将应用局限于提供电子邮件和工作日程，但是这代表着一种趋势。

在消费领域，这种趋势会推动各行各业重新思考如何提供应用和服务的问题。

云计算催生行业新手和新商业模式

移动设备对大众的生活产生了影响，同时云计算和虚拟化技术的诞生，从商业IT、应用软件商场到流行的市场模式，世界发生了种种变化。让我们稍微花一点时间回顾一下过去，不久前，企业还在热衷于建设数据中心，购置服务器和存贮器。系统硬件运行效率不高，利用率通常只达到30% ~ 40%。

这之后，虚拟机和其他被称为虚拟市场的技术来临了。这种技术能够帮助公司提高服务器和存贮器的利用率。有些情况下，硬件利用率能够达到80% ~ 90%，提高幅度是非常大的。使用虚拟技术，IT部门可以减少硬件购置，甚至不再建设数据中心，同样可以满足不断增长的对计算能力的需求。

以亚马逊和Rackspace公司为代表的服务提供商触发了虚拟技术的第二波应用，以云为基础的新一代计算能力作为商品推向市场。已有企业和新创企业不必在数据中心上投入数百万的资金，可以按需购买计算能力，可以按分钟、小时或以天为时长单位购买计算服务。企业需要什么就买什么，什么时候需要就什么时候买。

云计算服务作为一种产品推向市场，意味着企业不再需要为满足峰值计算需求而添置设备了。相比使用自有系统，企业在使用云计算服务时，能够根据市场变化快速作出反应，更加智慧、高效地使用计算能力与资源。拥有数据中心的公司在一年中的某个时间可能需要更大的计算能力，通过使用云计算产品，这些公司可以轻松地适应对计算能力需求的起伏变化。举例来说，一个零售商在圣诞节的交易量会达到高峰，需要的计算能力也很大；这家公司是建设足够大的数据中心以满足一年只有两个月需要的峰值计算能力好呢，还是建设的数据中心能满足全年中10个月的平均需求好呢？通过购买云计算提供商的服务满足其他两个月中的峰值需求是最佳方案。这种选项在以前是不存在的。曾几何时，政府的规定和对安全的担忧，云计算在技术和业务上不停的演进，都阻碍了人们接受云计算服务。由于云计算厂商在技术、业务流程和产品选择上有了改进，数据在安全和管理问题上变得可控，这种担忧也随之减轻了。

现在，云计算具有多个类型和多种使用模式以满足不同的业务需求。显而易见，用户选择的云计算模式越接近已有的系统，用户获得的收益就越大。在云计算厂家提供的服务安全有保证的情况下，一个组织对其宝贵的数据保存在什么地方是不大介意的。

乔·韦曼（Joe Weinman）著有《云经济学：企业云计算战略与布局》（*Cloudonomics:the Business Value of Cloud Computing*）一书，作者描述了云的各种情景和背后蕴涵的经济意义。举例来说，一家公司将核心应用程序运行在自己的数据中心，使用云服务做内容分发，更靠近末端用户。另一家公司可能使用云服务用于确保不间断提供业务和故障恢复。一个人的房屋如果烧毁了，可以在宾馆中住宿，同样的，一家公司的数据中心出了问题，可以通过云服务恢复业务。

使用云服务也能满足更复杂的应用场景。例如，索尼公司通常通过自己的数据中心为在线音乐商店的客户服务。然而业务高峰时刻，信息搜索服务在云系统内完成，音乐销售仍在索尼公司自己的数据中心完成。乔·韦曼认为云计算对消费者和企业正在产生巨大的影响，任何人都能觉察到这一点。很少有企业会像奈飞公司那样一股脑地将全部数据迁移到云上。事实上，对所有的企业而言，云计算意味着可以显著降低支出，降低风险，增加收益，提高业务反应的敏捷性。乔·韦曼也注意到云计算能够提供得到增强的计算性能，改善客户感知。

云计算降低了市场进入门槛

过去，大多数新创企业需要投入数百万美元作为启动资金，购置和安装昂贵的计算机基础设施后才能运营。现在，只需最低限度地投资在云计算上就可搭建一个业务平台，满足每天服务数百万用户的需求。这些按需提供、具有高度伸缩性的云计算能力，也可使各种规模的企业获得灵活和敏捷的计算基础设施的能力，满足需要上的不断变化。一句话，云计算大幅度降低了资本投资的门槛。

得益于投资需求的降低，新创企业数量正呈指数形式增长，只要有一张信用卡支付租费，你就可获得庞大的云计算资源。云计算也改变了风险投资战略。只在一到二个新创企业上下赌注的时代已经过去了，风险投资家可将同样数量的资金投到几十家公司身上，这样一笔资金在互联网早期只够投资到一家硬件公司上去。

技术和社会形态的变化促使消费者和财大气粗的“天使”投资者找寻和投资新创企业。社交网络已经改变了社交行为。稍后我会更详尽地讨论社交网络。人们使用社交网络联系相识的人或兴趣相投的人，找到喜欢的产品和服务。有些网站如 Kickstarter 和 Crowdfunderr 为人们提供感兴趣的目标，为新项目筹集资金。仅在 2013 年，来自 214 个国家的 300 万人承诺向 Kickstarter 项目投入 4.8 亿美元。这意味着每天投入的资金超过了 130 万美元。很多公司达不到传统银行和风险投资的要求，没有这些网站的话，他们不可能获得投资。因此，云计算和社交网络激发了新创企业的兴起，创造了一个适者生存的环境。

新的定价、营销和分配模式的诞生

我曾讨论过云计算改变了硬件的定价和部署模式，同时，软件业的发展模式也发生了巨变。现在，厂家已经能够提供范围广泛的云应用和服务。许多应用方案被称为软件即服务（SaaS）。软件即服务是一种软件分发模式，在这种模式中，应用程序和相关的数据放置在云服务中。其他的业务类型包括以云为基础的存储服务，Box.com、Dropbox 和其他公司可以提供此类服务。社交网络，如 Facebook、Pinterest 和 Twitter 公司也在使用云计算运行业务和提供服务。正如你所看到的，云计算已经打开了一个创新世纪的大门。

在云中分发业务和软件，意味着任何人通过互联网就可以找到提供产品和服务的公司。供应商不需要实体店甚至渠道伙伴了。基础设施建设费用和产品派送费用下降了，新创企业可以尝试新的派送和定价模式以赢得市场的认可。有些公司提供的应用和业务是免费的，但高级功能收费。

例如，一个人可以与 Dropbox.com 签约免费拥有 2G 的存贮空间，如需更大的空间，需要付费；Zoho.com 提供免费的客户关系管理（CRM），最多包括三个客户，如需集成 Email，需要购买高级服务。其他业务采用月付费或年付费模式。在软件行业，这是一个颠覆性的变化，消除了许多市场进入的壁垒。在语言障碍和监管法规限制最少的情况下，这也意味着一家公司可以实现全球交付业务。

诸如 Square 那样的支付公司正在打乱信用卡市场的既有规则，其竞争利器是客户可以更容易更便宜地选择支付方式。现在，将小小的信用卡读卡器插入 iPhone、iPad 和大多数的安卓手机中，任何人都可以通过智能手机或平板电脑使用 Square 完成支付。企业可以下载免费的 Square 注册程序，完成读卡器和银行账号的关联。用户在 Square 上使用信用卡后，商家可获得客户的电话号码或电子邮件地址，向客户发送交易收据。支付设备是免费的，零售商按刷卡次数付费（维萨、万事达、美国运通卡或 Discover 卡，通常是刷卡额的 2.75%），或每月固定支付 275 美元。

“如果购置一个标准的 POS 机、接入信用卡系统的话，会花掉我 5 000 至 10 000 美元，”纽约一家手工烤奶酪店——门斯特干酪店主亚当·施耐德（Adam Schneider）说，“不过，我不用花这笔钱了，同许多人一样，我已经买了一部 iPad，用上了移动支付服务。”施耐德下载了 Square 注册程序，买了一台收据打印机，营业额已达到几百美元了。他认为移动支付的主要卖点是 Square 的便携性和便宜的刷卡服务费用。

起初，大多数金融机构认为 Square 不会成功。出人意料的是，Square 竟然成功了。2012 年，Square 获得星巴克的投资，而且星巴克的大多数门店都使用 Square 完成收款和刷卡工作。Square 的成功之处在于大大简化已有业务的使用方法，让用户有更好的服务体验。收费服务的概念普遍接受，服务费越来越低，智能手机和平板设备取代了昂贵的 POS 终端和通信专线。

现有的金融市场玩家和新兴企业的竞争压力接踵而至。Square 公司继续聚焦金融市场其他部分的不足之处，为达到客户关怀和业务极致体验感提供解决方案。举例来说，多数小商户在创建支持移动支付的网站方面有困难。Square 公司提供的 Square Market 可解决这个问题。Square Market 也能够提供面对面的支付解决方案，同 PayPal 开展竞争。支付业务是一个市场，具备打破既有市场竞争态势的优势。在每一个案例中，真正的创新就是简化做事的方法和创造价值，最低的价格并不是终极目标。

SaaS 会重构业务应用软件市场

对许多消费类应用软件而言，SaaS 是一种成长迅速的业务交付模式。消费者拥有了广泛的基于云的服务交付方案，从 Pandora 的音乐服务到 Box.com 的信息存贮服务。但是，SaaS 和基于云开展的业务和服务并不局限在消费领域。一家基于云的

SaaS 公司 Sasleforce.com 公司 2013 年收入已达 20 亿美元，是基于云服务的企业应用的领头羊。许多大公司如巴宝莉、丰田、通用对 Salesforce.com 公司非常信赖，通过其服务实现可靠的、一流的 CRM 服务。Salesforce.com 公司扮演了 SaaS 业务的开拓者角色，这一市场一旦启动，许多公司就会络绎不绝地进入这一市场，开始提供廉价的云计算服务了。企业发觉，软件即服务业务能够满足组织内几乎所有的需求，从人力资源管理到桌面支持、财务解决方案，应有尽有。

需要说明的是，提供基于云的业务并非是新创企业的专利。既有企业如财捷公司（Intuit）和甲骨文公司，同样能够提供基于云的服务。比如，财捷受到欢迎的会计应用软件 QuickBook 既可作为软件即服务的线上服务，也是可在线下独立使用的软件包。软件即服务业务的出现标志着软件业形态发生了变化。相应地，在软件购买者那边也要发生相应的变化。云计算和软件即服务对公司而言是一件大事，这些公司经常要花费数百万美元购置硬件和软件，签定维护合同，每年都要支付数额不菲的费用。企业可以租用应用软件，如企业资源管理（ERP），人力资源管理（HRM）和财务软件，租用的时间单位可以是月也可以是年。例如，一个公司花费 500 万美元购置 ERP 软件，每年花费软件购置费的 18%，即 90 万美元，用于执行维护合同。在 SaaS 服务销售模式中，企业可以按月支付软件购置费，其中包括了升级费用。

某种程度上，SaaS 模式甚至能为客户带来更好的产品体验，原因是企业始终在使用最新版的软件，企业内部资源不再投放在软件升级和管理上。你可按月支付酬金，在你酣睡时，有人已为你的软件做了升级操作。第二天一觉醒来，你已可以使用以前没有的全部新功能了。以往，新功能的安装是用户自己的事。现在，你不再需要承受新软件包在推出的前 6 个月中存在的大量问题的折磨了。你的软件版本总是最新的。你唯一要做的工作就是培训客户使用新软件、新功能。

SaaS 模式的不足之处是用户不能对应用作出修改。企业想要软件厂家修改或定制软件，这几乎是不可能做到的事情。如果一个公司定制了一系列应用软件，这种定制软件很难在云服务中向其他人推销。SaaS 模式经济性好的一个原因在于有满足大多数人需求的版本。这种软件可以涵盖基本需求到高级需求。SaaS 模式突出共性需求，较少体现个性需求，这种模式存在的特色或价值就在于此。如果客户需要一个特定的功能，你需要提出需求，SaaS 厂家会开发它。

SaaS 模式助力移动应用软件

我曾讨论过移动技术正在带来的深刻变化，客户正在购置专为移动设备开发的应用软件。在商业领域，大多数企业使用的应用软件或业务软件要应用在移动场合时，软件需要重新设计，或向软件厂家购置移动版本。

向员工提供适用移动场合的并可在各种设施上使用的应用软件是企业的需求，SaaS 模式为组织提供了满足需求的第三条道路。SaaS 模式为企业提供了应用移动化的捷径。员工和客户可在任何地点通过移动设备上的 Web 浏览器访问应用软件。

管理人员无须了解操作系统是安卓、苹果还是微软的，能用、好用就行。公司也要适应这样一个事实，尽管可能无法对软件功能进行定制，但也不再有投入资源进行维护或升级的麻烦了。企业能够将这些资源用于其他项目的运作，如开发新产品或提供新的业务，只需重新部署已有的资源，提供同竞争对手差异化的产品，而不是像过去那样花费大量的时间用于开发软件。

无论是设备还是软件，企业现在都可按小时、按月租用。这从根本上改变了供应商提供业务的经济性，也改变了企业在投资这些业务时的资金要求。用户试用业务时遇到的风险也会少些。在消费者领域，这种业务模式可能意味着客户忠诚度的降低，在企业领域，从 SaaS 将数据输入或输出用户仍需投资。从企业的角度看，这意味着在开始一项业务前进行的测试工作简单了，解决方案的费用计算工作简单了，在一项业务增加人手的工作也简单了。

现有企业与提供 SaaS 的新创企业展开竞争，要经受收益总量的变化、收益在时间上的变化以及与产品交付相关的收益的边际变化。这些企业需要降低价格，或设计新的产品同以云为基础的产品竞争，或两种办法都要用。此外，新的商业模式会影响企业收益和边际利润。虽然企业不再需要签定硬件、软件维护合同，每年不再需要数百万美元的支出，但这些公司收取的每户、每月的服务费少了，也没有了维护服务的增值收入。尽管如此，我不认为整个硬件和软件市场会一夜间崩溃消失。相反，许多公司，如洛佩兹研究机构在 2013 年年末访谈的公司中至少有 35% 的受访对象对云服务没有兴趣或兴趣索然。但是，有 65% 的公司对云服务持开放态度，企业必须准备好应对市场天翻地覆的变化，抓住发展的机会。

移动技术和云计算从根本上改变了硬件、软件和消费类电子产业的格局。技术和定价模式的改变有潜力颠覆每个行业和每个公司的治理和运作结构。

除了技术上的变化，还有另一个通过技术和行为的变化起作用的因素，这就是社交网络和社交类业务的出现。

移动技术和社交媒体加深了人们对事件的参与度

移动技术发展蒸蒸日上，同时，社交网站，如 Facebook 和 Myspace，正在将云计算用于线上服务。在 2004 年，Facebook 刚开始创业，Youtube 没有诞生，Twitter 也没有诞生，LinkedIn 公司还是一个行业新手。但到了 2008 年，短短四年之后，社交网站就处在了急剧上升的发展曲线中。

2014 年，Facebook 用户数已超过 1 000 万，Twitter 用户每天发送的推文数超过 5 亿个，YouTube 上每小时增加的视频时长超过 100 小时。社交网络改变了人们的交流方式，并将改变企业与客户和员工的交流方式。社交网络催生了共享和彼此推荐的一种新的文化，极大加速了口头营销的发展，提供了一个新的渠道，营销人员可以直面目标客户。

社交网络为企业提供了了解客户想法的机会，这在以前是不可能的。在社交网络中，人们可以彼此了解有什么样的兴趣，熟人是谁，以及情感上的共鸣点。社交网络提供的原汁原味的数据，可以供情感分析工具使用，帮助公司了解自身的产品或竞争对手的产品在客户身上产生的感受。关于社交网络的优劣问题历经多年争论后，全球的企业领导者正在应用社交网络改变市场营销和服务客户的方法。

社交网络和云计算的协作经济提供了发展动力。耶利米 • 欧旺（Jeremiah Owang）将这种经济定义为不会停滞的趋势："出租品牌，借用品牌，向产品提供捐赠，向客户提供服务。甚至，允许客户之间出借、交易或互赠有品牌的产品和服务。协作经济的独特性包括人际关系、在线信息、个人信誉、明确的需求和可作的贡献、电子商务。"举例来说，Eatwith 是一款应用程序（App），人们通过它彼此联系和一块在家就餐（"同感兴趣的人见面，享受美食，分享难忘经历。"这家网站这样说）。餐馆业主看到了什么？我将讨论其他的分享型公司，如 Airbnb 和 Uber。分享型经济就像一个杠杆，撬动了移动技术、社交网络、云计算，颠覆了既有的商业。

客户社交网络也触发了一种新的共享方式，即员工共享数据和协作工作的方法。人们一度认为协作工作就是 Email 和文件存贮解决方案。现在，软件公司在 CRM 和协作工具等应用中增加短消息功能，类似于 Twitter。以 Jive 和 Yammer 为代表的公司提出了分享型经济的企业需求规范。事实上，我们已有了一个新的术语“社交商业”，用于描述能够共享数据和实现工作协作功能的企业级软件和流程。

移动网络性能一旦有了改善，人们就开始购买使用智能手机，社交网络迎来了网民接受、使用和社交功能不断增加的大发展时期。新的社交网络开始使用移动终端的新功能，如拍照和定位功能，以及很多现场目击类的新功能。Foursquare 建立了基于位置查询的社交网站，如在商场、饭店或热点地区。Instagram 是一家共享随时抓拍照片的网站，Pinterest 是一家精选和展示图片的社交网站，支持移动设备的访问。

社交网络流量主要承载在移动网络上。在接受美国投资资讯及分析网站 Seeking Alpha 财经博客电话采访时，Facebook 的 CEO 马克·扎克伯格在晒公司第三季度收益成绩单时说：“我们 49% 的收益来自移动用户，48% 的客户只使用移动设备访问 Facebook。这几乎达到了只在手机上使用 Facebook 的客户数的一半，这是运去一年 Facebook 的发展超出预期的原因所在。”

显而易见，移动技术、社交网络和云计算对企业的商业转型的作用超过了大多数人十年前的想象。但我还是要讨论大数据及其作用。就象云计算一样，大数据是一种技术，是理解和使用目前能获得的范围广泛的数据的基础性技术。

社交网络、移动技术和物联网造就大数据

移动技术、物联网和社交媒体产生了比我们积累的数据还要多的数据。以前，我们拥有大量的数据，现在，我们身陷于数据的滚滚洪流中。这些数据有的是非结构化的，如视频、图片和文本短消息，更多的数据是结构化的，如电子表格、温度读数和文本文件。互联设备各个组成部分上的每个传感器都会提供数据。信息量巨大，企业难以用现有的工具进行处理。

由于数据来源广泛，人们赋予了它一个新术语，即“大数据”。任何一个组织

应用大数据及其蕴涵的关联信息，能够辨识出令人感兴趣的发展趋势。妥当的大数据分析，扎实的数据基础，基于这两点，企业就能够做到准确预测和正确应对。

企业和组织已有的分析工具不能处理不断产生的全量数据。2005 年前后，大数据存贮和分析工具才诞生；直到 2007 年，主要的互联网公司才开始使用这类工具。含有关联关系的数据源不断增加，如位置服务和社交媒体数量直线上升，大数据存贮和分析问题不断恶化。如果没有新的工具将大数据变成有用的信息，任何组织都不能对未来发展做到高瞻远瞩和让客户有更好的体验。已有的数据库和分析软件不足以分析数量巨大、种类繁多的数据。令人欣慰的是，人们正在对大量数据做分类，大数据平台和分析工具正在开发中。我会在第 9 章讨论大数据平台的定义和企业如何使用大数据平台。同时，人们应当将大数据平台视为工具箱的一部分，移动设备、社交网络和物联网传感器产生的原始数据经过这个工具箱的处理，能够转化为新的、指导人们行动的远见卓识。

产生新体验

技术的演化通常意味着成本的降低和效率的提升。移动技术和云计算都具有提高效率的潜力，二者结合到一起，效率能得到更大的提高。人们通过这两种技术能够做过去做不到的事情。举例来说，考虑一下 Uber 和 Lyft 这样的公司使用云计算、社交技术和移动技术对出租车行业所造成的巨大冲击吧。

在旧金山，出租车不会在偏远的街区出现，打车可不是件容易的事儿。在偏远地区拉活儿不划算，出租车公司和司机唯恐避之不及。有时，调度员通知出租车司机到指定地点接乘客，结果司机却爽约了。Uber 和 Lyft 公司趁机进入出租行业。

Uber 公司开发了一款软件，允许任何人在智能手机上订车，可以使用移动应用软件、文本信息或在网站上直接叫车。在 Uber 上注册的顾客可以选车——豪华轿车或 SUV。初期，Uber 公司允许豪华车司机额外收费。

不久之后，Uber 增加车辆来源选项，可以选择私家车，不隶属于任何一家豪华车公司，可以是非职业司机。这一点很重要的，乘客青睐非职业司机，少花钱，服务好。当前的技术已经使乘客能够找到可靠的非职业出租车司机。社交网络和技术上的变化使人们可以在正确的时间和地点提供正确的体验，即极致体验感。这是技术带来的变化和我们要做的准备工作的本质所在。

Uber 等提供的服务之所以好，在于降低了费用，有了增值服务。乘客可以跟踪预定的车的运行轨迹，司机到达门口时，乘客可以收到短信提醒或提醒电话。在到达目的地时，司机和乘客可以互相评价打分。Uber 公司，而不是司机，在乘客关联的信用卡上扣款。服务结束后，管理系统会发给乘客一个电子邮件形式的收据，含有乘车的详细信息。这样的经历和通常的打车经历是不一样的。乘客不再受信用卡带来的可能受欺诈犯罪侵害的感觉和焦虑感的折磨了，也无须了解究竟该给多少小费了。Uber 公司会自动算出小费数额，完成账单支付工作。这样的体验不是某一个地区的孤立现象，而是一个全球现象。在写作本书时，Uber 公司已在美国 20 个城市提供服务了，并在美国境外包括伦敦、巴黎、上海、多伦多和悉尼等城市开展了业务。Uber 公司宣称："对司机而言，Uber 意味着收入的源泉，职业司机可以将空载时间变成挣钱的载客时间。"非职业出租车司机也可通过 Uber 赚钱。

Lyft 公司对此类出租车业务作了扩展，专业色彩更少，且有更大的价格下降潜力。Lyft 公司的司机都不是职业出租车司机，车辆既不是出租车也不是豪华车。相反，当客户在智能手机上输入叫车信息时，应用软件会呈现司机的姓名、以往乘客的评价、司机照片和车辆的照片。同 Uber 公司的司机不同，Lyft 公司的司机接受捐赠模式付款，而不是规定了的费用标准。应用软件会建议捐赠的数额，乘客会增加数额以包括小费部分。采用捐赠模式，Lyft 公司就回避了当地的运输代理牌照问题。

Lyft 公司借鉴 Facebook 运作方式，要求乘客和司机签订服务合同。"我们这样做的原因在于，内含的社交性和互联属性对我们业务的体验至关重要，"运营 Lyft 公司的 Zimride 公司的首席执行官约翰•季默（John Zimmer）说，"我们发现，在乘客和司机之间有互动时，要求用户使用本人的 Facebook 信息签约在管理上是最有效的，能够确保财务安全、身份识别和人身安全。"Lyft 公司的机制类似防火墙，挡住了不尽职的司机和让人生厌的乘客使用 Lyft 的服务。

这种技术能够涵盖业务的全过程，从在手机上追踪某辆车的轨迹到在手机屏幕上点击支付费用，客户获得的体验是过去不曾有过的。虽然只举了几个例子，但足以说明这些技术结合起来，在客户需要的时候，可以提供更丰富的体验。

许多客户非常注重“恋人般的服务”（即客户希望如影随形的周到服务），企业需要时刻关注客户对产品方方面面的心态的细微变化，即客户期望无论他们在什么地方，来自产品提供方的联系和服务都能如影随形，仿佛相爱的人永远在一起。客户这种期望上的明显变化促使企业必须改变业务流程以支持在任何地方、在多种类型设备上开展业务。不这样做的话，这些公司就会被淘汰出局，原因很简单，有些企业和企业主已经真切地认识到了这其中的玄机和机遇。

指尖上的场景革命

以每十年为一个周期，技术演进对计算能力的发展有根本性的改变。在 20 世纪 70 年代，小型机称王；20 世纪 80 年代，PC 机叱咤风云；21 世纪是互联网时代。进入 2010 年，移动技术、社交媒体技术和云计算汇集成改变计算能力的三股力量。技术演进持续改变业务的基础结构，同时，企业面临的不止是技术变化。过去几十年来，技术进步带来了效率的提升。现在，技术对人们的行为影响更大了，行为改变的推动力量是社交网络类的技术。与互联网早期的情形一样，企业处于技术、社交和经济模式的同时变化之中。

技术及其带来的新的消费者行为打破了既有的商业模式。先前的行业进入门槛，如投资、配送渠道以及供应链优势被大大降低。新创企业在许多行业挑战了既有的行业规矩，市场格局处于变化之中。行业之间的边界模糊了，这意味着到处是竞争者的影子。

我们经历的转折只是即将到来的变化的前奏曲而已。各行各业正处于一个新的竞争时代，市场上的任何人一夜之间都有可能成为你的竞争对手。有些公司投入巨资建设庞大的基础设施，如 AT&T 和 Verizon 公司，压根儿没有想到亚马逊公司会在云计算领域成为对手。受政府管制的行业，如出租车业和宾馆业，也没有料到个人车辆共享服务和家庭旅馆会成为竞争对手。谷歌公司做梦也不会想到 Facebook 会在广告方面成为难缠的对手。既有的软件公司也没料到用户会从新创的云服务厂家购买完成关键任务的软件。

智能手机、平板电脑和互联设备的出现，正在摧毁一个又一个行业。在私人生活中，一个充满机遇的世界来了，每件事儿都会受到监控和管理，从健康到家居。在企业领域，新的数据经过处理可以转化成能够洞察未来的智慧，这就是财富。

曾几何时，大企业具有设置市场准入门槛的能力，防范竞争者进入，新手往往要花数年甚至几十年才能跨越障碍，成为市场参与者。现在，任何行业都处于流沙般的不稳定状态。没有一个行业可以天然地免受竞争的影响。人们身处的竞争环境呈现不断变化的景象，行业态势始终在变。如果不能做到正面迎击或超越竞争对手，就会丢掉生意。你可能有忠实的客户，但业务会停止成长。如果业务停止成长，企业基本不会有生存下来的机会了。

当然，我们不是第一次目睹技术和商业模式的转型。变化是绝对的。正如托尼·罗宾斯（Tony Robbins）指出的那样："改变不是可选项，进步是一种选择项。"现在，改变的步伐在不断加快。能否获得进步取决于企业对当前改变所作出的反应，同时，人们的预期值也在变化中。无论是企业管理者还是技术领导人，都必须明白和接受这些改变，在 21 世纪创建能够活下去和成长起来的企业。

在第 2 章中，我要讨论影响企业发展的几个案例，就如何清除前进道路上的障碍提出建议。在第 3 章中，我要讨论极致体验感的概念，企业如何应用这一概念在行业变化不定的环境中做到与众不同。

第 2 章　以史为鉴，走向未来

尽管一些大公司的决策者已经意识到他们已有的很多产品和服务达不到客户的期望值，但是这些行业领导者们却不知道他们该怎么办，他们苦于没有良策以应对新模式下的新挑战。

行业领导者认识到，许多产品和服务在可用性和个性化两个方面都不能达到客户的期望值。如何解决这些问题，领导者没有给出答案。通常情况下，这需要有根本性的变革才能解决问题，变革通常是非常困难的，快速改变带来的不确定性甚至比变革本身更令人感到刺痛。因此，许多企业宁愿抱残守缺，采用过去的策略和做法去应对新问题，而不是找出新办法。《媒体即讯息》（*The Medium Is the Message*）一书作者马歇尔·麦克卢汉（Marshall Mcluhan）说："当面临全新的形势时，人们通常会陷入到具体事务中去，从最近的过去找到熟悉的感觉，套用老办法解决新问题。"正如人们开车前进时要通过后视镜观察周围情况，以确保交通安全一样，以史为鉴，展望未来，是企业领导者带领企业走向未来的不二选择。

布莱恩·索利斯（Brian Solis）著有《寻常企业的结局》（*The End of Business as Usual*）一书。在社会和技术不断演进，超过人们的适应能力时，人类社会同样存在"物竞天择，适者生存"的法则，布莱恩·索利斯将技术造成的数字鸿沟称为"数字达尔文主义"。许多企业正在困境中挣扎。问题根源既不是企业领导者愚笨，也不是领导人对变化视而不见。事实上，企业知道移动技术、社交网络、大数据和云计算正在改变企业的前景和发展方向，但是企业关心的问题是：企业如何从这些转变中获利？

在通常情况下，企业面临转型会冲击当前盈利业务的问题，是转型改变商业模式在开始阶段会造成企业销售额或利润下降，或二者都会下降。例如，软件厂家面临许多 SaaS 业务的竞争，SaaS 厂家以很低的价格就能提供"足够好"的软件。市场格局的颠覆者也常应用云计算和移动技术将成本降低到最低值。现有企业常会借助创立高度定制化的、个性化的 IT 解决方案和业务流程来建立自己的战略优势，但是这样形成的 IT 解决方案和业务流程往往不能很容易地被移植到移动技术和云计算领域里。企业领袖们面临着新的发展挑战，企业的 IT 系统和业务传统模式同业务增长的要求相悖，那么他们该怎么办呢？

创新变革的三大阻力

事实上，所有的企业领导者都承认变革是重要的和必要的。产品在改变，客户在改变，竞争者也在改变。企业界处于变化不停的市场环境中。当然，企业要避免为改变而改变，但许多企业干脆完全逃避变革。在同企业高管接触中，我发现企业变革至少存在三个障碍：

1. 否定变革和 / 或没有采取行动的意愿；
2. 缺乏方向，妨碍企业领导者迈出变革的步伐；
3. 惧怕外部风险（开放、安全、控制力）阻碍变革。

否定变革和没有采取行动的意愿

这是第一种变革障碍，企业领导者承认新的竞争者出现了，但没有把这些竞争者当作一种威胁，或虽然将其视为威胁，但没有变革的意愿，因而变革就没有成功。

企业可以选择适应新业务的发展模式和开辟新的市场。问题是，大多数企业领导者采取了不正确的方法进行变革。领导人拖到最后时刻才开始变革。这时，竞争者已经在市场中站稳脚跟，客户已接受竞争者推出的新产品和新服务创造的体验。现实的市场中这样的事情经常发生。柯达公司 1996 年的营收达到 160 亿美元，但错过了站在数字影像潮头的机会，没有抓住发展的新机遇。当柯达公司进入数字影像市场时，市场正进入一个新时代，即带拍照功能的手机取代了傻瓜相机。一步赶不上，步步赶不上。2012 年，显赫一时的影像巨人柯达公司宣布破产。

美国在线影片租赁提供商奈飞公司抓住了企业发展的机会，通过美国邮政网点向客户发送 DVD 光盘，改善客户的影片租赁业务体验，同时免收滞纳金。而老牌的 DVD 租赁公司 Blockbuster 没有把奈飞公司放在眼里，对邮寄方式出租 DVD 的理念不以为然。在 2000 年，Blockbuster 公司本来有机会以 5 000 万美元收购奈飞公司，但奈飞公司拒绝被他们收购。

形势逼人强，后来 Blockbuster 公司不得不推出了自己的邮寄 DVD 业务，但为时已晚。2010 年，该公司已陷入破产的境地，形成鲜明对照的是，奈飞公司已拥有令人吃惊的 20 亿美元的身家，且业务不断拓展，已经在流媒体电影方面向有线电视公司发起挑战。

对大多数企业而言，变革是一件困难的事件，结果未知的快速变革更难。许多高管不愿意冒险。公司 C 层级高管［指职位以 C（chief，首席）开头，以 O（officer）结尾的高管们］任期最多两年，缺乏冒险精神情有可原。不愿冒险意味着变革只能小步走，慢慢走，结果企业变成市场上的落伍者和对市场变化反应的迟钝者。风险共担的共享型经济企业，如 Uber 和 Lyft 公司，开始分食出租车市场，传统的出租车公司的第一反应竟是无视新型的竞争者。没有调整商业模式，没有抓住新的业务机会，管理模式和业务开拓仍然循规蹈矩、固步自封。一旦企业利润受到侵蚀，事态变得日益严重时，就发起对 Uber 和其他共享型经济公司的法律诉讼，为自己筑起第一道防线。这些出租公司一门心思想通过法律手段消灭新的竞争对手，还梦想着继续过以往的好日子，自始至终压根儿就没想如何为客户提供更大的价值。

当 2008 年旅行房屋租赁社区市场服务商 Airbnb 公司诞生，其同 Uber 公司在出租车市场的遭遇一模一样。在 Airbnb 公司的在线社区市场平台上，人们可以发布和预订世界各地的具有特色的房源、租赁方式灵活的房子，可从其他人那儿租下一个房间或整套房子。这些业主没有旅馆式业务的牌照，不用缴纳住宿相关的税收和费用，租房人可以省掉至少 8% 的房屋租赁税。政府不干了，监管部门认为这些共享房屋的租赁行为触犯了城市房屋管理方面的法律和法规。

上述案例发生在交通和旅游领域，不过，企业软件市场同样充满变数。我们以微软公司为例讨论软件行业面临的问题。微软公司 2001 年推出 SharePoint。十三年过去了，这款软件不断改进，具有了内容管理、文件管理和工作协作功能，受到全球大企业的青睐。从各方面来衡量，在满足客户不断改变的需求方面，SharePoint 都是一款非常成功的软件产品。

不过不久之后，微软在内容和文件管理业务方面的竞争力受到云计算和移动技术的冲击。Box.com、Dropbox 和谷歌公司进入文件内容和企业服务市场，向客户提供新的以云为基础的服务，共享文件对客户而言不再是一件困难的事情。尽管个人和专业文件共享解决方案有潜在的安全隐忧，公司的员工们对这些公司提供的解决方案的简单易行仍赞不绝口。

Web 和 PC 之间实现存贮和共享文件的方法是当前市场火爆的文件共享服务的鼻祖，技术在快速发展，手机和平板设备已经具备访问和共享文件的功能。只是几年的光景，微软公司及其面向企业文件共享服务的厂家，已经陷入到了和新创企业的竞争当中。这些新创公司提供面向消费者的文件共享服务。这一切究竟是怎样发生的？市场的颠覆者奉行简单为王的思维，不再限制文件大小，使用指南简单易懂，文件可在多种设备间同步。这些厂家提供了移动 App 应用工具，用户可在自己选定的设备上访问和共享文件。同样，应用这些共享服务，公司员工能够以操作简单和经济可行的方法共享公司的数据。

在基于云的软件企业中，Lyft、Airbnb 和 Dropbox 公司表现抢眼。这些企业的产品基本上就是一个基于互联网或移动技术的 App，配置一个计费引擎，业务模式方便用户使用。这些企业的产品适应性强，能够经常修改，提供新功能，最大限度减少用户在使用过程中遇到的法律问题。例如，Airbnb 公司对官方网站稍作修改，就能将常规的付款方式改成捐助模式。采用捐助模式解决支付问题，解决政府监管问题，从而让企业能够继续运营下去。Box.com 公司发现企业对安全的担忧拖慢了对云业务的接受，该公司增加 AES 加密方法和审核跟踪等功能，消除了企业对安全问题的担忧。

不仅是软件产业，服务业也看到了这一变化。这一变化发生在实体产品上。谷歌最近花费 30 亿美元收购 Nest 公司，以重塑不受宠但重要的温控器和烟感器等家居产品。霍尼韦尔公司、美国江森自控有限公司（Johnson Controls）和其他公司在温控器和烟感器产品领域浸润数十年，但 Nest 智能家居公司生产的恒温器和烟感器具有易于编程、能在手机上实现控制的特色功能。

出租车业、旅馆业、工业控制行业和其他很多传统行业都不愿承认自己已有的市场仍然充满机会，并且还有许多空白商机等待填补和挖掘。在服务业，低价格一直都是一种常态化的竞争手段，大家都以此作为竞争利器吸引客户。但是，我们必须清醒地认识到低价格并不是颠覆市场的神器。这些传统的服务行业若想继续获得成功，必须要做到更好的服务而不仅仅是打价格战。那么他们如何才能做得更好？企业界可以考虑做出革命性的创新变化，如创建数字音乐业，其实许多成功的创新说起来都非常简单，简单到只需要消除工作过程中的摩擦阻力，就可以实现企业高效运营了。

Square 是一家移动支付公司，没有在颠覆信用卡行业上下手。应用移动技术和云计算，这家公司推出的信用卡支付货款服务受到小商户的欢迎；Uber 公司没有为市民发明新的交通方式，但是它能够为需要乘车服务的客户提供预订车辆、跟踪行车轨迹和费用支付服务；Dropbox和Box.com公司没有发明在线文件存贮技术，但是，这两家公司将云计算的经济性和客户对操作简便的体验要求融合到一起，用户可在移动设备和PC之间实现同步文件。这些企业的服务具有使用便利、信息丰富的特色，是一种增值服务，大大改善了客户体验。

尽管应用新技术为企业发展带来的好处是如此显而易见，但是企业高管们仍然对走向未来必须应用的新技术持抵触的态度，当然高管们的担忧确实也有其合理的地方。企业领导者之所以不愿改变内部流程和商业模式，原因不完全在于惯性（惰性）。毕竟，企业应用新的商业模式常会造成短期内销量下滑，或为了同竞争者开展价格战，造成企业收益损失。变革对市场的颠覆不是今天才有的问题，变革要付出的代价只会越来越高。音乐行业首当其冲，音乐载体从CD到MP3的变化，从根本上动摇了唱片公司的盈利模式。消费者以前买1张CD要花15美元，音乐付费下载服务推出后，消费者可以只买喜欢的曲目并下载它。

迫于股市压力，上市公司通常要实现企业的持续增长。董事会和股东不能接受任何导致营收或利润收窄的变革，无论这种变革对公司的未来成长多么有利。私营公司和创业（新兴）公司甘愿冒短期损失的风险，赢得长期收益，因此，这些公司的竞争对手虽然有上市公司的优势，在竞争中却常常败下阵来。无庸置疑，没有哪一家企业可以用旧瓶装新酒的方法再在市场大变局中赢得胜利。在这方面，亚马逊公司堪称上市公司的楷模。为公司长远发展考虑，该公司宁愿冒牺牲短期利益的风险。由于能够持续创新，亚马逊公司股票在股市上受到了追捧。

企业管理层首先要承认，全部的新定价和服务交付模式对企业是一种实实在在的威胁。如果企业采用这样的模式，管理层要评估营收和利润方面的损失。虽然收入会下降已经在企业管理层的预期中，但是营收或利润下降幅度太大，管理层必须采取削减支出的措施，通常要做的就是裁员和降薪。

缺乏方向阻碍行动

即使一家企业的管理高层决定重塑产品，或重新定义商业模式，公司领导人仍有可能不知道如何才能实现变革的目标。企业处于犹豫徘徊之中，当企业发现面临的威胁已经非常明显时，竞争者早已在市场上站稳脚跟。一般情况下，打低价牌是竞争策略之一。当然，流程顺畅便利、运营有效、快乐工作的企业一定是市场竞争中的强者。

他山之石可以攻玉。在这一点上，管理层必须下定决心，同竞争者一较高下，改进产品或推出新产品。向市场提供和竞争对手一样的产品就够了吗？这样做会毁掉公司的品牌形象吗？公司甘心认输，承认其他公司的产品高人一头吗？赢得变革的胜利不只是花多少钱的问题。实现变革，在市场营销、产品开发和财务工作之间需要高超的工作技巧和协调能力。在企业改变计费或改变产品的时候，必须考虑客户是否支持，在客户产生困惑时，企业在管理上要有应对的办法。

对产品作大的改动，继而完成研发生产，到最终赢得市场的认可，通常需要两年多的时间。例如，苹果公司花了两年时间开发出第一代 iPhone，至少又花费一年时间在市场上站稳了脚跟。手机厂商不知道市场欢迎什么样的手机，运营商也不清楚手机更新换代对无线数据网络的影响。iPhone 颠覆了社会对手机行业的传统认知时，黑莓和微软公司才恍然大悟。这些公司排斥创新已有几年了。在如何创新的问题上，有些公司创新思路是稳健，一步一步做创新，逐步增加创新点，另一些公司的创新思路是激进，要做就做别人没有的东西。最成功的公司是稳健和激进两种创新方式缺一不可的、经常能两条腿走路的企业。

要改善企业在市场中的位置，企业先要承认存在新的竞争威胁。这种竞争蕴涵的风险是永远存在的。移动技术和社交技术提供了新的挑战和机遇，这是过去不曾发生的变化，企业需要评估蕴涵的机会和存在的风险。市场上新竞争者不断涌现，而云计算在其中起了添柴加油的作用。企业应用移动技术和社交技术，能够以新的方法同客户进行信息交互。

企业还要知道如何克服无为思想，解决方向感不足的问题。为启动流程变革，企业领导者必须对公司产品和业务流程中存在的效率不高和缺陷问题了如指掌。我将企业领导者做的这项工作称为“发现企业盲点”。

惧怕外部风险阻碍变革

由于需要应用全部可用的新技术，企业正在打破维护客户的隐私和向客户提供个性化定制业务之间的平衡。糟糕的是，客户对企业获取客户信息必要性的理解和客户对信息泄露感到毛骨悚然之间并非泾渭分明，理解和愤怒之间的距离有时挺近。许多客户不相信企业会保护他们的信息，企业在利用客户信息改善客户体验时一切都应考虑妥当。外部风险已经存在，每个人必须直面挑战，而外部风险通常超过了个人控制，企业内部存在的执行不力的风险也要考虑在内。外部风险包括对隐私的担忧、法规遵从要求和安全要求（如图 2—1 所示）。

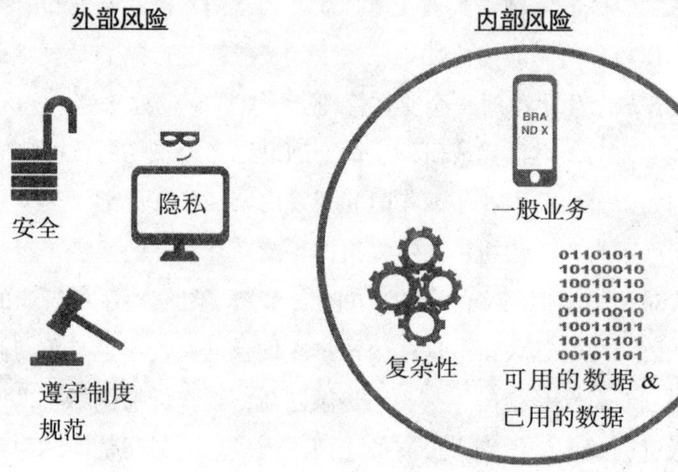

图 2—1　理解内外部风险

1. **隐私**。客户和员工允许我们接触他们的隐私信息吗？（许多雇主认为这是一个可以控制的内部风险。我将隐私列入外部风险，是因为人们的观念和社会都在变，对隐私的定义也要变。）
2. **合法性**。变革会受到法规的限制吗？政府会允许企业想做或需要做的事情吗？例如，一家医院对患者病历的使用有严格规定，不考虑共享患者的病历数据对患者和社会都有利的问题。
3. **安全**。数据安全保障上有问题吗？我们需要保证客户、员工和合作伙伴的数据安全。

企业也许还会面临其他更广泛存在的风险，比如财务不稳定、管理转型或劳动力老化问题。我列出企业需要应对的上述挑战，是因为在担任行业分析员时，我目睹了企业在财务、管理和劳动力问题上始终劳心费神，没有过过一天轻松的日子。在粗略勾画出企业面临的几个风险后，接下来我将讨论企业怎样才能发现和消除自己的战略盲点。

发现自己的盲点

如果一个人的轿车发生故障，这个人会将车开到代理商的门店做检查。根据检查结果，车主要决定是立即修车还是等一段时间再修车。在同意修车前，车主会提出许多问题：问题严重还是轻微？买一辆新车划算，还是花钱修理一辆老车划算？车辆维护是否会影响乘客安全和车辆寿命？如果车主感到汽车对自己的出行是不可或缺的，修好车或买一辆新车就是一个二选一的问题。车主对修车问题的分析方法同样可应用于企业对存在问题的分析中。

如果管理层发现产品或服务存在问题，一般情况下，管理层会设法解决问题。解决问题要做到在战略层面有决心，执行层面有资源。如果解决问题存在困难，企业会尽量将问题对业务的影响降低到最低程度。企业要么解决问题，变革业务，要么完蛋。内部风险如产品定价高或制造存在问题，是广为人知的企业风险。企业如果能够随时主动监控竞争态势，这些风险是很容易被发现的。

对企业而言，赶上新的竞争对手或新技术难度更大。有时，战胜竞争对手的方法是简化产品，而不是在产品上增加新功能。2007 年苹果公司推出 iPhone 时，黑莓公司和诺基亚公司对苹果简洁的界面设计和严格控制的功能列表不屑一顾。但是，出乎这两家公司意料的是，简洁的产品受到了顾客的广泛欢迎，从而成为设计的新潮流。2013 年，苹果仅凭几款机型，就能在市场上攻城掠地，占有了全球 20% 以上的智能机市场。两年时间内，苹果平板产品 iPad 出货量超过 1.5 亿台。iPhone 和 iPad 获得了巨大的成功，证明的的确确存在一个新的计算机设备市场。2013 年，苹果公司成为世界上最具价值的品牌，曾经对苹果手机不屑一顾的诺基亚公司黯然退出手机市场，手机业务落入微软公司手中，黑莓公司则忙于为每况愈下的手机业务寻找买家。

移动技术和云计算迅速赢得了客户的青睐，市场发生了始料不及的巨大变化。

例如，三年前，没有人会思考移动设备代替笔记本电脑的问题。今天，大家已公开争论这个问题了。产品和服务没有问题，并不能保证一家企业可以高枕无忧，因为竞争者可以在提供更好、更快、更便宜的产品和服务上下功夫，找到赢得竞争的办法。

也许，竞争者能将交易做得顺畅无比；也许，竞争者可获得关键信息，如位置信息，或竞争者在业务订购和支付方面有创新（Uber公司做到了这一点）；也许，竞争者能够做到在任何设备上组织和轻松访问企业的全部信息（Evernote公司做到了这一点）。在每个案例中，市场上已有的产品和业务存在效率不高的问题，这些创新型公司应用移动技术、社交网络和云计算技术挖掘出了这些问题背后所蕴藏的商机。也许这些风险可能不那么明显，但对企业的危害却同样大。因此，每个企业要全力应对，设法消除这些盲点。

如何发现企业中的盲点呢？安迪·格鲁夫（Andy Grove）的《只有偏执狂才能生存》（*Only the Paranoid Survive*）一书中提供了最好的答案。格鲁夫相信，推动一个企业前进的唯一方法是假定今天做的一切从长远看都是不足的。由于创新的速度在加快，当前“长期”的定义可能只有六个月了。看看手机行业的创新速度吧，每六到九个月就有一款新手机面世。

企业必须承认自己的产品和服务永远不会是完美的。企业必须不停地查找和消除自家产品的不足和企业内部业务流程中的阻力。企业不能满足于销售或升级现有的产品，企业必须想方设法解决新技术或商业模式的变化可能毁掉企业已有的竞争力问题。成功的企业不能坐以待毙。企业领导者要颠覆的是别人的企业。

最重要的是，企业领导者必须有吐故纳新的决心，必须愿意主动淘汰一部分产品，重建一部分产品。例如，宝马公司没有坐等出行共享经济一步步蚕食消费者对购买新车的需求。2011年，宝马公司启动了自己的出行分享项目，称为“DriveNow”。这个项目看起来有些激进。无论如何，变革企业的产品和流程是防止其他公司在自家产品和服务缺乏效率问题上大做文章的唯一方法。企业要么成为颠覆者，要么被颠覆。当企业可能要放弃一部分现有的收益时，企业将会掌握自己的命运，对市场演变施加影响。

三个常见的盲点

如果任何事情都可能是错的，企业能在哪里获得帮助？如何找准着手点？在讨论那些颠覆性企业时，我发现企业经常存在三个常见的盲点，颠覆者往往就利用这三个盲点发起攻击。注意，我用了术语“颠覆者”，而不是“创业者”。几乎每一个公司都可以成为行业的颠覆者。颠覆企业要决定颠覆什么，怎么去颠覆。

我发现，现在的企业中普遍存在的最大问题是客户体验没有特色、产品和业务复杂、企业对数据应用不足。即使企业的流程还是可用的，但在一般情况下，也肯定存在使用不便的问题，这些繁杂的流程徒增了工作的复杂度。在一些企业中，转型速度也是个问题，但不算一个盲点，许多企业高管也承认所在企业存在变革缓慢的问题。鉴于企业普遍存在行动缓慢的问题，因此，尽管变革迟缓不算作是一个盲点，但我在本书的每一章中还是会讨论这个转型速度问题的。

无特色的业务让人感到乏味

大多数企业都想为客户提供有吸引力的个性化体验，但企业为客户提供的信息和产品常常是千篇一律，没有特色。访问网站和使用移动 App 应用时，每个人都会看到一模一样的广告。每次用户从交互式语音应答器（IVR）听到的自动服务用语永远没有变化，它们从来不考虑用户是存在差异的。即使 IVR 能识别用户的号码，用户听到的消息仍然是一成不变的。企业雇员基本不能在自己企业应用视图中进行个人定制，以便达到简化工作的目的。产品和服务千篇一律，往好的地方想，是实现了标准化，让一切变得简单了；朝不好的地方想，街边货何谈吸引力，没了差异化，顾客为什么要选择你家的产品和服务。

移动技术、社交网络和物联网技术这一切都是全新的发展，这就为企业提供了改变其产品和服务功能千篇一律现状的难得机会，从而能够面向用户的个性化需求推出产品和服务。在本书第 3 章中，我会讨论企业如何应用移动技术、社交网络和物联网技术使得他们获得客户的场景数据、获得更大量的新信息成为可能，从而创造出面向客户的极致体验。

复杂的产品和流程

在致力于提供最好的产品和服务过程中，企业通常会在应用或产品上塞入太多的东西。一款产品、一项应用或一个网站会有数百项功能，企业的大多数客户用到的功能只占其中的一小部分。这是用户对产品和服务体验感到杂乱无章和心生不满的根本原因。微软的 Word 是这方面的“典范”，它虽然有成百上千个功能，但大多数人只会使用其中的几项功能而已。

在企业中，员工认为大多数应用过于复杂，这便是应用的设计原则给人们留下的印象，员工的需求本身并不复杂，却被迫一头栽进设计复杂的应用中。多年来，开发者在应用中乐此不疲地添加功能，在企业应用中，对功能的高大上追求有余，对应用如何做到易用重视不足。

根据 Visage 移动公司负责销售和营销的副总裁尼尔•科恩（Neil Cohen）的观察，企业坚信在现有产品中不断添加竞争对手已有的功能是有效竞争的利器，这是使消费类产品和企业类产品变得复杂的原因。不在创新和引领市场上下功夫，企业做的一切就是让产品变得复杂，变成毫无特色的路边货。科恩说：“这可视为冷战时代美苏奉行的确保互相毁灭战略思维的翻版，市场竞争对手沉迷于在产品上增加冗余功能，相信这样做才能在市场上不被击败。”

这么做，企业会达到目的吗？当企业想在新的移动设备上运行消耗大量内存、功能繁杂的应用时，会痛苦地发现，这些应用无法正常运行。移动设备屏幕太小当然是一个原因，但更大的问题在于设备上的连接时断时续，没有高速网络，结果是应用崩溃了。由于应用在设计之初就没有考虑触摸屏设备，应用中的导航功能变成了摆设。企业试图将为 PC 机设计的应用压扁收缩到配置小小屏幕的移动设备上，这样的想法本身就是一个灾难。因此，人们需要在体验感的差异化上寻找问题的答案。员工抱怨企业提供的 App 不好用，没有给员工带来工作质量和效率的提高，带给员工的是一肚子的怨气。

站在企业的角度看，网站上的应用和移动设备上的应用存在同样的问题。用户找不到自己想去或需要去的功能区。许多人浏览企业移动版网站时充满挫折感，公司主页上信息量太少，或网站没有针对移动设备的访问进行优化。网站返回的搜索结果不是客户想要的内容，访问这样的企业网站客户，客户只会留下挫折和迷茫的印象。用户不知道网站具备哪些功能、能提供什么信息、对客户的问题是否有回复、到什么地方找联系人信息。在这样的网站上浏览，客户的体验会非常糟糕。客户不禁要问：是网站有问题还是我有问题？

无论是移动 App 应用还是网站，普遍存在的问题是用户要对太多的选项做出决定，往往格式也不是用户喜欢的格式。编程人员对开发移动应用或网站用的方法考虑得多，对网站访问者或移动应用用户的需求考虑得少。我常听到 App 开发团队关于技术和功能谁轻谁重的争论。争论往往从应用定位问题开始，“我们要做一个面向本地的应用”还是“我们要做一个人人喜欢（web）的应用”。大多数开发者在编程中只想使用一种方法，不愿使用多种开发工具和开发模板。有些开发人员在用户体验方面做得挺好，成功之处在于开发人员和产品生产者、用户坐到一起定义体验。在选择开发模板时，开发人员要考虑流程和应用要满足客户的特定需求，客户体验要达到最佳水平。

此外，企业常常试图向员工和客户展示内部流程的运作过程。事与愿违，因为流程过于复杂，客户和员工在理解流程方面存在困难。即使客户或员工对流程有一定的了解，但流程没有提示完成一笔交易在流程上需要完成的每个步骤。例如，一个人在付款前想知道货物的运输费用。销售人员只想记录当前的销售额，不想记录客户以前的采购信息等其他数据。好的流程应该支持这些需求。

体验好的流程聚焦在为企业运营创造便利，体验不好的流程能够反映业务模式存在客户感到不便的问题。例如，企业客户的法律团队只接受通过 Email 传送的签过字的合同副本，不承认通过 Docusign 或 Echoosign 电子签名传送的合同副本。一旦以后电子签名普及或在法律上得到认可时，企业再来选择电子签名方式的可操作性代价就会非常高。当前，电子签名已获认可，但公司的流程仍没有做好接受电子签名的准备。

许多颠覆者下功夫对流程的某一部分进行简化，提供多种完成工作的方法，任务界面易于使用，工作流运行顺畅。简洁是 App 或业务赢得青睐的原因，而且，市场上的颠覆者非常理智，绝不盲从，在产品和服务上只增加自己认可的重要功能。

获得数据目的是增加价值

理想情况下，每家企业都想在正确的时间提供正确的信息。理想和现实毕竟是两回事。企业的系统存有大量数据，客户也为企业提供了大量的数据。但企业的数据有时会扮演破坏者的角色。

有些情况下，企业找不到想同客户和员工分享的信息。信息存在不完全、不一致的问题，信息在系统间不能分享。例如，一款产品需要延期交货，但是，企业对到货时间心中无数。或者，客户在网上查到一款产品有存货，当客户到达门店时，商品卖光了，客户是何等沮丧。客户致电银行，输入自己的账户信息，被迫对代理人一遍又一遍地重复账户信息，客户会开心吗？

除了数据质量不高的问题外，企业还存在数据滥用或信息交互时间安排不当的问题。客户每天都需要 Email 或文字信息吗？客户真的每天要从威廉姆斯 – 索诺玛公司（Williams-Sonoma，一家总部位于美国旧金山的厨房用品公司）购物吗？什么时间适合向客户发送信息？客户在支票被退票前后，银行是否应向客户发送“存款不足”的提示消息？许多通过 Email 和短消息做营销的公司没有在合适的时间发送合适的消息。许多警告信息没有选择正确的发送时间，或错过了发送时机。例如，机场广播登机口更改消息和乘客收到消息之间相隔的时间太长。如果乘客发现在原登机口不能登机或早已抵达新的登机口，这时，乘客收到了登机口更改信息，延误的信息不但毫无用处而且惹恼了顾客，背离了机场和乘客之间信息交互的初衷。不当的信息交互会损害企业的品牌形象，降低客户对企业的信任。

某些情况下，企业为客户创造的体验不存在上述问题。但是，这些企业发送的信息千篇一律，没有向客户提供满足个性化需求的信息，存在信息交互时间安排不当问题，没有体现出企业对客户过去行为的认知，以及对客户未来行动的判断。

驯服外部风险

千篇一律的服务、复杂的产品和服务、错误的数据还不是高管们头痛的全部问题。社会对隐私的关注，触犯法律法规的风险，企业对安全的顾虑，这些问题也在折磨着企业高管们。

隐私问题

只要讨论到定制化业务，一定会发生有关隐私问题的争论。争议首先发生在互联网。网站能知道一个人浏览了哪些网页，在每个网页上停留了多长时间，下一步会浏览什么网页。对在线零售商而言，商家能知道这名顾客今天是否购物了，过些时间，这名顾客是否又光临了网店。网站和在线零售商应用 cookies 技术做到了这一点。几年下来，用户发现了 cookies 的秘密，在计算机配置里可以选择打开或关闭这些功能。

企业并没有就此满足，而是将目光落在了客户使用的移动设备上，除了想获得客户上网浏览、网购信息外，企业还要拓展信息收集范围。在理想情况下，企业能够收集和整合客户在移动设备和 PC 上产生的浏览信息、客户使用移动 App 的情况信息、各种传感器所能够获得的数据。同互联网早期缺少规矩的情形一样，全社会对允许收集什么信息、如何收集信息还没有形成定论。

几年前，人们对智能手机追踪自己位置的问题可能还会大动肝火。2011 年，苹果公司遭遇了“位置门”问题。据媒体报道，苹果公司能够跟踪自己的用户。用户想知道，苹果公司为什么要获得自己的位置数据，苹果公司如何使用这些数据。

苹果公司的媒体团队作出了正式回应，声称：“苹果公司没有收集客户的位置信息。苹果公司从来没有这么做，也没有这样做的打算。”在声明中，苹果公司对自己使用客户什么类型的位置信息和如何使用作了解释。尽管苹果公司使尽浑身解数进行澄清，我相信许多人仍然坚信苹果公司私下在跟踪他们。事情不是绝对的，此一时彼一时，现在客户不再排斥手机定位功能，因为客户看到了定位类业务的价值。谷歌公司可以为行人提供当前精确的位置信息，提供行走路线规划图，细化到每个转弯处。苹果公司通过“找到我的 iPhone”应用，能够帮助用户找回丢失的手机。当位置信息为客户生活增加价值时，定位功能就不会受到敌视。

根据旧金山的隐私密封管理方案提供商 TRUSTe 所做的调查，62% 的智能手机用户知道广告商追踪他们的一举一动，只有 1% 的用户表示乐于广告商这样做，只有 10% 的用户愿意和市场营销人员分享自己的位置信息。这种技术也有不灵的时候，零售商指出，位置信息不能分辨用户的个人信息，如姓名和电话号码。企业从获得的客户的数据中能够挖掘出什么，如何将这些数据和特定用户捆绑到一起，对这些问题，人们尚存疑惑。企业需要告诉客户自己在收集什么数据，为什么要收集这些数据，只有这样，企业才能消除客户的疑虑。

另一个问题已浮出水面，企业想收集一切数据以备不时之需。近期，我打算在一个网站上注册一个应用。网站注册条款规定，如果我用 Facebook ID 注册，这个应用可以访问我的联系人信息，获得我的全部兴趣爱好信息和全部个人数据。其实，我注册的应用只需要我的 Email 地址和口令即可，我不认为这个应用应该获得我的兴趣爱好方面的信息。或许，我也不情愿与他人共享我的生日信息。让人百思不得其解的是，这款应用为什么还需要我的朋友信息？这款应用究竟想收集什么信息？我不知道自己的朋友是否愿意让我泄露他们自己的信息。事实上，我知道许多朋友是不愿这样做的。

一家负责任的企业应该由客户决定企业可以收集什么样的信息。例如，一个旅游 App 可能需要知道用户是否有护照，是否有小孩，但一个游戏 App 就不需要这类信息了。一个新 App 需要收集用户朋友的生日和宗教信仰的信息吗？或许不需要。

一个有趣的现象是，一些企业在使用隐私数据方面的自由度要比其他企业大。在客户不知情的情况下，或未经客户允许，一家电信公司就使用客户的隐私数据，客户一定会感到愤怒。如果 Facebook 做同样的事儿，客户可能只是抱怨，不会大发雷霆。Facebook 多次违背自己的用户隐私政策，当用户提出抗议时，Facebook 只是稍加收敛而已。Facebook 一直在触碰用户隐私的底线。移动通信运营商如犯了 Facebook 犯的错误，就不会像 Facebook 那样可以全身而退了，这将是一场灾难。客户感到愤怒事小，公司吃上官司才事大。

新创公司常常会触碰到隐私的底线，而市场上的既有公司可能不会如此胆大妄为。他们之间关于隐私的观点存在差异有几个原因：法律约束着既有企业的行为，例如客户完全可以不向 Facebook 公司付账，但电话公司可一直就在那里等着客户为电话账单付钱。我猜想，大多数人不会对收到的礼物吹毛求疵，但为服务掏钱没有一个人不会小心谨慎。

迈克尔·贝克尔（Michael Becker）是一名市场拓展与战略顾问，就职于全业务移动解决方案提供商北美公司（North America），在索莫工作，公司总部在洛杉矶。他认为隐私的边界到底在哪里因人而异。不同的人有不同的答案。一个人觉得一项服务有价值，另一个人会觉得是对客户隐私的侵犯。迈克尔·贝克尔认为："企业处理隐私问题的最好做法是，一开始就要遵循隐私管理的四个核心标准：可选择（客户可决定分享或不分享）；可控制（客户可控制分享内容）；透明（市场营销人员要对客户保持数据收集及使用的透明度）和安全（市场营销者要按最高标准采取措施做好数据安全工作）。

三个方法最大限度减少对隐私的担忧

为克服客户对隐私泄露的恐惧，每家企业在收集公民个人行为信息时需要接受一系列战略层面上的法规要求。最基本的要求是，赋予客户选择加入的权利，而不是只赋予客户选择退出的权利。波士顿室内定位服务软件提供商 ByteLight 公司的共同创办人丹·瑞安（Dan Ryan）相信："商家要公告本店开通室内定位服务功能，客户同意加入该服务后，商家才能追踪客户的行踪。在这样的客户隐私保护解决方案中，客户能够控制对自己隐私数据的使用，同时，客户能够获得基于位置信息的更好的购物体验。"

一家企业永远也不能完全消除用户对隐私问题的担忧，企业在提高收集数据的透明度、增强收集数据的正当性和为用户创造更多价值方面做得越好，客户对隐私的担忧就会越少。

1. 更好的透明度、隐私规定和最终用户许可协议

对隐私泄露的担忧多半和透明度不足密切相关。人们想知道企业到底收集了什么数据，收集数据的目的是什么，数据要用到什么地方。苹果、谷歌按照客户喜欢光临的门店收集用户位置信息，用户却不知道这些数据会用到什么地方去，因此用户肯定不喜欢发生他们的行踪被收集这样的事情。几乎每一家企业在最终用户许可协议（EULA）中都要解释本公司有关隐私的规定。企业会让用户知道企业是否在收集客户数据，如何使用这些数据，但用户很少会阅读这些冗长的、充满了法律术语的协议。用户常常会直接点击同意按钮，接受网站的规定。当用户明白自己轻率同意共享会带来什么问题时，如梦方醒的客户的反应当然是惊讶不止，怒火万丈。

最终用户许可协议（EULA）的规定越来越明确。例如，现在许多 App 声明："我

们有权访问你的联系人信息、地址簿和朋友名单。"用户可以同意或拒绝企业的规定。如果选择拒绝，用户就不能下载 App。理想情况下，App 应该为客户提供隐私设置的选择权，明确允许企业收集用户哪些信息，企业也有义务对如何使用用户数据做出说明。

2. 使用隐私数据要有正当性，为用户带来价值

实际上，隐私问题关系到正当性问题。如果一家企业收集数据的目的是正当的，收集的数据对客户有利，人们不会认为收集自己的数据是一个问题。当企业收集数据缺乏正当性，或对用户没有任何好处时，人们就会感到愤怒。当人们明白企业收集数据对自己有好处，企业会保护收集的数据时，大家就会愿意共享自己的数据。如果一家企业告诉我，如果我打开手机上的定位服务，在手机丢失时，这项服务能够对丢失的手机进行自动定位，我会非常乐意共享本人手机的位置信息。

3. 数据收集要适可而止

现在，人类能够存贮和处理巨量数量，有些企业就想收集所有数据。高管们相信，即使企业现在用不了这么多的数据，有朝一日也一定会用到这些数据。企业担心如果人们对企业的一举一动警惕性过高，就不会愿意提供任何数据，因此，企业是能收集到什么数据就收集什么数据，其中一些数据是无用数据也就不足为怪了。如果一个程序通过手机的一个特定 App 就能收集到一个人的全部信息，人们该放任这样的行为吗？

人们对隐私的担忧不局限于企业追踪用户和潜在用户行为上，全世界的人力资源部门对监控通信、追踪员工的利弊争论不休。一些企业应用 GPS 追踪功能，使得现场服务、建筑工作和交通运输等各行业的劳动生产率有了极大的提高。

乔治 • 卡戎尼斯（George Karonis）是 LiveView GPS 公司的创始人和 CEO。该公司位于美国加利福尼亚州的瓦伦西亚，是一家定位服务公司。乔治 • 卡戎尼斯指出“员工追踪”能够为企业提供有力的数据，对能够提高员工工作效率的主动行为进行分析。现场服务或呼叫中心型企业需要雇用大量员工，通过追踪员工的位置能够实现路径选择和工作计划的最优化。

应用追踪技术，企业能够准确告诉用户包裹已到哪里或工作人员当前的位置，多长时间后用户能够收到包裹，工作人员能够到达服务地点。企业应用追踪技术能够缩短对用户的响应时间。卡戎尼斯解释道："现场调度员能够以最有效的方法为员工重新设计经过的路线，响应突发服务需求。企业应用追踪技术，能够降低运营成本，减少员工停工时间和加班时间。"

来自华盛顿大学的拉马·皮尔斯（Lamar Pierce）、来自杨百翰大学的丹尼尔·斯诺（Daniel Snow）和来自麻省理工学院的安德鲁·迈克菲（Andrew McAfee）三人以 5 家连锁旅馆的 392 个位置为监控对象开展研究。安装监控摄像机和软件后，这些旅馆对外宣布偷窃案下降 22%，营收增加 7%。这两个数据说明，一定程度的追踪能够提高企业的劳动生产率。

同企业收集客户数据的案例不同，在这些案例中，企业追踪的对象是自己的员工，企业对员工的监控早已司空见惯。雇主总有手段追踪员工的某些行为。大多数企业规定，公司有权保存和调取公司内的 Email 和通话内容。因此，当员工知道雇主能够通过自己的移动电话追踪自己的位置时，员工就开始加倍小心。当人们为工作目的使用个人装备时，目前尚无明确规定雇主能合法地获取员工的哪些信息。上班时间，员工玩愤怒的小鸟游戏，在 Facebook 上发帖，企业有权知道这些事情吗？

为减轻员工对企业监控个人设备的担忧，企业可以购买解决方案，企业只能够管理、追踪和保护员工个人通信工具上企业的数据，不能接触员工自己安装的 App 和私人数据。我会在第 8 章讨论这种软件。

目前，关于企业对员工追踪的法律规定正在逐步完善，大家的共识是，雇主可以监控员工使用公司设备时在互联网上的一举一动，可以追踪公司的车辆。企业可以记录员工在计算机上的操作历史，有权查看企业的全部 Email。如果企业购置移动设备提供给员工使用，企业追踪员工的许多规定同样适用。人们通常认为公司追踪为员工配发的设备位置是出于工作需要。大多数情况下，企业只能在工作时间追踪为员工配发设备的位置。

帮助消费者消除对隐私担忧的原则同样适用于企业员工。同遵守企业对消费者实施追踪时的原则一样，企业必须保证追踪员工的行动公开透明，不能在非工作时间监控雇员，不能监控雇员个人通信。客户和员工都要知道企业在收集什么数据。对员工而言，雇佣合同可能要求员工放弃部分权利，这些权利是客户和企业打交道时享有的。在求职面试时，企业和员工应当讨论这些补充条款。修改一项政策前，如企业通过 GPS 追踪运货卡车，企业和员工双方应当开展讨论，体现公开透明的原则。

针对短信和 Email，人们制定了不错的隐私保护政策和程序，这些政策和程序具体明确，具有操作性，许多部分适用于移动通信领域。为大概了解这些议题的最新信息，我鼓励大家重新阅读美国无线通信和互联网协会（CTIA）和全球移动通信系统联盟（GSMA）发布的最新指导原则。隐私问题不会自行消失，经过大家的努力能够减少社会对隐私问题的担忧。至关重要的是，一个企业要投入资源，建立流程，确保企业对能够收集的数据持续地检讨和完善自身的隐私政策。

对安全的担忧在电子商务诞生之日就存在。随着时间的流逝，对安全的威胁大量增加，且不断变化。考虑到技术发展的实际状况，企业有理由担心，云计算和移动技术可能存在安全缺陷。

人类社会需要应对万物互联的景象和洪流般汹涌的信息量所带来的诸多挑战。挑战之一是非授权人不能接触数据。移动计算带来了一系列新的安全挑战。事实上，2014 年第 2 季度，在接受洛佩兹研究所就企业移动技术安全基准检查程序问题的访谈时，75% 的企业领导者将安全问题列为移动技术的头号问题。移动设备和操作系统多种多样，实践证明，对移动技术的管理是一件困难的事情。雷·波特（Ray Potter）担任安全公司 SafeLogic 的 CEO。雷·波特总结了移动技术存在的安全问题，他指出："归根结底，移动安全就是要控制和保护敏感数据，如果保护不当，就会有人使用价格便宜但功能强的设备非法获取这些敏感数据。人们的关注点落在信息的保密性、可用性及完整性上，这是信息安全的三大支柱。安全是极其重要的，企业的机密文件、发展路线图、源代码等保密数据，获得公司授权的员工可通过各种设备接触。这些设备很可能丢失、被盗或被黑客控制，企业信息安全存在风险。真正的移动安全要做到，在各种情况下，未授权的用户在任何设备上都不能访问保密数据。"

云技术是另一个关键的技术发展方向，同样带来了信息安全上的挑战。出于对安全的担忧，许多企业已经对部署云计算下了禁令。对企业接受新技术，拓展数据的应用范围面临已有法律法规的阻碍。我的一个客户曾对我这样说："我们必须遵守《萨班斯法案》，法案本来是宽松的，赋予较大的自由裁量权。但是，企业负责安全的人员阅读法案时，映入眼帘的都是风险，没有灵活性可言。由于法案不严谨，如果我们的安全专家对企业的流程是否符合基准测试要求没有绝对的把握，他们就决不会同意做任何事情。结果，一切都动弹不得。”

对于潜在的安全风险范围到底有多大，业界一直有争论。维贾伊•巴萨尼（Vijay Basani）是 EiO 网络公司的共同创办人兼首席执行官。该公司位于马萨诸塞州的爱克顿，是一家安全和法规遵守解决方案提供商。维贾伊•巴萨尼写道：“当云计算提供商（CSPs）不情愿地公开网络遭到攻击的细节时，黑客们显然正聚精会神地进行攻击，”他补充说，“当客户对自己数据的安全和完整性负起最终责任，采取适当的措施保证数据安全时，云是安全存贮数据的地方。”

Aon eSolutions 公司首席信息安全官大卫•布莱克（David Black）认为云计算在安全性上的成就有夸大其词之嫌。他说：“事实上，云计算厂家知道安全是整个产业模式面临的大风险。如果云计算厂家在安全上严重失信，他们的买卖也就完蛋了。”

在 RightScale 公司 2014 年云现状调查报告中，1 068 名专业人士强调，对云计算进行评估并开始应用后，企业对安全的担忧减弱了。报告称：“安全问题在云计算新手中是最常提及的挑战（占 31%），在专注云计算的企业中，安全问题成为排名第五的问题（占 13%）。当企业在云计算安全方面积累更多经验和最佳实践时，对云计算安全问题的担忧减少了。”

在管制严格的行业，遵守规则是社会的共识。例如，许多医疗机构在保存和使用患者数据方面有严格规定。金融机构需要保留可审计的数据记录，保留同客户的谈话录音。在过去几年中，许多厂家已经开始提供专门解决方案，这些方案经受住了考验，证明符合管制的基准标准要求。例如，在 2013 年末，Citrix ShareFile 公司发布了专门为保健服务厂家提供的解决方案。NTT 和 Vodaphone 等跨国运营商推出云安全和法规遵从服务。处理遵从安全法规问题的一个方法是向达到有关要求的云服务商购买服务。尤其在移动领域，为保护移动设备上的数据，企业应当增加部署移动管理和安全软件。一般情况下，企业应该不断地检测软件，找到黑客可利用的软件缺陷。在本书第 8 章中，我将讨论几项战略，将移动技术在遵守安全法规方面的风险降到最低。

人们对隐私和安全问题的担忧是客观存在的，但有时这些问题被管理人员当作逃避变革的借口。管理人员声称："我们不能做违背隐私保护规则的事情。我们不能以安全为理由侵犯隐私。"有些风险会始终存在，确实和企业管理人员的作为无关。但是，在对存在的危险和需要投入的资源需求进行调查后，人们得出结论，企业有所作为能够降低隐私和安全上的风险。在隐私和安全问题上保持谨慎是必要的，但不能谈虎色变，毕竟各级政府和各行各业已经发布了隐私保护和安全问题指南，应用这些指南，企业能够制定基本的隐私保护和安全策略。大部分技术创新将会聚焦在推进基于移动技术和云计算的解决方案上，企业迈向移动技术和云计算是大势所趋。企业需要了解自己对风险有多大的容忍度，主动寻找风险防范达到要求的解决方案。

指尖上的场景革命

Right-Time Experiences
Driving Revenue with Mobile and Big Data

大多数企业抱住过去的老黄历不放。过去的一切毕竟已经过去，发展才是硬道理。以史为鉴，企业要朝正确方向发展，汲取过去在产品和服务上的经验是向前迈出的正确一步。但是，企业仅凭过去的经验和实践不能完成企业转型，在不断变化的世界里生存发展。例如，一款软件能够在云里运行，但是，用户界面需要作出适当修改，否则，这款软件在许多设备上就不会有效运行。

为实现经营的差异化要求，企业不能停留在满足市场当前需求水平上。管理人员必须知道市场的变化，适应变化趋势，做到企业的产品和服务适应市场的新常态要求。但是，许多行业和企业管理人员抗拒势不可挡的变化，放弃新的发展机会。

移动技术、大数据、社交媒体、云计算发展态势方兴未艾，客户和员工新的需求犹如岩浆不可遏制地喷发出来。客户希望企业能够实时响应客户问题和及时抓住市场机会。员工希望自己奔波在外需要做出决定时，能够从企业获得有用的信息支持。要创造具有竞争力的差异化产品和服务体验，企业必须能够在近乎实时的数据中作出有价值的判断，具备作出准确预测的能力。要想做到这一切，企业就必须做到敏捷经营。

不过，大多数企业没有敏捷能力，许多企业无力锻造敏捷能力。

没有一个行业不处于瞬息万变的市场之中，市场继续朝着闻所未闻、变化难以预测的方向发展。企业要么变革，要么被淘汰。企业的管理人员必须做出选择，是走上变革的康庄大道，还是踏上因循守旧的不归路？变革之路是困难且遍布危险的，但变革之路的尽头是企业的永续长存，商业发展充满持续的竞争力。企业沿着阻力最小的道路走下去，业务一成不变，就会让企业给人们一种稳健谨慎的印象。企业这样保守地应对竞争，虽然可以减少发展道路上的动荡，避免剧烈的发展变革，但企业会丧失做强做大的能力，在市场竞争中有可能很快沦为跛脚鸭。

无论是客户还是员工的隐私，数据安全都是企业要解决的问题。产品和业务无过人之处，产品和业务复杂化，数据管理存在困难，企业领导者对这些问题的担忧是有道理的。决策者必须处理这些问题。如果只是挥挥手，做个姿态，实际上毫无作为，但是，竞争对手会解决这些问题，最终市场会无情淘汰那些把变革只挂在嘴上的企业，充满变革精神的竞争者会取而代之。

在英雄辈出的新时代，为客户、员工、合作伙伴和其他利益攸关方创造极致体验感的企业事业才会兴旺发达。在接下来后面的四章内容中，我将论述为什么新时代会诞生极致体验感。在这些章节里，我会强调三种类型的极致体验：信息交互、人文关怀和商业精神，并分析这些体验有价值的原因。

第二部分

极致体验才是制胜之道

全新的市场模式为构建新型商业生态系统既提供了机遇也提供了挑战。挑战包括：

- 收入与利润的萎缩；
- 规模收缩或被替代；
- 由于任何一个企业都不能胁迫客户的意愿，也无法在一个较低进入门槛的市场中长期保持竞争力，因此企业会逐步失去对市场的掌控力。

移动、大数据和云计算等新技术发展的同时，也创造了许多新的商业机会。这些新机遇包括：效率提升、一对一关系模式以及实时智能和实时行动。虽然有些公司已经看到了这些商业模式的变化，但还是有很多公司仍然因循守旧、墨守成规地疲于应付，甚至当他们试图为新世界提供商业服务时仍然如此顽固不化。

那些想要继续兴旺发展的公司就不得不调整他们的应用与商业服务，以便抓住这些难得的机遇。新的商业生态需要创造我所提倡的极致体验感，至少基于移动场景的极致体验感为客户、员工、合作伙伴、消费者等商业活动的每一个参与者提供了他们想要达到的体验感受的相关基本信息。

基于移动场景的极致体验感可以是一种产品，可以是一种服务，也可以是一种工作流程，它能够在你最想要的时刻提供你最需要的信息和服务。

正如我所指出的那样，当新技术被付诸行动的时候会激发巨大的力量，使得企业有很多选择，要么通过新技术来提升商业效率，要么为用户、员工、合作伙伴提供过去所不能提供的新机会。然而，要想实现这些目的，就需要在使用新技术实现更多动态商业流程或基于这些信息实现更多商业服务，以及推动企业转型升级等方面来权衡利弊进行选择了。

新的商业现实需要极致体验感，在本部分的前面几章，我们会讨论沟通方法、关爱员工和客户的手段，以及移动技术、大数据和云计算是如何推动商业模式转型的。

第3章　极致体验应运而生

既有的传统行业惯例即将过时，企业怎样才能继续获得成功？一家企业如果要谋划长远的发展就需要直面新的市场发展方向，平衡市场各方面的发展动力，以创建基于移动场景的极致体验感作为其新的前进方向。

在第 2 章中，我曾经指出，当前人们在互联网上的体验和穿行在业务流程中的体验非常不好，不但繁杂复杂，而且还千篇一律，这样的体验感不能为决策者提供任何有价值的关键信息。企业的这些习惯性做法正变得不合时宜——其实许多习惯做法已经过时了。那么，企业走向成功的秘诀到底在哪里？我的回答就是去创造全方位的极致体验感。当下，企业需要利用市场上新的发展力量来创造具有极致体验感的产品和服务，这才是正道。

客户、员工和合作伙伴在获得信息和享受服务过程中感受到极致体验，是准确开展下一步行动的基本衡量标准。极致体验无处不在，人们在购物、预订航班、找到采购定单、提交开支报告时都可以感受到极致体验感的存在。行业领先企业的产品和服务是品牌制胜体验的载体。品牌制胜体验涵盖了客户和品牌之间互动的每一个方面，从广告到包装、到产品、到客户服务，一直到销售流程。今天，从可口可乐到苹果到 Salesforce，这些卓越的公司正以各种有趣的方法在客户体验中体现品牌的魅力。

人们从移动设备、社交媒体、传感器、交易数据中提炼信息，可以有非常多的方法应用这些信息创造更好的体验。无论大家身在何处，智能手机、平板电脑和其他设备能够克服地理上的障碍，不停挖掘人们的信息。

极致体验感的实质是，在人们有需求或有愿望时，在人们选择的设备上向合适的人提供合适的信息。为做到这一点，企业需要分析能够收集到的所有数据，而且坚信每一个可以获得的数据都是一笔不可或缺的财富，它能以更有价值的形式向客户、员工和合作伙伴提供更有价值的东西。我不会忽视困难，装模作样地说创造极致体验是一件非常容易的事情；而且，如果创造极致体验是一件简单的事，那么大家不就都能做到了吗？

自从智能手机诞生以来，由于常规的业务流程没有显著的变化，不能满足创造极致体验的需要，人们想根据客户身处的场景，为客户提供适当的服务。如果一个人在开车，他的需求是什么？坐在一起开会的人的需求有何不同？智能手机、平板电脑和 PC 机在为人们提供合适信息时究竟有什么不同？一个企业发展或毁灭取决于是否具备在客户需要的时候提供极致体验的能力。客户、员工和合作伙伴都同样需要极致体验感。极致体验感和我们现在对体验的理解截然不同，与千篇一律的体验是完全不同的。极致体验感一定是基于场景的，是契合时间、地点和需求的，是与需求相匹配的，是与数据可连接相关联的（见图 3—1a 和 3—1b）。以后我会描述极致体验的细节，我愿意先为大家提供一些极致体验的范例。

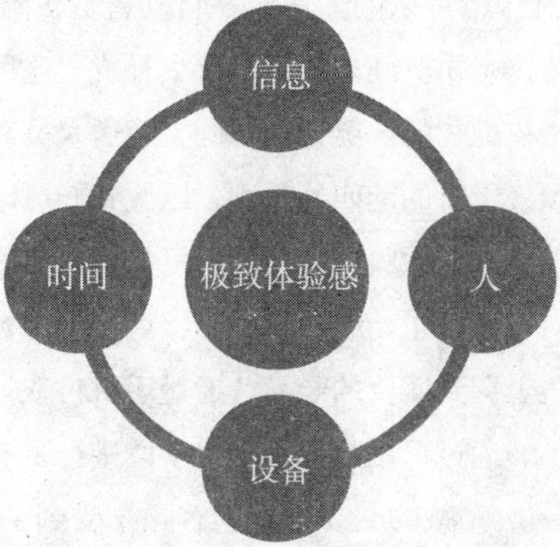

图 3—1a　极致体验感就是在正确的时间为正确的人在他们选定的设备上提供了最有用的信息

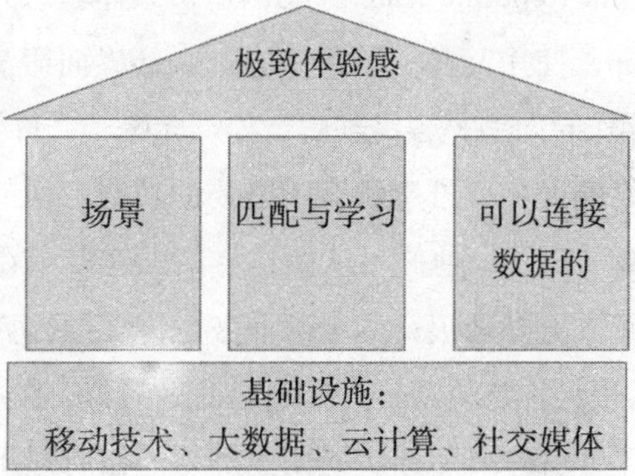

图 3—1b　极致体验感的三大支柱

以可口可乐公司为例，该公司履行品牌承诺，为客户和合作伙伴创造极佳的体验。假如我渴了，我需要一瓶可乐。我站在自动售货机旁边，碰巧身上没带钱。在过去，我只能悻悻离开。而现在我可以通过手机支付买可乐吗？当然可以。买到想要的可乐，我离开了自动售货机。虽然自动售货机上以后发生的事情对我无关紧要，但对下一个可能要购买可乐的客户和可乐公司配送员来说却是非常重要的。自动售货机会立即向配送中心发送一个消息：健怡可乐（无糖可乐）存货下降。配送中心收到存货下降信息后，会立即安排人员补货，自动售货机始终保持合理的存货水平，防止顾客乘兴而来，败兴而去。

此时，正好一辆载有健怡可乐的配送车在自动售货机附近驶过，司机收到存货下降信息。配送中心派遣这名司机到自动售货机去补货。这种应用场景同物流公司盲目派遣配送车为自动售货机配货的情况完全不同，配送人员和可口可乐公司只为缺货的自动售货机补货，无须漫无目的地四处乱跑，因此我们可以发现，精确补货不会造成油料和人力的浪费。作为一家饮料产品公司，可口可乐能做到顾客永远可以买到需要的产品，因此，顾客对可口可乐始终不离不弃，可口可乐始终保持高水平的客户满意度。顾客在自动售货机上买到需要的产品，通过手机付款，不需要随身携带现金。顾客找到自己想要的产品、通过可用的手机支付手段进行了支付、顾客实现了满意的购物服务，这是不是在一次完整的交易过程中客户享受到了三个方面的极致体验，同时可口可乐公司也在客户心目中实现了卓越的品牌体验。

第一共和银行（First Republic Bank）在创造极致体验感方面做出了表率。这家银行推出一款移动 App，使用简单，功能齐全。App 界面简洁，只有几个按钮，字号也大。菜单设计是操作导向型，容易理解，如“转账”、“付款”、“存款支票”等。这款 App 没有在移动终端屏幕上堆砌顾客不需要的功能。相反，这款 App 只专注出门在外的顾客需要的基本功能，他们不认为这样的顾客期望在 App 主页上有房屋抵押货款信息，或会在 App 上办理银行的全部业务。许多顾客需要使用移动 App 找到银行支行的位置，由此可见，移动 App 应用有特定的对象，在功能上不必面面俱到。

App 用户可点击“更多选项”标签使用主屏幕上没有显示的其他非关键功能。第一共和银行的品牌理念是“一切为了顾客，一切服从客户”。顾客点击这家银行 App 上的“更多选项”标签，屏幕上会列出第一共和银行的三种联系方式：Email、电话和网址。第一共和银行的服务理念在这款 App 上得到了充分体现。顾客只需点击屏幕，就能使用第一共和银行在移动 App 上提供的大多数功能。这家银行的 App 和移动终端的 GPS 模块配合，为顾客提供银行分支机构的位置信息。顾客在 App 上可直接拨打银行的服务电话，给银行发邮件。移动 App 还通过照相机提供存款信息。如果顾客想详细了解第一共和银行的服务项目，可以点击屏幕上的按钮访问银行官方主页。

无论身在何地，第一共和银行客户应用智能手机上的移动 App 就能够在合适的时间获得所需要的信息。通过以上案例的分享，现在，大家是否对基于移动场景的极致体验感有了大概的了解，我要继续说明一下极致体验感的三个要素。

对场景信息进行处理意味着赢得洞察力

无论是使用移动 App 还是浏览网页，每个人对内容的需求都是有差异的。鉴于此，挖掘围绕在客户周围的一切信息是非常有趣且非常有用的。谁在浏览网页或使用 App？在什么时间和什么地方浏览网页或使用 App？以前在什么时间浏览网页或使用 App？现在浏览了什么内容和干了什么事情？现在浏览的内容和干的事情与以前浏览的内容和干的事情有关系吗？这些信息涵盖人的身份、时间、地点、行为、当前的和历史的信息，是一个人的信息画像，一人一像，是情感和物理信息的融合，称为场景信息。应用场景信息，企业能够为客户创造最充实、最值得、最有价值的体验。理论上，人们期望浏览网页时能够获得为自己量身订制的内容。比如，我以前浏览过一个网站，那么这个网站就保存了我的历史浏览信息。如果我再次访问这个网站时，网页上会出现“你好，玛丽贝尔”，这至少可以看作是网站能够提供的一个专有的个性化服务，这种服务当然可以被扩展开来。但是在大多数情况下，网站上只有我的浏览记录或网购记录等很少的一些信息。使用移动 App 也存在同样的问题。

收集、分析客户的场景数据，包括位置、时间、交易记录、使用的设备型号等信息，一家成功的企业就可以为客户创造很多令人着迷的用户体验。各式各样的传感器被配置在最新的设备上，它能够提供客户周围全方位的物理信息，如温度、湿度、客户位置等。通过收集一个客户当前的状态，并结合其历史信息进行分析，就能够清楚地了解该用户当下的需求，并为其提供专门的个性化服务体验。如果一家企业能够描画出此时此刻客户置身其中的场景，知道客户的交易记录，那就可以对客户的实时需求作出预判，就能够创造出满足客户此时此地需求的极致体验。在大多数企业中，场景数据和客户的历史交易记录在企业运营中的应用还非常有限，然而，不收集和分析场景数据，何谈创造极致体验。场景数据的收集和分析正是大数据和分析工具要处理的新范畴，我会在第 9 章深入讨论。

在创造极致体验过程中，移动技术起着关键作用。移动技术的概念有了突破，曾几何时，谈到移动技术，人们脑海中立刻闪现出自己在行进中打电话、收发 Email、上网的情景。没有各种设备上的传感器提供的形形色色的数据，要想提供契合客户身处场景的服务是不可想象的。没有无处不在的网络互联，交换数据和企业交付业务都是不可想象的。相比过去，管理人员对场景概念有了更多的了解，但是，我认为对商业场景化心领神会的企业管理人员实在是凤毛麟角而已。不是每个人都对场景或商业场景化有基本的了解。

企业市场销售高管们研究过场景营销问题，不过，高管们常常将营销场景化等同于向客户精确投放广告。极致体验是一种契合场景的业务，并不等同于根据不同的传播对象对广告内容进行精心裁剪。达到极致体验的产品和流程要因人制宜，因事制宜，满足不同顾客和不同工作独特的需求：

- **企业—客户（B2C）**。合适的信息交互和服务为客户创造更富足、更充实的生活；
- **企业—员工（B2E）**。合适的信息交互让员工高效和有效地工作；
- **企业—合作伙伴（B2P）**。合适的信息交互和服务能够创造可生存可发展的商业生态系统；
- **物—物（T2T）和物—人（T2C）**。在企业中，设备和系统存在连接关系，双方适时适当地交换信息，自动执行任务（例如，如果地下室出现渗漏，告警信息会送到业主的智能手机中）。维护人员通过设备和装置安装的传感器了解运行状态（例如，根据暖通空调系统产生的告警消息，建筑管理者决定购置和安装新的空气过滤芯）。

场景信息是创造极致体验感的元素之一。不过，许多人把场景等同于位置：员工、客户、包裹、货车、集装箱当前精确的位置。在场景信息诸元素中，最重要的元素不止一个，位置元素位列其中。除了位置信息外，场景信息还包括设备类型、交易记录、一天中不同时间的分布情况等信息。设备类型和设备屏幕大小存在对应关系，App 或网页上显示的文字和图片数量不能一成不变，为获得最佳的屏幕显示效果，需要根据设备类型进行适配优化。复合销售的机会蕴藏在顾客的交易记录中，获得货到付款机会的大小完全可以从顾客的交易记录中看出来。一天分成若干时间段，在每个时间段，顾客对信息的需求和信息对顾客的驱动效果存在差异，市场营销最忌一天 24 小时向顾客发送千篇一律的消息。

值得一提的是，当前最具场景感知能力的装置是智能手机和平板电脑。在这些设备面世前，创造移动场景业务的瓶颈是信息匮乏。现在，即使一部低端的智能手机也同样具备支持多场景信息的能力。

在我们推出一款 App 或服务时，如果客户、期望者和员工加入到应用者的行列，我们就有机会了解人们是如何使用这款 App 或这项服务的。如果一项服务能让生活变得更好，使用体验每一天都在改善，毫无疑问，人们会喜欢上这项服务。社交网络在这方面做出了表率。在网络社区，信息沟通效率非常高，用户愿意向朋友、情侣通报自己当前的位置信息，和大家分享自己拍摄的照片。

在创造极致体验时，每个企业至少要考虑在流程中融入 9 个场景元素。这些元素至少包括位置、时间、当前的状态（见图 3—2）信息。我们要逐一研究这些元素，弄明白每一种元素在创造不同的极致体验中的作用。

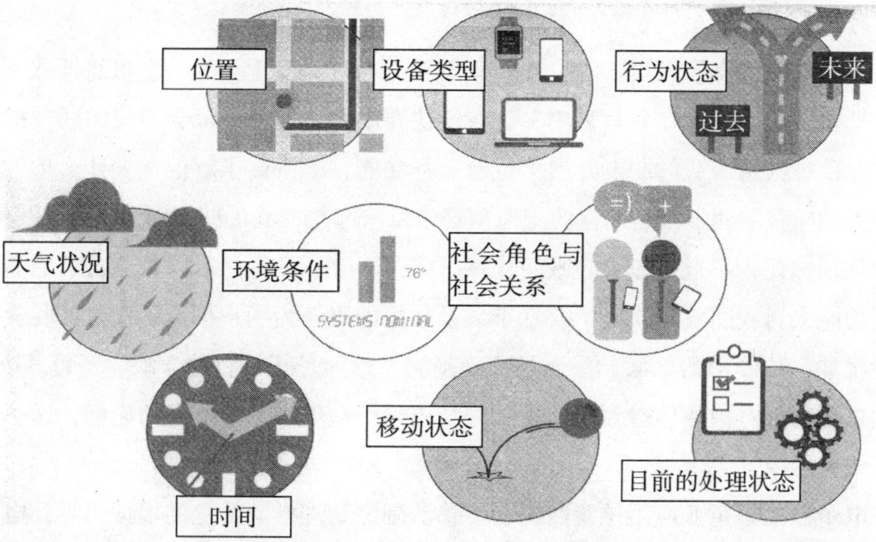

图 3—2　构成场景的 9 个要素

位置

企业应用位置信息，能够达到为用户量身订制专属极致体验的效果。用户待在家里，逛商场，坐在办公室，或身处客户现场，为达到极致体验中的要求，企业应根据用户位置的不同提供不同的服务，不分场合的体验不是极致体验。当前有多种定位技术，如三角测量、蓝牙、无线定位签名和 GPS。企业综合运用这些技术能够实现对人员和物体的精确定位。制造商在更多的设备上配备传感器和通信功能。每一天，设备和人之间都在交换信息。我们生活在这样一个世界，如果一个人开车到洛杉矶市中心开会，这个人可以连接到公共服务系统了解哪里有空闲停车位。

谷歌公司的一款 App 在应用位置信息创造极致体验方面建立了样板。这款 App 融合用户的位置信息、搜索记录和日程管理功能，用户在智能界面上能找到需要的信息。这款 App 应用分析学的成果，为用户创造既是预测大师又是行动大师的应用体验。例如，这款 App 会显示用户过去的搜索内容，基于用户当前的位置信息，向用户提出建议、提供客户周围的信息。如果用户有搜索印度餐馆的记录，这款 App 会向客户推送附近新开了一家印度餐馆的消息。由于用户的日程和位置信息向这款 App 开放，用户能够从这款 App 获得出行建议，几点上路可以躲开交通拥堵，确保按时赴约。

我从一位朋友处得知，他的 iPhone 知道他每周一晚上要为一个班级授课（因为朋友把授课时间保存在日程表中），在他快要动身时，iPhone 会为我的朋友提供交通状况预警信息。我的朋友开启了位置服务功能，iPhone 了解他常去什么地方，同样会主动向我的朋友推送沿途的交通预警信息。起初，我的朋友对 iPhone 的这项功能感到很惊诧，不过，惊喜转眼间代替了惊诧，iPhone 竟然可以预测自己的需求，这项功能太讨我朋友的欢心了。基于场景数据的服务为用户创造了极致体验。极致体验犹如一枚硬币的二面，一面是准确预测，一面是正确行动，缺一不可。iPhone 上的这项功能对极致体验要求准确预测和正确行动作出了非常好的诠释，这一点是我要研究的内容。

电子栅栏是企业应用位置数据和传感器围绕物理空间建立的虚拟边界，电子栅栏可以围住一个企业、一家大型购物中心、一处体育赛事场地。有了电子栅栏，在员工进入或离开企业，跨越电子栅栏时，就像扣动枪支的板机一样，企业主或经理和员工开始交流信息，或自动启动任务。在客户接近门店或进入门店时，零售商利用建立的电子栅栏对客户进行追踪。如果客户同意加入电子栅栏系统，零售商可以向客户发送欢迎短信，推送消息介绍门店内将开始的促销活动，或在潜在客户接近门店时发放电子优惠券。当前，这些推送类营销信息往往大同小异，千篇一律，缺乏针对性，还处于撒大网、捕小鱼的阶段。以后，当客户不再排斥电子栅栏技术时，零售商就可以创造客户个人专属的极致体验感了。

位置信息可充当启动 App 和服务的触发器。2014 年 4 月，Twitter 收购了 Cover 公司。这家公司在安卓手机上开发了一款锁屏软件，使安卓手机能够感知周围的场景信息。这款软件能够记住用户使用各种 App 的时间和地点，依据当前时间和用户当前位置两项信息选择合适的 App 显示在手机屏幕上，客户在锁屏状态下可直接启动 App，仿佛有一位秘书在为客户打理一切。这款软件能够判定用户是在家里，在工作地点，还是在车里。用户在车里时，软件会将地图 App 置于屏幕正中间；用户在工作地点时，屏幕主页会显示日程管理和文件管理 App，如 Box.com。用户可按位置设置壁纸和铃音大小。Cover 公司形容自己的市场定位为“客户在适当的时间拥有适当的 App”。屏幕面积有限，App 应用数量多，如何解决 App 堆叠在屏幕上的问题，Cover 公司在这个方面是一个很好的榜样。通过时间和位置这两个要素精确控制 App 在屏幕上的位置和显示时间，将用户此时此地最想用的 App 放置在屏幕上。这样的应用体验就是极致体验。

位置信息也能用于改善“企业—员工”关系的体验。电子栅栏在定位服务和各行业中正大行其道。电子栅栏是一种基于位置的业务（服务），在智能手机用户进入电子栅栏控制区域内时，手机用户会收到电子栅栏发送的消息。你想必已在购物过程上结识了电子栅栏。有些店家已经安装电子栅栏，在顾客进入店铺时，或路过店内某一货品时，电子栅栏会向顾客的智能手机发送促销消息。另外，电子栅栏也已经用于“企业—顾客”关系管理，电子栅栏在“企业—员工”关系管理中同样有用武之地。当一名员工跨过电子栅栏进入工作区域时，企业可以自动启动一个工作流或向员工发送一条消息。例如，一家建筑公司可将一台移动装置的位置信息或时间记录系统相连，自动记录佩戴该装置的工人进入或离开工作现场的时间，实现考勤管理。

通过发送提示信息的方式，位置数据同样可以应用在“物—人”关系管理中。例如，Elgato 公司推出的智能钥匙（SmartKey）是一个非常小巧的装置，可同客户的钥匙或任何设备连接。客户可在苹果手机安装称为 SmartKey 的 App。这款 App 能够告诉客户什么时候取出了钥匙，钥匙最后出现的地点，并且还能让它播放一段音效帮助客户找到钥匙。由于 SmartKey 可以同许多东西相连，人们可以灵活使用这款产品。通过 SmartKey，客户可以找到汽车停放的位置，知道行李到达机场行李传送带的时间。旅行时，可以防止行李被盗；出门前提示客户没有随身带上钥匙；行李被盗时，SmartKey 会立即向客户报警，这两点正是极致体验感的本质，适时地提供需要的信息。

企业可将各种装置和运营系统连接起来，实现企业运行自动化，提高企业运行效率。当数据中心的温度超过阈值时，制冷系统软件会收集此时的数据，判断是否发生故障，自动向负责维护的公司发出维修申请。

时间

客户需求在一天各个时间点存在差异性，没有对这一点的深刻理解，企业就不能创造最佳的客户体验。通常，即便是一名客户非常喜欢商业新闻摘要等信息，但是如果这名客户和友人会面并在吃早餐时收到商业新闻摘要，那么就会影响到他们就餐的兴致，这时发来的这些商业新闻就变成一件令人讨厌的事情了。可见，同样的服务，从有极致体验感沦落成客户烦恼的源头，真是“此一时，彼一时”呀！极致体验从实时数据中获益，但是极致体验和实时响应不能划等号，极致体验只在需要的时候或一天特定的时间点现身，早一点和晚一点都不行。一个人对服务和信息交互的需求不是一成不变的，在一天的不同时间点有不同的需求。比如，一名客户在早餐前需要了解早晨的交通信息和学校关闭信息。午饭前，早晨的交通信息和学校关闭信息对这名客户毫无用处。

美国电话电报公司统一协作产品部产品经理维施·格帕拉克里施南（Vishi Gopalakrishnan）说：“我们不会在晚上十点向客户发送麦圈广告，或在早上七点发送杜松子酒广告。”另一方面，我的一位朋友提到，海明威也许恰恰喜欢晚上十点吃麦圈，早上七点喝杜松子酒。因此，做某件事合适的时间到底是几点，真的是因人而异，没有一定之规。同样的服务需求，上夜班的人和朝九晚五工作的人要求服务的时间肯定不一样。

企业使用时间数据，同个人以前的行为数据联合起来，就能确定信息交互的最佳方式和最佳时间。例如，一间食杂店在五点钟向老客户发送一条消息：他过去买过的烤鸡已到货。另一种对适当时间的判断标准是在一天的最佳时间提供适当的信息或服务。信息交互和服务的最佳时间和依据形势作出的反应是有关系的。例如，在同管理人员开会前，一名销售主管想知道一个大客户是拿下了还是丢了。卡车司机使用App中的实时交通数据，希望减少在交通上消耗的时间、在露天装载码头上的等待时间以及花在路上的时间。

当前进程和行动

进程由一系列动作组成，目的是达到预定的结果。分析进程完成情况或进程中每个动作的完成情况，企业可以判定企业中的哪些工作流、哪些信息、哪些产品和服务是最有价值的。人们常常要不停地启动或停止工作进程和工作流。过去由于及时的信息沟通手段的匮乏，许多进程没有完成，执行到中途就被放弃了。

要创造极致体验感，企业必须做到全部系统的数据通道畅通无阻，随时满足用户数据查询需要，在用户需要的时候为用户提供适当的信息。例如，一名采购经理正在订购一笔数量很大的特供品，采购经理想知道，产品是否脱销，在确认订单前，产品的价格是否有变。如果拟采购的产品缺货或价格变动过大无法接受，企业能否提供其他满足要求的替代产品完成这单交易；在批准员工休假申请前，管理人员应该知道哪些人在休假，在休假申请人离岗时，需要做哪些工作分工的调整，确保工作不会停滞不前；有时，一个人本来开始了工作进程，由于信息匮乏，不得不忍受工作要一次一次从头开始的折磨，全然没有了将工作进行到底的愿望。互联网世界和电子商务的实践告诉人们，通向成功的秘诀是进程开始后可持之以恒地坚守理念。例如，一名在线购物客户如果中途因故退出网购，网站会将客户选中的商品放入购物车，期待客户会再次光临。如果客户是网站的注册客户，网站会向客户发送邮件：您丢弃了购物车，您挑选过的商品仍有货。

移动技术带给人类一大好处：无论是在哪里，在这个遍布无线网络的世界，一个人可以该干啥干啥。也许，一个人不能一气呵成完成一项交易，每次时间有限只能完成一个或几个步骤。这种情况下，极致体验意味着，一个人可以启动交易，如果时间不够，就将交易挂起来，空闲时再做完剩下的步骤，从而完成整个交易。例如，在星巴克排队时，我在手机 App 上启动商品退款进程，点咖啡时，需要将退款进程挂起来。理想情况下，点完咖啡，我能够重新打开 App，直接回到操作挂起的地方，恢复操作，完成退款流程。

为创造极致体验，需要跨越范围如此庞大的设备种类，跨越如此众多的流程环节，企业必须建立服务可持续的理念。在以可持续的理念创造极致体验感方面，奈飞公司先于其他企业树立了一个范例。用户可以在电视上开始观看节目，暂停节目播放，在另一台连接到奈飞的设备上，如平板设备，从上次暂停的地方继续观看。两次操作可以相隔一小时以上或几天的时间。这就是随时无缝连续观看（进程）的完美体验感，观众可在任何地点、任何时间、任何设备上持续观看喜欢的电视节目。同样的情形，当一个人开始撰写费用支出报告，或启动一个工作进程，中途因故需要暂停。这个人肯定愿意将数据暂存起来，以后能从暂停的地方继续撰写报告或完成进程中剩余的步骤。

谈到设备，我们一起详细研究一下在创造极致体验过程中，不同的设备和设备不同的表现能力在提供场景化服务方面的不同点吧。

设备类型、设备状态和表现能力

要创造极致体验感，必须识别和适配用户设备和网络质量。基于屏幕尺寸和导航模式（触摸、语音和姿势），软件能够自动调整信息表现形式。

考虑到人们四处流动时使用的互联设备存在差异，信息内容和呈现方式要适配不同类型设备，突出满足用户此时此地的需求，贪大求全，千机一面，千篇一律是极致体验的大忌。考虑信息内容呈现方式时，设备类型范围要做拓展，包括非传统的设备，如轿车、穿戴设备、会议室以及视频会议设备。在智能手机上查询会议室预定情况已不是稀罕事，在智能手机上能查询到哪些会议室真的有人在开会则是一种初级的极致体验，毕竟肯定会存在会议室已经被预定但实际情况却是空无一人的情况。

创造极致体验感也要考虑不同类型设备在能力上的差异（如是否有可播放视频、是否配置有触摸屏和配装有加速计等）。例如，一款费用账户管理软件能够感知手机有照相功能，提示用户对收据进行拍照。一款名叫 Plantronics Voyager 的蓝牙耳机能够自动分辨用户是否佩戴耳机，用户戴上这款耳机后，耳机能够自动将手机通话音量调整到适合耳机通话状态。用户摘掉耳机后，手机通话音量大小恢复正常。Plantronics 耳机系列中的 Concept One 耳机可追踪人的头部位置，具备探测自由落体功能。在佩戴耳机的人跌倒时，这会是一个非常有用的功能：这款耳机能够通过手机向佩戴者的亲戚发送报警信息。如果佩戴这款耳机的人在一家店铺找一种产品，店铺的移动 App 会和这个客户佩戴的 Concept One 耳机配对，根据佩戴者的头部位置测定这名客户的位置，通过语音或影像合成方式引导客户到达商品摆放的地方。设备能力存在差异的另一个样例是亚马逊推出的手机。亚马逊 Fire Phone 手机 2014 年 6 月上市。该款手机正面拥有四个前置摄像头，这四个摄像头是为了追踪用户头部的运动，从而实现手机动态视角（Dynamic Perspective）的功能，通过动态视角，用户可以在手机上体验到真正的 3D 界面。

一个看似平常但非常有用的设备场景化能力体现在：设备能够了解配置的电池是否电量不足；设备会更改 App 的功能设置以减少电量消耗，延长设备续航时间。随着企业在新推出的智能手机、平板电脑和其他设备上引入柔性触控屏、可视化搜索、3D 成像、全息照相和声控等新功能，用户将在这些设备上感受到全新的体验、这些设备之间的互动方式，以及这些设备和电脑之间的互动方式，十年前这些只存在于人们编织的虚拟世界里。现在，三星智能手机已实现眼球追踪技术，根据用户的眼球运动，可以实现网页自动滚动或者翻页，无须用手指来滑动，大大简化用户的操作。曾几何时，在手机上实现影院般的视觉效果只是人们遥远的梦，现在你旁边的智能手机正在播放观赏效果不输影院的视频。

社交和行为

有两个关键因素影响企业对员工和客户需求作出最佳响应：一是要对过去了如指掌，通过分析员工和客户过去的行为，挖掘其中蕴涵的规律；二是对现在的了解，通过掌握员工和客户当前身处何种场景之中，针对他们的当下需求做出有的放矢的精准行动。例如，一名客户对牛仔裤的优惠券始终青睐有加，一名销售人员开机后总是立即打开客户关系软件。要创造极致体验，必须掌握用户使用服务时的行为特征，基于这些行为特征和用户自定义属性，建立一个偏好表。

在企业和用户信息交互的过程中，企业形象宣传的机会无处不在，企业应该抓住每一次机会践行自己的品牌理念。本企业是可信任的伙伴吗？是低成本解决方案提供商吗？是最佳体验提供商吗？例如，维珍美国航空公司的机票经常大打折扣，但是这家公司没有将自己定位为一家服务大众化的廉价航空公司，而是定位为一家销售旅行体验的公司。乘客通过一种称作“RED”的互动系统感受该公司提供的旅行体验。维珍美国航空公司的飞机座椅后面的屏幕能当预订终端使用，乘客可点食品、饮料，进行消遣娱乐。不必等空乘人员来到座位边，乘客可随时在座位前的终端上选择喜欢的食物和饮料，付账直接在终端上完成，不必像过去那样将信用卡交给空乘人员划卡付账。如果愿意，乘客也可在终端上为机上另一位乘客购买饮料，空乘人员会将饮料送到那位乘客的座位上去。

对于经常乘坐航班的乘客，航空公司会分析乘客以往在机舱中的行为，为乘客量身订制服务，提供最佳的乘机体验。如果这名乘客上次观赏了动画片或买了鸡尾酒。维珍航空公司会推荐这名乘客可能喜欢的其他影片，或让乘客很便捷地点到自己喜欢的饮料。当乘机公认是一件及其乏味的事情时，维珍航空公司为乘客提供了前所未有的满足个性化需求的体验。加入维珍航空公司个性化服务体验的乘客不断增加，这家公司积累的乘客以往消费和娱乐消遣数据也越来越丰富，航空公司将针对不同乘客的需求推出个性化的、面向客户并能满足其此时此地需求的服务。

环境因素

未来的设备将内置传感器，为场景感知型 App 和服务提供环境数据。场景类环境数据包括空气质量、温度、湿度和天气预报。例如，交通运输公司可以应用卡车上的传感器，监控生鲜食品配送途中的温度、湿度，确保生鲜食品准时保质送到客户手中。

许多行业使用的传感器具备联网功能，其中公用事业、石油、煤气企业在引领行业的发展。未来，公用事业的技术人员在进入建筑物前，可以使用配置设备上的传感器检查建筑物内是否存在煤气泄漏问题，机场安检人员可以通过配置的传感器扫描拦截危险物质。

在中西部，农业行业可以根据气象数据决定播种时间，交通运输业可以根据气象数据为处在暴风雪包围中的卡车选择行驶路线。在其他受气象影响较小的行业也加入到气象数据应用者的行列。公用事业需要监控极端天气，以确保向居民供应足够的电力和煤气。商品交易者的许多决定是根据气象数据做出的。例如，在佛罗里达州，冰冻天气会影响柑橘和农作物的价格。

建筑业工人非常关注气象数据，混凝土施工，操作吊车要在天气适合的时间进行。一家建筑公司曾对我说，天气数据是火眼金睛，企业引用气象数据能戳穿真相，防范员工以欺诈方式要求企业做出赔偿。例如，一名建筑工作声称，由于下雨，他在屋顶施工时滑倒。建筑公司查询气象历史数据，确认当天确实下过雨，公司避免了员工欺诈造成的损失。

在家里，联网的恒温器会获得当地每小时更新一次的天气预报，恒温器根据室外温度决定房间何时开始加热。气象数据和日程表整合到一起，能够预测何时出门才能按时到达办公室或要搭乘的航班是否会延误。

角色和社会关系

在各种各样的关系中，每个人都扮演着不同的角色。社交网络有数据，人们分享的文档或信息中有数据，通过对数据进行整合和分析，企业能够了解人们对自己在生活和工作中经历的体验抱持怎样的态度。

在消费领域，人们可以分享公共社交网络中范围广泛的数据。企业正在Twitter、Facebook和LinkedIn等社交媒体中挖掘数据资源，以了解人们感兴趣的热门话题、对产品的态度和看法，以及社交平台上人和人之间关系的建立和维系。以Pinterest和Houz为代表的立足求新的社交网络，为人们提供可视化搜索工具，为家居项目寻找创意，为时尚理念寻找新的热点。这些以兴趣为王的社交网络甚至可以提供收集个人偏好（个人场景）和市场趋势（团体观点）的方法。

消费领域关于角色和关系的概念同样可应用在企业领域。现在，角色定义为一个人的工作职责。在一个组织内，企业使用来自企业社交业务和 Yammer 及 Jive 等协作工具中的信息，完成现有的团队结构、角色设置和职责履行的评估工作。例如，企业可将呼叫中心方案和社交软件连接起来，发现隐身在网民中间的杰出人才，调查人们对企业协作系统的满意度。

企业能够发现员工或用户的当前的或潜在的需求。了解人们对一个问题抱持的态度和观点，有助于品牌建设，有助于企业提供的业务或服务能更好地满足客户和员工的实际需求。企业已着手应用客户情感分析工具，改善业务流程，改善客户关怀，改善现有产品。这一趋势会持续下去。

行动

行动或行动不足可用于定义规范一个体验是否需要被处理及如何被处理。Vitality 等公司生产的药瓶盖子具备上网功能，可以保存患者上次开瓶时间。如果患者忘了吃药，智能瓶盖会向患者发送提示信息：该吃药了。如果药物没有配置智能瓶盖，这家公司可以提供一个能够上网的袋子，这个袋子配有传感器。通过记录药袋的开启情况，追踪患者是否服药。

最新设备上配置的传感器能提供环境状态数据，如温度和湿度，配置磁力计和加速计用于确定方向和位置。企业可用环境数据监控企业各种装置的运行情况，减少服务中断的时间。例如，机械设备内置的运动传感器可向总部发送定期维护的提示信息，防止出现计划外的运行中断问题。通用公司正在创建这些服务。通过收集和分析传感器上报的大量数据，通用公司能够预测产品的性能状况和维护需求，避免涡轮机、喷气发动机、机车头等工业装备计划外停工。

来自通用智慧数据平台（Intelligent Data Platform）产品线的布瑞恩·康特尼（Brian Courtney）声称："当我们卖出一台喷气发动机时，在一定程度上可以说，我们出售的是装备正常运行的时间。我们实际上没有把发动机一卖了事。通用公司要监控发动机，在小毛病变成大问题之前要消除任何故障的蛛丝马迹。通用公司建立了喷气发动机监控系统，监控对象包括成千上万台发动机。这是通用公司的喷气发动机要胜过其他厂家发动机的原因。"

场景

我曾概要地谈到场景理念，企业根据场景数据作出预测有助于判定客户或员工未来的潜在需求。产品、服务和企业运营管理达到场景化水平后，企业就能够感知客户或员工周边环境的、氛围的各种各样的态势信息，而这些能力在现在的传统系统中是无法实现的。具备态势感知能力后，企业从不能反映未来趋势的传统交易和事务处理能力，跨越到对面向客户和员工的、内容充实、吸引力十足的切身体验。众多的数据采集点是实现商业场景化的数据源泉，企业在滚滚而来的数据洪流中沙里淘金，提供一系列选择建议，满足客户或员工采取下一步行动或作出进一步反应的需要。

许多企业在业务过程中引入至少一个场景要素，例如，位置信息就经常位列其中。假设产品和服务由若干层次组成，企业应该增加一个场景层，从而为客户和员工创造更有价值、独一无二的新体验。来自时间、位置和计划表等不同数据源的数据汇集到一起，在创造极致体验的过程中起到提升互动效果的作用。只要应用诸多场景要素中的一个要素就能改善企业的服务，这方面的范本是西南航空公司货运。如果进一步应用多个场景要素，企业就会为自己的业务和服务在市场竞争赢得不可替代的优势。

西南航空公司应用内置传感器追踪客户托运的货物，用户通过提供可视化的信息了解托运货物在空中和地面的位置信息。不仅如此，这家公司在极致体验感上更上一层楼，增加了其他服务场景化的数据，如货物运输过程中的温度超限警报，货物发生破损时航空公司的解决办法。

极致体验并不要求客户和员工改变自己的行为方式才能享受更好的体验。顾客在移动终端上访问食品连锁快餐企业普雷特公司（Pret A Manger）网站过程中享受的体验在这方面树立了典范。这家公司针对每天的各个时间段顾客存在不同的需求，对其网站进行了优化，顾客边浏览普雷特公司网站边走近一家普雷特门店时，网站会推送提示信息，此外这家公司的网站能根据顾客使用的移动终端的类型自动优化屏幕显示方式。普雷特公司的网站依据顾客移动终端配置的 GPS 模块上传的位置信息显示离顾客最近门店的详情，包括经理的姓名、行走方向、营业时间和联系方式。

普雷特公司的实践表明，企业在官方网站上可以创造丰富的场景类业务体验，用户不必下载专业的 App 也能享受极佳的服务。

自适应性产生交互能力

企业对场景化的理解只是创造极致体验的开始，还不足以创造出极致体验。业务流程和产品的设计必须达到场景化体验要求，两种常见的场景是用户和员工的行为模式与设备类型。企业对用户和员工的需求和行为具备学习、准确预测和有效反应的能力是创造极致体验的基础和前提。

如何衡量企业的 App 达到极致体验的境界？员工和客户在应用 App 时，发现工作流可以自动启动，运营和服务可以像流水线般有条不紊，能以逐步完善的方式创建知识。在设计极致体验时要考虑适用性原则，对用户体验做出适当的改变，以适应装备的能力或用户扮演的角色。

现在，App 和业务的目标是满足大众需求，在特定设备上运行。一个人应用的装备可以从笔记本电脑换到智能手机和平板设备，客户体验一定是当前使用的装备能达到的最佳体验，这才是极致体验的真谛。平板设备上可显示整个产品目录，智能手机显示产品名称和价格信息即可。为达到极致体验感，企业需要根据用户在某一时间点进行的操作来做出适当的应对举措。如负责销售的员工在非友好国家出差，在凌晨三点通过平板设备访问敏感的财务文件，这时企业的安全系统必须知道这名员工之前做了哪些操作，做出拒绝访问的正确决定。

我使用的一款 App 的服务可以做到：“嗨，玛丽贝尔。过去，你在我们的门店里吃了意大利餐。我们在这儿开了一家挺棒的意大利餐馆。让我告诉你怎么到这家门店好吗？”这反映了一种应用和分析场景信息的理念。在这个案例中，分析是实时进行的，App 向我提出接受或拒绝均可的就餐建议。

一家旅馆可以联系我，发送一个通知说旅馆知道我在这里，我或许应该要吃午餐了，这就是 App 具备服务自适应的理念。按照这一理念，在日积月累中，App 具备学习能力，知道人们对不同的信息和建议会有什么反应。

软件要能够学习和适应用户的行为，这样的程序是能编写出来的。软件能够及时地在屏幕上为客户显示一磅重的格雷伯爵红茶，因此软件通过学习知道每隔二三个月，这名客户会从网站上的几百种和不同包装量的伯爵红茶中订购屏幕上显示的这种红茶。进入易趣的 App，我可以直接打开关注清单，易趣的 App 知道我的操作习惯，总会首先为我推送清单界面。一位销售人员一天的工作可能是从查看在 Salesforce.com 上的潜在客户清单开始的。

如果用户身处的场景改变了，极致体验要求能做到自动适应。极致体验将分析一个人的交易历史记录，分析这个人的当前状况，根据这个人的特定数据或特定情况作出反应。在创造了极致体验的企业里，技术似乎销声匿迹了，人们自由自在地工作或完成任务，不必为学习如何使用 App 或为如何开展一项业务绞尽脑汁了。

具备学习能力和预测能力的极致体验有着怎样的一副面孔？现在，米高梅的百乐宫酒店（MGM' s Bellagio）提供了一个极致体验的范例，有助于让人们对极致体验有一个感性认识。如果我站在赌场内的餐饮区，停留时间或长或短，赌场都会抓住改善我的体验的好机会。通过安装的思科无线网络，米高梅百乐宫酒店发现我呆在餐饮区（位置信息），已停留十分钟（排队时间信息）。思科无线网络系统会向酒店的市场营销软件上传这一信息。市场营销软件对我的数据进行分析，推断我可能正处于选哪家餐饮就餐的抉择中。

米高梅百乐宫酒店的市场营销系统知道当前时间是 12 点半，酒店上上下下均处于服务高峰时段（时间维护和资源使用维度）。市场营销系统根据我的预订酒店信息了解到我正在同家人一起旅行。如果这一系统和这家酒店的预订系统相连，根据我以前停留的地点可以了解到我喜欢中国菜（历史客户和行为习惯记录）。我在手机里下载安装了米高梅百乐宫酒店的移动 App，市场营销系统通过酒店的 App 向我发送消息，消息内容符合我当时的需求。消息内容为：“玛丽贝尔，你好，在当前的餐厅吃面条，如果要四人一张的桌子，要等一小时。但在 Café 百乐宫餐厅就餐，只需要等十五分钟。你想订位子吗？”这样的服务体验多么有价值，它既帮助我实现了吃饭这个目标任务，又帮助酒店增加了销售额。

在企业与员工之间，对极致体验的感受又会是一番怎样的情形呢？同消费者业务一样，新的具备自适应能力和具备预测功能的 App 和部署在云中的服务将取代当前呆板的员工 App。在企业应用如何为员工创造良好体验方面，Kana 公司的服务中心是业界的典范。一般企业通常在桌面上堆砌全部功能选项，连客服人员想要找到处理客户需求的功能都不是件容易的事。Kana 公司与众不同之处在于，客服人员的桌面上会精确呈现处理当前事务需要的信息。在客服人员同客户的谈话过程中，根据服务内容的变化，软件会提供持续更新的信息选项。这一系统的自学习和自适应能力与日俱增。客户的寻求帮助的呼叫刚进来，客服人员就可以立即获得他所需要的相应的信息，提高了客服人员处理问题的速度。

Kana 公司的服务中心体现了一种新理念，它非常了解 App 在客服人员与客户交流期间的各种具体的内容需求及解决客户诉求的具体操作方法等实际情况，从而能够通过创造极致体验，实现企业与雇员之间各项工作进程的连续无缝。当企业软件迈向云时代时，无缝体验已经面世，当新的移动应用软件开发出来时，无缝体验会持续发展下去。未来，我新买的座驾会收到智能手机发送的身份信息，自动打开驾驶员一侧的车门，自动调整座椅，在车载多媒体中心上列出我喜欢的音乐曲目。这是一台智能汽车，适应我的驾驶习惯，称得上是心心相印的朋友。

具备预测能力又能提供方法的体验能做到料事如神

最新开发出来的程序或服务开始具备预测能力。人们对预测能力的讨论以前还主要集中在如何让广告投放在商业活动中达到场景化的效果。尽管预测性广告是有价值的，但作为一种新理念，在过去存在被过度炒作之嫌。生产牙膏的企业可以预测我近期需要购买牙膏，因为我上次买牙膏的时间是在两个月前。无论如何，许多人近期肯定买过牙膏、尿布或很多日常用品，考虑到正常消耗量，因此可以很轻松地预测这些物品存在购买需求。

无论如何，因为存在所谓的刚性需求，这样的预测每个人都会做，毫无创新可言。之所以说这种预测毫无创新，是由于这个预测依据的数据太过单一，只考虑了我在过去买过牙膏这一个维度的信息。一般情况下，厂家在广告中并没有将此类有正常需求的人群作为广告的受众目标而予以锁定，更别说需要将他们纳入到预测之中了。

创造具备预测能力的极致体验感，企业需要发现用户的行为模式，对用户体验进行修饰调整，而用户的感受就是用户会发现自己做事便利了，难度降低了。具备预测能力的极致体验能消除用户感到不快的问题，让用户抓住转瞬即逝的机会。企业在创造具备预测能力的极致体验时，需要将历史数据和预测算法结合起来，来判定未来事件发生的概率。极致体验要具备预测能力就必须使用来自多个数据源的数据，包括交易记录、出访信息、客户向客户服务中心提出的服务需求、社交网络上的历史消费信息等。受益于新时代的移动技术，可以将过往的交易记录和用户当前的场景数据很简单地相互结合起来的巨大技术优势，使得服务提供者能够很容易地了解到客户当前在做什么，即将需要什么样的信息和服务。

药品销售人员是需要预测型极致体验的典型人群。在踏进客户的大门前，销售人员就需要公司向自己发送有关客户亟需的数据。推销员需要知道，医生过去向企业订购了什么药品，药品是否已到货，医生对药品是否有不满意的地方。当然有关信息发送的时机也至关重要，在走进医生办公室前，医药代表必须收到企业发送的信息。医药代表在销售管理 App 上收到的信息包含最新的内容，所有信息都是经过裁剪了的全部聚焦到即将拜访的医生之上的，包括药品销售环节所需要的所有详细信息，以及这名医生过去开处方时用的药品名称。如果情况不太妙，医药代表也需要在进入医生办公室前几分钟就知道具体在哪些方面出了什么问题，需要多少时间和什么措施来解决问题。极致体验的预测能力表现在知道客户需要什么样的信息，也知道客户对信息的需求时间点，毕竟过了这个村就没了这个店。

这款医药销售管理 App 可以自动记录医药代表访问客户计划的实施情况，记录销售代表进入和离开医院的时间，向医药代表提示下一个约访安排。企业为员工创造的极致体验做到了预测员工的需求，自动启动下一步工作。

服务具备预测能力的一个简单例子是汽车行业中的维护提示。较新的轿车能够向车主和服务中心传送信息。根据轮胎使用情况，车辆安装的传感器可以通知车主何时需要做车辆动平衡，更换轮胎，检查轮胎气压。行驶里程不再作为车辆维护的依据，车辆管理系统根据车辆传感器上报的实际磨损情况决定需要更换的部件。按照规定，车辆在行驶 16 000 公里时需要更换刹车片，但根据车主的驾驶情况，车辆管理系统会建议延迟两个月更换刹车片。车辆管理系统可收集和分析传感器监控的数据，学习车主的驾驶习惯，预测车辆何时需要维护。

聪明的企业会应用分析学进行预测，预测的结果可以提高对客户的人文关怀，向员工提供适当的信息。例如，以通用和博世公司为代表的公司正在创建具备预测能力的工业自动化服务，将设备故障降低到最低限度，提高设备利用率。

在过去，获取场景类数据是困难的。今天，场景类数据已应用于产品和服务中。对App或服务而言，从设备中收集场景类信息、社交网络和历史交易记录等数据必须进行融合，这是业界公认的原则。企业要对融合的数据进行分析，从数据中学到一些东西，尽一切可能收集数据，对客户需求的预测越做越好，为客户创造极致体验。

具有预测能力的体验意味着建议和行动

极致体验不仅能预测会发生什么事情，还能为公司或个人提供做事的基本方法，以实现预期的结果。这些极致体验能帮助企业借鉴以往的决定，为即将发生的问题做周密的准备。

企业所应用的、能够避免移动通信漫游费用支出的软件是具备预测能力的极致体验的一个典型案例。如果一名员工在公司的旅行助理App上做国外出差计划，企业的移动管理软件可以自动检查该名员工是否有国际漫游通信计划。如果没有，该软件可以为这名员工开通国际漫游服务，在出差结束时，自动取消漫游服务。这一服务功能可以总结出该员工过去使用通信业务的特点。例如，移动管理技术公司Visage Mobile正在设计一种业务，能够预测员工从旅游部门预订一次旅行时，员工是否会发生通信漫游费用。这项业务会为员工做好通信方面的一切预先安排。

企业在业务流程中增加对场景类元素的关注，无疑是一种增强对客户人文关怀的好方法。一名客户汽车上的传感器数据传送到汽车服务中心的维护记录系统和任务调度系统，通过这种数据上传和分析流程，汽车服务中心能够为客户创造出极致体验感。当客户的汽车驶进服务中心时，任务调度系统能够自动对车况进行检查，向维护人员提示应做的维护项目，并提出附加服务建议。

网络互联使交互行为变得可行

在许多场合，企业为客户、员工、合作伙伴创造的体验糟糕透顶，原因是产品、服务或流程太复杂，一方面毫无特色，还总是给人无的放矢的感觉。在许多情况下，企业提供了质量不好的数据，更糟糕的是，提供了错误的数据。康卡斯特公司

（Comcast）的服务开通系统拒绝一名客户安装有线电视的申请，因为开通系统中的数据表明，有线电视网络没有覆盖该客户所在的区域。该用户住在一座新建筑物内，在100英尺范围内就能看到有线电视的设施。显然，康卡斯特公司开通系统存贮的数据过时了，用户感到懊丧，公司丢掉了一单生意。如果康卡斯特公司的业务开通系统和该市建筑管理局的系统实现互联，该公司就能知道新建的有线电视项目已经实施，可以派遣服务团队到现场确认是否已具备服务能力。

当前的技术能力已能满足企业创造极致体验感的需要，在创造极致体验的过程中，要考虑各种场景要素，梳理分析这些要素，让体验变得更有特色，更迷人，更有针对性。极致体验感要去掉复杂性，客户在体验过程中可以获得正确的信息，用户不必劳心费神地找信息。

我曾讨论过业务场景化和自适应需求问题，但这些体验同时要实现互联，这意味着，数据要在每个需要这些数据的系统间平滑地流动。如果一份订单到了制造部门，有许多系统需要获得这份订单中的信息，例如，这些信息应被传送到仓储系统、运输、应收账款管理系统中。

极致体验是搭建在内部数据源和各个系统独立的信息仓库（筒仓）之间的桥梁，扮演融合的角色。大多数App运行在彼此独立的信息仓库内，同时，要创造极致体验感，企业就需要融合内部各部门的数据，也需要同企业以外的合作伙伴和第三方数据源相连。企业通过互联网获取第三方的数据，包括但不限于天气、交通、航班数据以及停车位空闲信息。

创建极致体验感，企业需要通过应用编程接口（API）访问丰富多彩的数据和服务，如网站和App上的评论、网站或网友的产品对比信息、商品交易所信息、认证服务和点击呼叫服务等。企业通过互联网访问其他新的第三方数据源，如Data.gov、卫生保健数据、目录检索服务以及移动App使用情况。无论如何，创造极致体验需要多方面的数据，只有面向客户的数据是不够的。

企业允许合作伙伴以API方式访问本企业的数据，IT管理人员使用通过API获取的数据创造极致体验，优化工作流程。例如，饮料瓶经销商的调度系统通过API接口访问饮料厂商的存货数据，保证及时供货，既不积压，又不断货。

赫兹汽车租赁服务所带来的极致体验感

今天的市场上已经开始出现了一些提供极致体验感的真实案例。企业通过收集数据，然后把它们加工成信息，有用的信息就是一种财富。应用移动技术和物联网技术，强化客户体验，实现客户转型，这个理念非常新颖和清晰，但是需要我们如何去做，所能达到的效果如何，赫兹（Hertz）汽车租赁公司的实践就是一个非常有趣和有说服力的案例。

赫兹公司是世界最大的通用机场汽车租赁公司，在150个国家有10 900个门店。人们之所以对赫兹公司感兴趣，其中的一点是企业如何应用移动技术。这家公司是一家老牌公司，在业务场景化方面选择了做领导者，而非跟随者。赫兹公司高级副总裁和首席技术官罗伯特•摩尔（Rob Moore）认为，这家公司正在研究几种应用于企业运营的场景信息：位置、时间、可对外出租的车辆目录和客户当时能够租用的车辆，以及客户的历史租车记录。

就在不久以前，赫兹租车公司的服务毫无特色：客户在机场落地后，要自己想办法找到赫兹公司的柜台，将护照和信用卡交给店员，在全部表格上逐一签字，办完全部手续后顾客才能坐到租用的车里。但是，如今赫兹公司提升了服务等级，金牌客户可享受无缝的一站式服务。赫兹公司是如何应用移动技术改变这一切的？

客户乘坐的飞机降落后，客户的智能手机开机，赫兹公司的App就知道飞机落地了，根据客户的订车信息，能判定航班提前到港，还是航班延误，App可获知客户选择的车型，同空闲的车辆进行配对。赫兹公司的App应用机场的地图和客户当时的位置指引客户到车辆停放的地方。客户不必看公告牌才能找到赫兹公司的柜台，或东拐西拐才能找到租赁车辆停放的位置了，这一切要感谢位置和时间信息在移动场景业务中的应用。

只要一家企业将自己的系统和互联网相连，就能从实时目录查寻服务中受益。一名客户打开赫兹租车App，就能看到有哪些车可以租用。这款App为客户提供免费升级到指定车型的选项，或征求客户意见，是否同意另外付费升级到其他等级的车型上。这是一个更敏捷的业务流程，客户在空中飞行过程中就能更改业务选项，客户自行操作完成一切业务变更，全程都不需要赫兹公司人工干预。

升级到更大、更热门车型永远是客户喜欢的选项，但在代理人面前重新填写表格的繁琐流程令客户望而却步。摩尔相信，赫兹移动 App“车辆确认”（Carfirmation）提供了敏捷的服务流程，它允许客户浏览供出租的车辆目录，免费换车，可选择升级，还包括特别推出的“每天一台车”超级优惠。一位用户非常高兴地说：“我真的不敢相信这有多么神奇。我坐在赫兹公共汽车上离开机场，我在 iPad 上换了车。毫不夸张地说，也就三分钟的时间，我到了赫兹公司停放车辆的地方，工作人员已为我换了车，显示牌上我的租车信息已经更新。”

当然，这项服务不只是听起来很好，更亮眼的是，这项服务意味着自 2011 年 12 月推出后的 18 个月内，赫兹公司增加了 114 万美元的收入。摩尔介绍，26% 的客户更换已预定的车辆，每单收入平均为 73.93 美元。赫兹公司应用移动技术和场景服务理念，仅仅通过使用诸如查询空闲车辆清单和先前租赁记录这样简单的信息工作，就能够从现有的客户资产中实现赚到更多利润的目的。

还车时，用户将车停下就可走人了。内置在车辆中的传感器可以确定车辆进入赫兹公司场地的时间。传感器上报租车人下车时间，计算租车费用。摩尔说道：“无纸化的电子收据不到 30 分钟就可到达用户的收件箱。”无纸化收据不是新事物，但在人力上的节约和工作准确性的提高方面效果显著。

还有一个变化：有一段时间，赫兹公司拥有自己的 GPS 系统，一个赫兹公司自己设计的被称为“永不迷失”（Neverlost）的小装置。现在，因为智能手机内置了导航系统，许多用户就不买这个装置 [这也是对导航公司的挑战，包括佳明（Garmin）、通腾（TomTom）、麦哲伦（Magellan）和其他的 GPS 产品厂家]。因此，赫兹公司面临的挑战是，向客户出售导航服务，价格是每天 10 美元，但同时客户的智能手机上配备了类似的几乎免费导航功能。

为应对挑战，赫兹公司重新设计了“永不迷失”，模样类似 iPad，计划安装在出租车里。如果客户的智能手机宕机，或用户使用的是功能机，“永不迷失”作为车载平板电脑，能够满足按需立即接入 GPS 的需要。这款软硬件合一的装置能够让司机可随时同赫兹公司的代理人建立联系，获得帮助。该公司可提供当地餐馆指南，高亮显示游客常去的热点地区，向用户推荐其他信息。赫兹公司同合作伙伴配合，向当地餐饮和其他行业推销广告业务，从而创造了双赢的业务模式，客户为服务付费，餐馆、酒店和旅游公司为赫兹公司提供的服务付费。

物联网开始大显身手改变业务的形态。赫兹公司购置的汽车配置了多种多样的传感器。这些传感器具备多种功能，如汽车丢失时，传感器会提供追踪功能。客户驾驶赫兹公司出租的汽车时，如车上的“检查发动机”警示灯亮了，客户可以呼叫赫兹公司服务中心，赫兹公司的员工能够检查这辆汽车的上报数据。通过分析数据，员工可以告诉客户是否需要立即返还车辆。油量传感器能确定客户还车时，按照租车合同条款客户是否要为油箱加满油。赫兹公司能够自动计算客户消耗的油料费用以及应该向客户收取的油料实际使用费用。在油料上省的钱可以弥补为管理新的传感器网络采用新技术增加的费用支出。

不仅如此，这些传感器还为企业提供了新的有趣信息。例如，赫兹公司可以获得自家出租车辆上的轮胎当前的性能情况。如果一家企业有数千台车辆行驶在世界各地，企业通过传感器上报的轮胎数据，能够了解轮胎性能在北美和埃及等不同地区存在的差异。企业也可通过获得的数据，确定轮胎性能和轮胎公司在产品性能方面的承诺是否一致。赫兹公司拿到这些数据，了解公司的出租车辆在不同条件下的行驶状态（不同的行驶条件包括不同的国家和不同的气候等），知道轮胎性能存在的差异性，有的放矢地精确安排轮胎的维护工作。这样的信息就能为企业创造价值。

赫兹公司可以决定共享一些通过物联网（不是租车客户个人）收集的信息，比如，该公司和轮胎制造商共享轮胎磨损信息。赫兹公司可以出售自己享有的信息，交换自己没有的信息，以其他能为自己带来利益的方法使用这些信息。这样在企业内部、合作伙伴、企业外部第三方之间实现数据互联的理念就应运而生了，公司可以制造更好的产品，提供更好的服务。这是在合作伙伴之间实现数据互联的理念。如果赫兹同轮胎公司建立合作伙伴关系，轮胎公司就可以获得目前不能获得的赫兹公司收集的数据。受益于这种新数据，每一方都可以做出更好的运营决定。

我在本章开始的时候列出的四种关系，赫兹公司的案例体现了第四种“企业—物”和“物—客户”的关系。企业已经拓展了信息交互的范畴，信息交互的范围不再局限于企业和客户之间。通过信息交互，企业要改变同员工和合作伙伴的工作方式。做到这一点，人们就要从传感器、装置和设备中汲取数据，数据经过分析和处理转化成支撑行动的信息。人们要考虑在企业对客户、企业对员工、企业对合作伙伴之间开展对话，讨论如何应用移动技术、大数据和云计算技术为客户和员工带来更好的体验。从赫兹公司的体验案例里，人们已看到企业可以创造“企业—客户”间的极致体验，也有潜力在“企业—合作伙伴”间开展对话，创造极致体验。

极致体验不能一蹴而就

企业应按照循序渐进原则创立新的客户体验和员工体验。无论创立什么类型的体验，创立极致体验都要经过三个阶段：扩展、强化、演化。

第一阶段是扩展阶段，应用移动技术、大数据、云计算和其他技术，提高已有流程的流转速度。目前实现扩展目标的基本方法是在移动技术和云计算领域运行App 和相关流程。

第二阶段是强化阶段，应用更丰富的信息提高已有流程的运行质量。这个阶段涉及位置、传感器数据、图像捕获和大数据等场景信息，企业从场景信息中能够获得崭新的数据。大数据技术能够捕获原汁原味的材料，社交媒体、历史交易记录、场景数据以及更多的其他数据，一切都尽入囊中，大数据技术的结晶可以奉献一种新的数据——极致体验感。

第三阶段是演化和转型阶段，这个阶段要实现一个新理念，即企业具备预测业务需求的能力或业务对需求具备自适应的能力。通过信息交互、客户关怀和商业化三大利器，企业能够做到以前无法做到或无法经济有效地做到的事情，如图 3—3 所示。

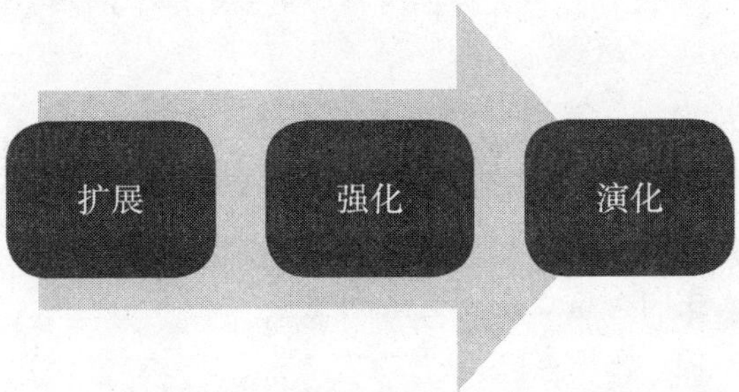

图 3—3　造就极致体验感的三个步骤

首先，企业要扩展已有的应用和业务到移动设备上；其次，企业应用本章提及的不同类型的场景数据，强化客户和员工的体验。在第二阶段，企业将开始应用大数据和分析学，将场景类数据转化成洞察力，企业能够抓住需求，引导需求，创造需求，精确服务，强化客户和员工的体验感。在最后一个阶段，应用场景理念、移动技术和全部可用的新工具，企业为已有品牌创造新的体验。创造极致体验是一个渐进变化的过程，我会在第 7 章进一步讨论其中的细节。但是，我现在就想深入探究到极致体验到底是什么样的，我们怎样创立一个向极致体验转型的架构体系。

极致体验的 3 个 C

上述这些极致体验的典型案例给读者的启示是：企业可以创造的极致体验不止一种，极致体验丰富多彩。企业创造极致体验面临从何处着手的挑战，因为从如此多的选项中确定需要的选项，要考虑各种可能性，以应对纷繁复杂的问题。为帮助分类极致体验，我们应当开始考虑什么是信息交互（Communication）、人文关怀（Care）和商业化（Commerce）。

- 信息交互就是要努力创造更加可持续的更有效的信息交互，通过提高信息交互的吸引力来改善对客户的人文关怀。信息交互和实现商业价值有关，但实现商业价值不是信息交互的唯一目的。
- 人文关怀就是提高客户满意度，同时要减少客户关怀方面的支出。人文关怀的目的是改善客户体验，使客户和合作伙伴愿意同企业做生意。不过，人文关怀不应局限于客户、潜在客户和合作伙伴。企业也可为员工创造人文关怀，比如，减轻员工的工作难度。
- 商业化就是通过创造极致体验，让客户感到整个流程及应用更加方便快捷、更具价值，同时也让员工和合作伙伴感到销售流程更容易应用并有价值。

在后续的章节，我们将重点论述这些问题。

概括地说，企业之所以要创造极致体验，就是要在正确的时间和正确的地点为正确的服务对象提供正确的服务信息。极致体验的目标对象涵盖客户，也涵盖员工和合作伙伴。依据客户、员工和合作伙伴周围的场景信息提供服务，交流信息，满足用户的偏好，具备预测需求的能力，这几点是极致体验能够卓尔不群的秘诀。为创造极致体验，企业必须连通内部的全部数据源，保证体验的一致性。体验无极限，为更好地改善体验，企业领导者还需要连通外部数据源。企业应该思考在信息交互、商业化和客户关怀方面如何创造极致体验。

极致体验不只是对周围态势作出反应。创造极致体验需要预测客户和员工的需求，做到这一点，才能实现服务和产品的多样性。企业为客户和合作伙伴创造极致体验，能推动企业增加收益，改善客户感知；企业为员工创造极致体验，能提高企业生产率，降低运营成本。

想在竞争中赢得成功，企业应该重塑商业模式，提高协作能力，改善同客户的关系，创造极致体验感。只要计划周密得当，任何行业都可以创造极致体验感，改变客户的感知，促进企业成长。

第 4 章　极致体验中的核心要素：信息交互

使用全方位的场景信息，如上线与否的信息、社交网络状态信息和地理上的位置信息等，任何企业和单位都可更加精准地确定与其员工和客户或者合作伙伴应该在何时、以何种方式、交互何种信息了。

这些年来，人们未曾停止创造新的更有效的信息交互方式。如我们见证了电话的发明，智能手机已开始支持视频通话。如此多不同的信息交互方式可供我们选择。人们不禁要问，极致体验感中的信息交互究竟有何过人之处？为在场景化通信沟通过程中实现极致体验，信息交互要聚焦两个目标：第一个目标是，在客户、员工、潜在客户和合作伙伴之间，创造更好、更快和更便捷的信息交互方式。与人们熟悉的原有信息交互方式不同，信息交互的方式要多元化，呈现出丰富多彩的魅力，不只是电子邮件，文本、视频和社交媒体都是信息交互载体。现如今这些新的信息交互方式已触手可及，在个人生活和外部的商业世界之间搭建了一座桥梁。微软公司认为，72% 的公司部署了至少一种社交软件工具；第二个目标是，无处不在的传感器相互连接，能够传送大量的信息。在过去，这些信息要么无法获得，要么获得的难度非常大。如今这些数据来自物联网，泛在化连接为信息交互开启了机会之门，没有无处不连的传感器，信息交互就是无本之水。

信息交互从千篇一律进入场景化时代

现在，人们之间交互的信息是非常简单的，主要是采用文本信息，如“在这上面节省 20%”和“现在买这个”。例如，万能卫浴寝具批发商城（Bed Bath & Beyond）不断地给我发同样的文本信息，不外乎某种产品有货，送折扣率 20% 的优惠券。我对这类信息不屑一顾，同样的信息太多了。改变一下信息内容或许能创造商机，如“本店营业时间有变”、“我们开了一家新店”或“我们成为奈特•博库斯（Nate Berkus）的合作伙伴，9 月 16 日精品在塔吉特百货连锁店上架。”

这些信息目的只有一个，企业需要完成销售目标。圣地亚哥市推出一项应用服务，向居民提供火警、洪水和地震等自然灾害信息。学校当局以短信方式公告关闭校园的消息，银行发送短信提醒储户信用卡上正在进行大额的交易。企业能够决定同员工和客户何时、怎样、交互什么信息，要做到这一点，需要综合使用场景类信息，如客户和员工是否到达现场，客户和员工在社交网络上的状态信息、位置信息，由传感器产生的大量数据也是场景信息的来源，如传感器上传的移动、振动和定向信息。

在创造极致信息交互体验时，人们面临着一个风险是，将来自互不相干的电子邮件、互联网和电视营销的同样的信息带入更个性化的信息渠道——手机。如果你同意接收零售店的邮件提示信息，这家企业可能每天都会向你发送一封电子邮件。商家这么做让人感到恼火，因为你不可能每天都会购物，不过在邮箱里经过简单操作就能忽略或删除这些不受欢迎的邮件。而在手机里忽略这些主动推送的通知消息就不是一件简单的事了。更糟的是，有些企业只允许退订通知消息，不允许修改消息传送的次数。要实现极致体验感，企业就必须赋予消费者决定权，规定企业在什么时间以什么方式同消费者进行信息交互。要构建有极致体验感的信息交互，就要确定交互什么，用什么设备，还要确定合适的时间。因此，考虑问题要全面，要有整体的思维。

鉴于存在上述问题，创造极致体验感前要回答如下问题：

- 人们在什么时间阅读消息？
- 阅读消息时，人们最可能使用什么设备？
- 人们阅读信息时，什么因素会造成注意力分散？
- 阅读消息时，不适当的消息会浪费人们多少时间？
- 人们阅读消息时，根据消息内容进行操作存在困难吗？

企业回答上述问题的过程实际上是一个可以受益的过程，企业能够对创造什么样的体验做出定义并有清晰的认识。

新设备创造新的信息交互机会

十年前，按照装备配置标准衡量，生活是挺简单的。人们的信息交互方式只有语音通话、电子邮件和文本消息。一个人有了一台笔记本后，如果非常幸运的话，还能拥有一部具备数据通信功能的手机。十年的时间，世界的面貌已经发生了巨变，新的机遇出现了。

正像我谈到的那样，人们有机会使用设备收集场景类信息，如位置、网络速度和网络连接质量。人们要根据场景信息选择信息交互的方式，如要考虑设备屏幕尺寸大小。在较小的智能手机屏幕上不适合看工程图，但是在屏幕较大的平板设备上就适合看工程图。在商业应用方面，如供应链管理，企业能够在平板设备上实现大部分的功能，在智能手机上只能实现一部分功能，如存货清单查询和订单审批。企业将设备上的场景数据和第三方数据，如交通状况数据，集成到一起就可以创造新的信息交互体验。例如，我在查询自己从巴塞罗那到旧金山的航班信息时，美国航空的 App 能够告诉我多个信息。首先，我得知自己要搭乘的航班晚点了，我应该在哪个登机口上机；其次，基于当前的交通状况，从我所在位置到达机场需要花费多长时间。

这是一个数据集成的样例，有来自企业自有系统中的数据（航班和登机口信息），来自其他设备中的数据（位置信息）和来自第三方的数据（交通信息），这些信息聚合到一起，在从验票到登机的过程中，客户体验到内容丰富的信息交互。

你敢想象万物对话的世界吗

在 21 世纪初，我初识物联网这一术语。当时，我在佛瑞斯特研究公司（Forrester）工作。这家公司的研究团队正敏锐地关注着凯文·艾什顿（Kevin Ashton）在麻省理工学院 Auto-ID 中心所做的研究工作。凯文·艾什顿提出创建这样一个世界：日常生活中的每一件物品都配置标识装置，通过无线网络连接起来，这些物品彼此能够交互信息，由计算机统一管理。1999 年，艾什顿正为宝洁公司研究改善运营的方法，努力实现射频标识信息通过互联网传送。

提出这一理念后，艾什顿和其他人共同创办了 Auto-ID 中心并担任领导人。2009 年，《射频识别杂志》（*RFID Journal*）上刊载了艾什顿撰写的文章："如果世界上的万物能够自动收集上报数据，人们通过计算机就能够分析各种数据，对一切了如指掌，人们可以追踪和管理一切，大大地减少浪费、损失和支出。人们将能知道产品更换、维护和召回的时间，无论是在设备的生命周期的起始阶段还是在高峰期过后。"这一理念是物联网概念的前身，通过无处不在的传感器，实现物理世界和互联网的互联互通。

一切物体，包括日常物品和工业产品，可以相互连接，实现信息交互，由于可编程，这些物体能够提高和人类互动的能力。艾什顿写道："人类应该让计算机以自己的方式采集信息，计算机能够看见、听见和闻到这个世界的万物。射频标识和传感器技术赋予了计算机观察、识别和理解世界上万物的能力，计算机自动获取数据，挣脱了必须靠人类输入数据的束缚。”

当人类进入 21 世纪时，如果技术上没有重大进步，万物互联的理念是难以实现的。世界上的万物如何做到互联互通？各种设备内置何种无线信息交互技术？人类已有的互联网基础设施需要怎样改变才能支持数十亿新设备之间的信息交互？

人们需要做哪些工作才能确保装置具备要求的能力、费用水平可接受？当时，问题多于答案。现在，人们移除了横亘在前进道路上的许多障碍。无线通信设备的尺寸和价格断崖式直线下降，制造商正在各种设备中内置 Wi-Fi 和蜂窝（移动）无线连接功能。电池技术虽不尽如人意，仍取得了有目共睹的进步，太阳能充电功能是众多装置的标配功能。人们拓展了物联网的概念，囊括了汽车、数字健康设备、电表等，任何内置传感器的物体都能成为物联网世界的一份子。物联网收集和传播数据，数据来源于互联互通的传感器，来源于人、动物和植物。数据在物联网、各种系统和人类之间实现了共享。安装在智能手机和平板设备上的软件挑起了大梁，是控制和获取物联网数据的主要入口。

企业领导者需要懂得，随着移动技术和物联网技术的应用，企业各种系统中的不同类型的设备会发生怎样的变化，哪些新型数据需要输入这些互联互通的设备。查德 • 琼斯（Chad Jones）担任 LogMeIn 公司物联网平台 Xively 产品战略部的副总裁，分享了一个基于物联网信息交互的范例，人们从中可以了解信息交互的价值取决于什么样的物体和物体相连。Xively 平台提供基于云的服务，企业在这个平台上收集物联网装置上的数据，对数据进行处理后向互联的其他装置、App 和用户传送信息。Xively 平台管理的装置达到 2 亿台以上，用户数量达到了 1 700 万以上，消费者人数达到了 100 万以上。琼斯提出了一个假设场景：一台吹雪机装配一个传感器，智能手机通过安装的 App 和吹雪机上的传感器实现信息交互。手机上的吹雪机 App 显示发动机的转速是每分钟 700 转，这条信息有用吗？

人们该如何应用这样的数据？一台仅简单上报运行状况的装置不一定有用。假定吹雪机的 App 能够同劳氏（Lowe' s）、家得宝或本地吹雪机动力设备授权代理商实现互联，只要机主完成了吹雪机的注册，零售商或云服务商就会知道机主的信息。想象一下，零售商通过云服务监控许多吹雪机的运行统计数据，服务商安装的软件会检查统计数据，向机主发送提示信息，比如，预防性维护时间到了，更换火花塞的时间到了。机主就可以预订火花塞，或进行一次维护检查。雪季到的时候，吹雪机已做好一切准备。

这样，零售商在适当的时间向客户传送了有价值的信息。实际上，劳氏公司推出了一款名叫彩虹女神（Iris）的远程家居控制系统。客户能够设置和监控家庭的各种设施，如调整灯光的明暗，控制恒温器，启动安保系统，甚至能打开和锁上房门。如果报警器被触发，客户能够在电脑、平板设备或智能手机上收到彩虹女神系统发送的电子邮件、文本、声音或语音呼叫报警信息，看到摄像机拍摄的一段屋内视频，提示客户孩子已经从学校回到家里，或当小狗走近时，打开宠物门。包含基础联网装置的彩虹女神远端设备每套 300 美元，因为联网装置信息交互实现了无人化操作，因此，基本服务免费。

这些新型的互联装置能够为 App 和服务提供更多的场景数据，提供客户需要的能让人兴致盎然的信息交互体验。这些装置既能够和同类装置互联，也能够和智能手机等其他设备互联，数据可以在人之间、机器之间和人与机器间实现消费和应用。企业只要拓展信息交互的概念（包括物联网）和信息交互方式，就能抓住一个巨大的发展机遇。过去，计算能力只能在固定的地方才能获得；现在，计算能力与网络互联和人如影随形。事实上，分析师和消费电子设备供应商一直在将穿戴计算能力作为计算技术下一次浪潮进行兜售。

为物理世界带来数字化的数据

新的有创意的穿戴设备不断地被推出来，包括智能手表、健身手环，甚至连网的袜子，穿戴者在跑步过程上袜子能上报步幅和锻炼效果的信息。穿戴设备为物理世界带来数字化的数据。谷歌眼镜是穿戴设备的一个典范。谷歌眼镜作为下一代平视显示器，可为佩戴者提供信息。这种显示器貌似是一付眼镜，实则是一台戴在头上的计算机。谷歌眼镜佩戴者发出语音命令，眼镜能够完成照片拍摄、视频录制、指示方向、发送消息和回答问题（如“布鲁克林大桥的长度是多少？”）等任务。在我伏案疾书时，谷歌眼镜已从概念变成令人着迷的原型机。雷·波特是 SafeLogic

公司的CEO，和我面谈后他同意为本书制作一个谷歌眼镜的模型（见图4—1）。

图4—1　谷歌眼镜在工作

注：洛佩兹研究所摄影，雷·波特正在使用谷歌眼镜。

现在，谷歌眼镜市场反应不如预期，受到诟病的地方包括外形设计笨拙、价格昂贵。尽管如此，世界不应低估谷歌眼镜蕴涵的平视显示设备的未来的技术潜力。几年后，谷歌公司也许会创立以谷歌眼镜为代表的可穿戴平视显示设备的主流设计标准。谷歌眼镜仍处于原型机的初期发展阶段，但这并不妨碍人们从谷歌眼镜上对未来可穿戴设备做到窥斑见豹。工作中需要进行手动操作的人员对可穿戴设备有需求，如外科医生、技术人员和吊车司机。

例如，说一句“Ok，眼镜”就能启动谷歌眼镜，只需说出几个单词外科医生就能调出患者的身体状况信息，包括关键指标（体温、心率和血压）。以前，外科医生需要走到监控器前才能知道这些数据。供职于旧金山加州大学医院的皮埃尔·西奥多（Pierre Theodore）博士是一位心脏外科医生，对谷歌眼镜进行了测试，以了解手术过程中外科医生通过谷歌眼镜获取需要信息的情况。谷歌眼镜能为医生提供患者的X光影像等手术关键信息，通常情况下，手术医生需要离开手术台去查看这些信息。西奥多在商业杂志《快公司》（*Fast Company*）上发表了一篇文章，宣称：“现在，在手术室后面四五米远的地方为我安装了一台48英寸的电视屏……大多数外科医生都会抱怨在需要的时候不能看到患者的放射影像。”

在手术室为外科医生提供患者的放射影像只是谷歌眼镜众多潜在应用之一。时至今日，谷歌尚未在眼镜这个平台上推出人脸识别功能，但使用类似谷歌眼镜的装置可对物体或人实现视觉识别，这样的景象是人们可以想象到的。博物馆、市政设施和零售区域可以在设计的时候考虑谷歌眼镜应用问题，或设计类似谷歌眼镜的产品，为参观者、市民和顾客提供更加丰富的多媒体信息交互体验：当一个人在博物馆时，谷歌眼镜或许会成为虚拟讲解员；一个人在市内穿行时，谷歌眼镜或许会成为虚拟导游。在Google+等社交媒体中应用谷歌眼镜，根据一个人过去喜欢或关注的情况，谷歌眼镜能够针对个性需求开始策划推荐内容。

诸如增强现实软件等软件技术也正在应用到移动 App 上。在客户使用设备上的相机对物体取景时，通过这种软件技术，能够对屏幕上物体的成像进行数字化覆盖。想象一下，应用这项技术，顾客的购物体验会有什么神奇的改变吧。顾客用移动终端上的相机对准一件商品时，会看到一个新的图层覆盖到屏幕上商品的图像上，提供商品的相关额外信息，如食品的营养成份，服装可供挑选的尺码和颜色。

我已经注意到可穿戴设备技术应用不会局限在消费领域，下面研究一个企业员工使用穿戴设备的案例。在伦敦，乐购（Tesco）公司正在进行一个实验项目，在一个选定的门店，乐购公司的员工应用内置相机的手机或平板设备拍摄货架上的物品。图像上传到乐购公司的数据库，数据库分析上传的图像，对比理想的货品摆放方案，向门店回传货架上应摆放何种物品的建议，在货架图像上叠加应摆放物品的图层。这个功能可帮助店员快速发现货品摆放不当问题或货品缺失问题。

穿戴技术应用的另一个范例是移动技术和增强现实技术在设备维护方面发挥的作用。站在一台设备前，维护人员应用手机的拍照功能通过物体辨识或扫描条码判断设备类型。要实现极致体验，可以将图象和修理报告联系起来，了解设备完成的维护工作，可以将图像和内容知识库联系起来，查看维护手册或维护视频手册。

手机或平板设备内置通信功能，现场技术人员可以和专家联系寻求帮助，或同总部的经理联系审批事宜。例如，一位技术人员要修理一台设备，但碰到问题，这位技术员发起基于 IP 的语音呼叫，应用 Skype 或微软的 Lync 召开讨论会商讨解决方案。或者，这位技术人员直接通过手机和公司总部的专家研究如何解决碰到的问题。协同工作、移动装置、内容管理方案汇集到一起，在刚好需要的节骨眼上提供正确的信息。

从个人数字助理到个人生活的礼宾部

在第 3 章中，我提到极致体验具有学习能力和自适应能力。今天，以谷歌眼镜为代表的技术正试图创造能够自动适应场景要求的体验。在 20 世纪 90 年代，个人数字助理如掌上通（Palm Pilot）和 Psion 3A，帮助人们组织管理联系人信息和日程表。现在，个人数字助理的概念已升级到以谷歌眼镜为代表的个人数字生活入口的理念，在入口处，在需要的时候，人们可获得正确的信息。这体现了极致体验的精髓，即人们从物理设备（传感器、手机、眼镜）获取数据，感受崭新迷人的信息体验。

另一个代表是 Tempo 智能日程 App，应用人工智能和语义学技术，在用户最需要的时候，在日程表上预置和浮现用户需要的数据。这款 App 可以确定用户将同何人见面，并找到双方往来的邮件、与会者的联系信息和公司的基本信息。这款 App 将双方共享的社交网络中的信息精选出来，呈现在一个统一的视图中供用户参考。如果有与会者在路上耽搁了时间，智能日程 App 会将此情况通知其他与会者（见图 4—2）。在极致体验中，数据来自多个 App（邮件和日程）、多个社交网络（Google+、LinkedIn 和 Twitter）、本人手机传感器（位置数据），以及来自 Maps 等第三方 App。数据来源丰富多样，在需要的时候，可为用户提供考虑周全的信息，使用户体验达到极致水平。

本书第 3 章列举的谷歌重量级应用 Now 和本章列举的 Tempo 智能日程管理 App，都说明企业正在创建的 App 和服务能够汇聚各种来源的数据并呈现在一个视图中，为用户服务的方式类似于酒店的礼宾部，当然，这是一个虚拟的礼宾部，即时响应用户的需求，为用户提供量身订制、满足用户个性需求的服务，以达到礼宾部水平的体验。

图 4—2　Tempo 智能日程管理 App

资料来源：Tempo 文件应用的屏幕抓图 http://www.tempo.ai/press。

在旅馆行业，一家旅店可以向客人推出礼宾 App。一款忠心耿耿的 App 可以获得客人搭乘航班的落地时间，当客人到达旅店时，App 会自动完成客人入住登记，从 OpenTable 调出客户喜欢的餐饮清单，为客人在附近的酒店预定就餐座位。现在，丽嘉酒店管理公司（Ritz Carlton）的 App 应用位置数据能够判断客人到达酒店的时间，向客人推出特别优惠，推荐当地夜生活值得游玩的地方，介绍寻物游戏等其他互动休闲活动。

在提供业务和开展服务时，人们同样可以得到满足个性需求的礼宾服务，在需要的时候，得到最适当的需求信息。从简单的在到期日收到费用报告提醒，到复杂的如上文提到的应用增强现实技术的维护工作用 App。不过，在许多行业中，通行的做法是先从提供更多的信息交互和协作工作技术做起。

融合运动、位置、社交和其他数据的场景化信息交互

人们这些年来都见证了统一信息和协作软件的跨越式发展。这些技术融合了运动、位置和日程数据，为奔波在外的员工自动选择最佳的信息交互方式。沃达丰等运营商描述了一种服务方案，通过通信模式之间的转换为人们的生活带来便利。例如，用户在上车前使用智能手机通话，汽车一启动，手机立即自动进入免提模式。用户进入办公室时，这款软件又能将通话转接到办公桌安装的通信装置上，如果有必要，可以启动视频通话模式。

鉴于人们使用的设备越来越多，企业也需要创造适合的体验，能够感知设备的类型，允许进行偏好设置。在 PC 时代，企业的 App 能在会议开始前 10 分钟和 5 分钟各提醒员工 1 次。进入移动时代，员工未必想在移动终端上的 App 和 PC 上的 App 做一样的事。员工或许只想在手机上收到 1 次会议就要开始的提示消息（也许根本就不想收到提示消息）。如果员工既有手机又有智能手表，员工或许只想在 1 个装置上收到提示消息，而不是两个装置上都收到一样的消息。

一种被称为社交服务软件的通信软件现在已经开始渗透到协作产业，在服务软件中创造极致体验。我们目睹了人们在社交网络的个人生活当中发生了这种事情，在企业中间也发生过这种事情。社交性体现在人们通过发微博、简短的语句、视频记录或音频文件刷新自己的状态，实现基于文档交换的信息交互和工作协作的目标。

利用移动技术和社交技术，企业和组织内部的互动能够变得有趣；充满力量和价值。随着协作和文档管理工具引入到企业和组织的运营和管理中，查找和评价文档、文件、项目，做其他相似的工作，相比过去容易多了。员工可以共享文件、帖子和信息源。员工可以在企业和组织内找到同事帮忙解决客户的问题。企业或组织可以提高员工之间的工作协同水平，员工彼此之间互访不再是一件难事，能够彼此了解正在做的工作内容，防止（减少）在同一项目上的重复工作。应用社交软件和移动技术，人们的协同工作水平能够达到不受时间限制，找到合适的协作伙伴和方式。

位于芝加哥的 Solstice 移动解决方案公司致力于应用移动技术提供协同工作方面的专业服务，服务已获得市场认可。这家公司推出的“智能办公室”（Smart Office）协同工作解决方案具有场景感知能力，能够收集物联网信息，用户界面朴实无华（如图 4—3 所示）。Solstice 公司的会议室安装有运动传感器和相机，员工可以了解会议室预定、空闲和使用中这三种信息。“会计室当前占用情况一目了然，我们能为临时会议找到开会的地方，这太棒了，再也不用在会议室之间转来转去了。”Solstice 公司 CEO 和创始人施旺（J.Schwan）兴奋地说道。员工在智能办公室 App 上点击一下就能完成预订会议室的操作。参会人员能够大体了解有多少人出席会议，通过会议室联网的相机对准白板拍摄会议上讨论或讲解的内容。这款 App 为员工提供订购功能，员工可拍下办公室四周的为员工考虑周全的 QR 码订购货品，货品从办公用品到咖啡应有尽有。员工甚至可以在 App 上提出“清洗冰箱”等申请。

尽管施旺没有使用极致体验这一短语，但员工应用智能办公室这款 App 的感受确实已经达到了极致体验的水平。

在会议召开前一天，Soltice 公司会向客户发送下载智能办公室的链接。客户可以查看会议详情，复审物流方面的信息，如果需要，可以整合员工在 LinkedIn 上的个人简介信息（如图 4—3 所示）。会客室具备基于场景的展示能力，可以根据客户的兴趣喜好，展示客户关注的内容（例如，特定行业的案例研究）。客户通过集成了 Leap Motion 体感控制器的三维模式浏览内容（呈现出美国科幻电影《少数派报告》中电脑软件预测谁会犯罪的风格）。换句话说，展示的内容呈现了企业同客户之间交流的信息。

在会议室智能管理领域，Solstice 公司并非在孤军作战（独行侠）。基因泰克（Genentech）公司和英特尔公司也各自创建了 App，公司员工在 App 上可以找到可用的会议室，在企业园中导航，在移动终端上获得更丰富的姓名地址录。

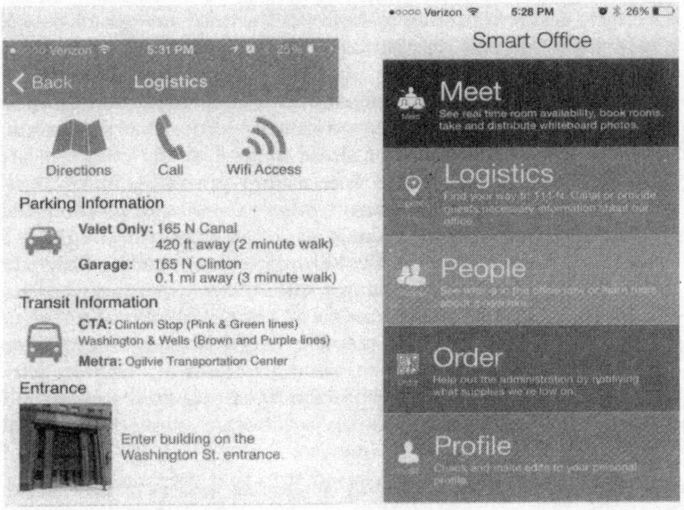

图 4—3　智能办公室应用 APP 能够在需求节点上提供所有可用的准确信息

资料来源：Solstice Mobile。

运动、位置、振动信息，许多类型的传感器提供了丰富的数据，App 从这些数据源获得了新信息，这在过去是做不到的。企业将传感器上传的数据和信息技术进行整合，如推送通知消息或短消息，企业为消费者创建智能信息交互打开机会之门。例如，Fitbit 是一台计步器，可佩戴在腕部或臀部，充当数据源和 App 配合使用。移动 App 和 Fitbit 进行数据同步，用户能够查看步行数、卡路里消耗量等体现锻炼效果的数据。Fitbit 可以通过向用户发送消息的方式提高用户锻炼的积极性，如“再走 2 000 步，你就实现设定的锻炼目标了”。为实现共享目的，用户也可将 Fitbit 上传的数据发往社交网络 App 或 Loseit 等减肥 App。Fitbit 通过在 App 和健身装置之间实现网络互联，交换数据，Fitbit 鼓励用户使用产品，强化自己的品牌，通过社交网络增强客户的黏性。

事实上，用户通过各种可穿戴设备或联网的健身装置追踪健康信息，如体重、心率、体温和周围的环境情况，以及二氧化碳浓度。这些数据可传送到其他 App 或其他人那儿，如减肥 App 或医疗服务提供者。

和出售健身服务不同的是，耐克等公司致力于创造健身信息交互体验，提升客户的参与度。Nike+ 跑步 App 可以综合 GPS 位置数据和跑鞋内置的传感器上报的数据，追踪用户的跑步速度、运动距离和卡路里消耗量。这款 App 积累的数据能够帮助用户检查健身计划执行情况，在跑步过程中播放语音信息提高用户参加健身活动的兴致。用户可上传 Nike+ 的数据到 Facebook 或 Path 等社交网站，用户在开始跑步计划时发帖子后，能够在 Nike+ 实时看到社交媒体上其他用户的加油等鼓励消息或评论消息。

没有智能手机、传感器和无线互联网络等基础设施，用户就无法获取大部分的信息。现在，消费者能够收集和交互这些数据。显而易见，这些技术和数据存在巨大的潜力，提高数十亿人的健康水平，改善人们的社会关系，进而改变社会。

在商业领域，为实现极致体验，信息交互要做到让客户更快、更容易获取产品和服务信息。员工在需要的时间和地点获取了适当的信息，能够以更快的速度做出决策。员工手头信息充足，能够大幅度减少打电话获取信息的工作量，工作效率的提高是难以想象的，这改变了员工习惯的工作方式。这些信息包括产品价格清单、产品特性信息、工作流程中每一个步骤的内容和要求。即使极致体验中的信息交互不能让电话彻底失去用武之地，也应做到将用户的电话转接到最合适的人那儿，回答用户的问题，用户不必再费尽周折后，问题才能得到回复。极致体验中的信息交互和已有的 Yammer 和 Jive 等协同 / 社交服务软件 App 搭配到一起，效果一定非同凡响。

企业利用消息推送和 SMS 等移动解决方案，依据场景要求进行信息交互，能够推升有效的客户参与。切实可行的消息推送会抓住用户的需求，为用户提供下一步操作的路径指示。提供操作信息的推送消息可以是这样的："今天到期的费用报告已呈送，请在此签收。" 在推送消息中，用户提供点击到审批费用的 App 链接，完成费用审批工作。管理人员可以向员工发送多种提示消息——需要填写的工时表、批准采购订单、批复费用或休假申请，以及其他审核事项。

信息交互为商业贸易搭建起沟通的桥梁

信息交互要达到的目标和商业中的极致体验要求时常有重合的地方。适时的信息交互和极致体验常常是完成商业交易的第一步。

适时的信息交互推升客户参与度

丝芙兰（Sephora）是市值达 20 亿美元的法国品牌化妆品连锁店，这家公司正在应用信息和移动技术改变化妆品的零售体验。丝芙兰创建了移动 App，在 App 上追踪顾客忠诚计划执行情况，顾客在 App 上能够积攒丝芙兰赠送的礼品卡。这款 App 向顾客推送的消息中含有连锁门店的位置信息和顾客的 Beauty Insider 积分数量。位于大型购物中心内的丝芙兰门店能感知到手机上安装了本公司 App 的顾客在附近经过，门店可以通过 App 尝试接触顾客。凭借先进的技术手段，商家发现和接触顾客不再是问题，真正的问题在于，丝芙兰的连锁店要向顾客传送什么信息？

首先，连锁店会向顾客发送欢迎信息。这样的信息本身不会带给顾客令人为之一振的新鲜感，但迈出了创造场景化体验的第一步。其次，丝芙兰努力针对不同顾客发送量身订制的商品和服务信息，避开了千篇一律的营销陷阱，秘诀在于丝芙兰掌握了顾客以往购买化妆品的信息。该公司近期实施了变革，目的是促使企业和顾客之间信息交互达到极致体验的要求。丝芙兰公司的案例说明，一个非手机便携装置在创造极致体验时能够起到怎样的作用。

丝芙兰公司为门店员工提供了一个小巧的装置，能够扫描顾客皮肤的颜色（见如图 4—4 所示）。丝芙兰公司的销售人员使用该装置扫描顾客的皮肤颜色并为顾客建立个人的“Color IQ”，同时该装置能够在门店产品中选定和顾客肤色相配的产品。丝芙兰公司互联媒体副总裁博盖特•杜兰（Birdget Dolan）指出：“一般情况下，一名女士试完每一种粉底霜找到最适合自己肤色的粉底霜的话，也许要花费几个小时。有了 Color IQ，顾客可以立即在自己的智能手机上查看适合自己的全部粉底霜，在门店里有针对性地逐一试妆。”了解了自己的 Color IQ 后，顾客可以将其保存在 Beauty Insider 的个人档案中，方便以后在门店购物或外出时参考。

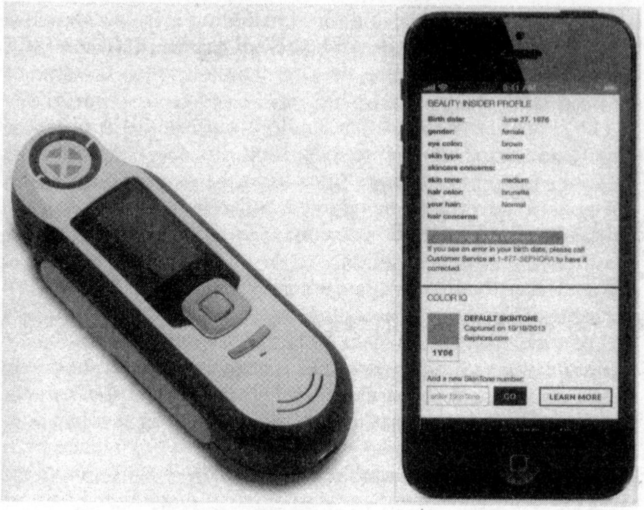

图 4—4　丝芙兰公司的皮肤颜色 IQ 及其服饰搭配应用 APP

杜兰宣称丝芙兰公司正在应用移动技术改善实体店和网店的商业体验。企业通过 App 向顾客发送消息，通知她新增了符合她的 Color IQ 的产品。事实上，丝芙兰公司可以向路过一家门店的顾客推送这样的信息："你好，玛丽贝尔！新到适配您的 Color IQ 的保湿护肤粉底霜。"由于可以访问玛丽贝尔过去购买化妆品的记录，这款 App 可以提示玛丽贝尔附近的门店正在销售她喜欢的化妆品。

丝芙兰公司的高超之处在于，这款 App 为客户营造了感受更好的店内购物体验，激发了店外顾客的购买欲望。对企业而言，这标志着一种转型和跨越，从告别传统的千篇一律、无针对性的狂轰滥炸的营销广告，到精确锁定营销目标，在顾客处于做出决定的关键时刻，企业和顾客进行有效的、适时的信息交互。这一理念和行动会提高丝芙兰公司激发顾客将购买欲望转变为实际购买行为的能力。

零售商和其他跨国公司正在抓住有效适时信息交互的大趋势，电信运营商则为实现这一目标提供基础网络互联服务。加拿大电信企业罗杰斯通信公司（Rogers）推出了一项服务，帮助广告商获取该公司无线通信服务用户的位置信息，减少广告商和电信用户之间的沟通环节。罗杰斯提示是一项面向广告商的收费服务，当罗杰斯公司的移动用户在一家店铺附近经过时，会收到广告商发送的推销商品和服务的文本信息，就有可能鼓励进店购物。这家店铺的 App 会提醒店家，顾客已在商厦内，App 能够获得顾客购物历史记录，基于当前的时间点和顾客的购物历史记录，这款 App 或许能够真的猜出顾客会停下脚步买点什么。一般而言，这样的 App 能综合顾客身处的场景针对性地推销商品和服务，在过去，由于缺少场景数据的支撑，顾客收到的推销广告缺乏明确的目标定位，有撒大网、捞小鱼之嫌，存在费用高、收效低的弊病。

根据加拿大《环球邮报》（*The Globe and Mail*）的观点，这项服务不意味着广告商可以实时获取罗杰斯公司 940 万移动客户的位置信息。"用户需要点击同意才会收到消息，罗杰斯承诺每周发送的消息不超过 4 条。"一些全国性的零售商已签约，包括西尔斯（Sears Canada）、加拿大最大的电器连锁商店未来商店（Future Shop）、必胜客、艾德熊快餐（A&W）和加拿大最大的专业咖啡连锁店第二杯（Second Cup）。罗杰斯公司的无线业务在本公司的市场营销中应用基于客户当前的位置推送提示消息。

"这种方式能够提升市场营销的有效性，市场营销进入了一种新模式，用户打开了一扇通往更大的一对一的消息构建的隐私空间的大门。"罗杰斯公司的本地数字业务副总裁尼拉•阿哈默德（Nyla Ahmad）这样描述道："客户收到短消息（文本消息）是小事一桩，客户关注短消息和愿意读短消息才是最关键的。"零售商感到确认下载 App 的用户数充满挑战，促使用户下载 App 后应用 App 则更难。

位于多伦多的位置营销协会（Location Based Marketing Association）的创办人兼总裁阿西夫•可汗（Asif Khan）认为："应用基于地理位置的文本消息发送方案，企业会扩大受众数量，潜在的受众数量也不是小数目。"尽管如此，只知道用户的位置是不够的，信息交互必须有的放矢，满足客户的个性需求。做到这一点，将以往的交易数据（如果能知道的话）和场景数据进行融合是非常有帮助的，场景数据包括位置和一天的时间点等数据。

罗杰斯应用的技术是由以加利福尼亚州为基地的 Placecast（基于位置的实时广告推送平台）开发的。该平台采用在一个特定区域部署地理围栏（geofence）的技术，特定区域可以是店面或店铺附近的停车场。当用户经过这些区域时，这套技术能够识别用户的移动电话号码并发送一条消息。"这种技术让企业变得敏捷，推出的产品更能满足客户的需求。”罗杰斯的客户——西尔斯（加拿大）副总裁这样说。

“酷暑难耐的日子就要到了，伟大的空调系统要大显身手了，让惬意的凉爽包围你吧。”应用这种技术，企业对市场的需求能够作出敏捷的反应。由于用到了天气和位置信息，下面这个案例可能是一个即时的信息交互创造极致体验的最佳范例。在和广告商打交道时，罗杰斯已经在扮演“裁判”的角色，他对某些客户的做法已经感到不舒服了：“一家广告商试图用电子围栏将竞争对手的客户拦在其门外，从而将竞争对手的客户抢过来。”他们是这样做的，当一名潜在客户即将走进竞争对手的门店前，就及时向其发送优惠消息以拦截抢占这个客户。罗杰斯媒体首席销售官杰克·托米克（Jack Tomik）这样评价此事：“我公司认为这一即时消息推送服务被滥用了。”

2013 年春季，SAS / Leger 对加拿大智能手机用户做了一次调查。调查发现，外出购物时，如果赶上商家推出智能手机的促销优惠政策，加拿大人会产生购买的意愿。当消费者被问到收到智能手机促销优惠时，面对购买想买的手机或互补产品选择时，参加调查的人会做怎样的选择？38% 的加拿大人回答两样产品都会收入囊中。此外，58% 的加拿大人表示，在外出购物时，收到附近商家发送的满足自己需求的优惠消息时会非常高兴。

“真正的智能分析是智能手机能力的倍增器，如果能做到这一点，零售商有机会锻造稳固的客户关系，将市场营销工作提升到新的高度，”SAS（美国）消费者智能研究部门行政总裁洛里·比耶达（Lori Bieda）如是说，“零售商如果能够认识到消费者信息和分析的威力，为基于位置的、智能化的个性化需求提供优惠政策。在消费者需要时或想得到时，把优惠政策推送出去，消费者购物篮中装得最多的商品一定是你的公司的产品。”

SAS / Leger 的研究证实，满足个性需求的促销也可以提高客户的忠诚度。大约 47% 的智能手机用户声称：在外出购物时，如果在手机上收到贴合心意的促销信息，非常愿意到商家的门店看一看。55 岁以下的人群倾向于回到促销的商家（在 55 岁以上人群中，这一比例则由 50% 降为 29%）。相比男性，女性在手机上收到基于位置的促销信息时更愿意走进门店（51% 的女性对 43% 的男性）。女性消费者在实体店从智能手机上完成交易时，也更愿意支付现金，44% 的女性消费者对研究人员说她们愿意在商家符合自己心意的促销单上选购多件产品，在男性中这一比例为 31%。

有关这一课题的大部分研究表明，人们接收商业消息的意愿直接取决于这些消息是否有消费者需要的内容。罗杰斯的服务允许用户自定义愿意接收的消息类型，可以追踪用户的行为，日积月累后，向用户推出更精准的优惠。“这不是发垃圾邮件，也不是在街角分发推销传单，”罗杰斯公司的托米克这样说，“企业推送这样的消息一定要有直接精准的目标。”

罗杰斯公司的系统开了个好头，迈出了正确的一步，应用位置信息确定在店家附近有哪些人在活动。向一名离门店 10 公里的客户发送消息不是可取的。从理论上说，这要求广告的投放对象一定要精准，不能盲目地天女散花。在客户同意前企业不能随心所欲地推送垃圾消息。除此以外，企业每周只能向客户推送 4 条广告消息。4 条广告消息的限制是系统不能回避的潜在问题。

每周只发 4 条广告消息，能干什么事儿？用户能告诉企业自己的需求吗？广告商买下消息发送权，没头没脑地推送消息骚扰客户吗？这种事情一再出现，没完没了，网上播放的电视剧里的广告就存在这样的问题。通常，40 分钟长的电视剧可以插播 4 条广告。如果同一家广告商购买了该电视剧的广告插播权，每个广告插播时段岂不是要走马灯似地重复同样的广告。更糟糕的是，广告商发布的广告属于通用广告，即使客户就在门店附近，收到的广告也不意味着达到了场景化要求、可以满足客户的个性化需求。

位置信息的力道是非常大的。在明确场景化要求和确定最佳的后续行动时，首先需要考虑包括位置信息在内的诸多要素。不过，人们也有可能以粗糙的方式应用位置信息。一般而言，对行动的呼唤通常要超过（不局限于）应用位置信息，启动优惠销售。过去，零售商面临的挑战在于知道哪些顾客在门店里。现在，应用 Wi-Fi 或 GPS 技术，在顾客到达门店附近或进入门店时，商家会收到提示消息。顾客进入门店，商家该做什么？暗藏的其他挑战骤然浮出水面。商家能够知道顾客在门店的什么地方或在什么商品区域停留的时间比较长？顾客在做什么？商家此时和顾客以怎样的方式交互什么信息为妥？打通顾客当前的场景信息与顾客的历史消费信息之间的联系，商家和顾客的信息交互效果才会更佳。

消息交流和广告不能划等号

美国药品、食品零售连锁企业沃尔格林公司（Walgreens）的实践改变了人们认为零售业中的信息交互一定要以广告开始的成见。一家零售商发送给消费者的消息要蕴涵价值，推送顾客需要的内容。沃尔格林公司应用移动技术创造了简洁和新颖的交互体验。该公司每周通过网上平台和移动终端同顾客的信息交互达到了 1 200 万人次，公司的网上平台每天访问量达了 180 万（9 个网站、10 款移动 App），其中一半的访问是通过移动网络和移动终端进行的。

通过进一步分析，我们发现沃尔格林公司一半的移动访问量（45 万）发生在该公司实体店内，即顾客在实体店内有应用该公司推出的 App 或访问该公司网站获取适当信息的需求。“我们的关注点放在了顾客身上，没有考虑渠道问题，因为顾客认为沃尔格林公司是一个整体，各家连锁店就是一家人。”沃尔格林公司市场营销总监格雷厄姆 • 阿特金森（Graham Atkinson）这样说道。

沃尔格林公司网上战略和客户体验副总裁迪皮卡 • 庞德雷（Deepika Pandley）认为：“每个人天生都是创新者。最好的创意来自全身心扑到自己事业上的人。在移动技术应用问题上我们汲取的最大教训是，应用新技术或采纳新的理念是值得一试的，只要企业愿意倾听反馈意见，及时作出响应。”

例如，沃尔格林公司推出的 App 兼具信息交互和挖掘销售商机的作用。顾客将全部药方输入 App，App 会帮助顾客设置提示消息，追踪顾客是否服药。顾客在提示消息设置中标注“已服用”时，处方规定的服用量会相应减少，自动刷新处方要求的服用量。顾客可输出自己的处方数据，对处方进行拍照。顾客还可以通过电子邮件方式上传病历，这款 App 会搜索整个 FDA（美国食品药物管理局）药物数据库①。

沃尔格林公司的 App 通过让客户的生活变得更轻松，为客户创造价值。通过这款 App，该公司向客户推送提示消息：你的照片已准备就绪可取回，流感疫苗已到货。

---

① 沃尔格林搜索 FDA 药物数据库是企业 App 和第三方数据实现互联的范例，这一方式在第 3 章讨论过。——译者注

•

这款 App 具备推送销售和优惠券提示消息的能力，但沃尔格林公司没有将关注焦点放在这上面。沃尔格林公司的 App 在创造极致体验方面树立了典范，在客户需要的时候，提供合适的信息。通过及时的信息交互，这款 App 为客户带来了生活上的便利。

位置信息和个人兴趣点是找准信息交互内容的驱动力

美国高通技术公司（Qualcomm Technologies Inc）是全球最大的半导体器件生产商和最大的无线芯片组和软件技术供应商。高通零售解决方案公司（Qualcomm Retail Solutions Inc.，QRS）是高通的子公司，负责创建 Gimbal 平台。该平台具备场景感知能力和临近感应能力，推送到移动终端的信息能够做到贴合消费者需求、及时提供和内容个性化，可以帮助零售商和品牌厂商吸引消费者。该平台包括 Gimbal 近距离信标、适用于 iOS 和 Android 设备的开发套件。Gimbal 平台提供永远在线、低功耗和基于地理围栏的位置感知服务。应用该平台的服务，一款 App 能够感知终端用户的位置，包括用户到某一位置、离开某一位置和停留时间的长短（例如，我早上 9：10 进入一座大厦，在那儿停留了 1 小时）。

和其他平台一样，Gimbal 平台也使用蓝牙信标，精度能够满足定位要求，满足 App 高精度地确定和蓝牙信标的距离。例如，一家零售商要确定一名顾客是站在第 9 通道牙膏销售区，而不是站在第 12 区。如果我已同意加入这家零售商的位置追踪服务，App 就可以知道站在那儿的顾客是我。商家可以持续追踪我 5 分钟或 15 分钟。如果我长时间停留在某一个区域，商家判断我要么需要更多的信息才能做出决定，要么还没有找到心仪的商品。不管是哪种情况，商家通过顾客的运动和位置等场景信息可以了解到消费者的购物体验情况。如果知道顾客的身份，商家可以为顾客提供量身订制的服务。智能信标的理念是相当创新和颠覆性的。在智能信标技术出现前，室内精确定位是十分困难的，且十分昂贵。

在智能信标技术诸多亮点中，最吸引眼球的是高通公司平台中的 Gimbal 兴趣感知能力，依据终端用户使用手机的情况为 App 提供客户的兴趣推断信息。我曾同 Gimbal 平台首席运营官凯文 • 亨特（Kevin Hunter）当面讨论过 Gimbal 对客户兴趣感知能力问题，运用这一能力，商家能够针对客户的场景需求推送适当的信息，提高零售购物体验。

亨特向我阐述了个人兴趣点和兴趣感知的理念。个人兴趣点是客户到访过的地方，这些地方蕴涵了客户喜好方面的信息。依据这些兴趣点，人们可以勾画出一个人的职业和兴趣爱好。亨特宣称："假设你想为我提供更有获得感的体验。这部手机知道我在哪儿工作，在哪儿居住。它还知道我每天早上 5：30 要去健身房，早上开车送孩子上学。健身房和学校位置当然是不同的，蕴涵不同的信息。如果一家企业能解析这部手机使用者到访过的地点信息，就能获得手机使用者的身份和兴趣爱好方面的信息。"

"如果我经常停留在门店的体育用品区域，店家就可能判定向我推送足球服的优惠消息是比较靠谱的事儿。对一个人了解得越多，向这个人推送的消息就越有谱儿，针对性就越强，盲目性就越少。推送的信息要有针对性，不仅要考虑客户当前身处的地点，而且要考虑当前的时间点和客户喜好。"亨特关于创建基于场景的信息交互的愿景和我的极致体验理念不谋而合。

对末端用户而言，高通称这种理念为"第六数字感"，在渴求或需要的时候提供适当的信息，同我定义的极致体验有异曲同工之妙。隐私泄露会令人产生毛骨悚然的感觉，因此企业必须遵守经消费者同意后才能开通这些服务的规定。Gimbal 平台的隐私保护政策有自己的特色，保护消费者的个人信息，有权决定个人信息中的哪些内容在什么时间可以共享。由于可以获取用户的个人信息，企业才有机会为客户提供耳目一新的有价值的体验。在智能手机大行其道之前，这种体验只是一种奢求。在应用场景信息方面，哪家企业的表现高人一头，哪家企业就有机会在改变企业和客户及潜在客户信息交互方式方面拔得头筹，取得颠覆性的成就。我们相信这种体验将改变零售业的运营模式。极致体验的影响是广泛的，不会局限于零售业。无论是在休闲娱乐的场馆里，还是在交通工具上，任何致力于向客户提供个性化体验的企业都可以着手以这些为杠杆，撬动行业的大发展。

让我们一起研究酒店和休闲娱乐业处于行业领先地位的公司美高梅国际（MGM Resorts）正在部署的解决场景化方案，他们希望以此来改进当前的信息交互，改进当前的商业活动。美高梅国际是一家集博彩、酒店和娱乐于一体的控股公司。

准确把握时间点、位置信息和历史活动才能改变信息交互的效能

消费者对网络互联寄予厚望，由于通过网络可以实现互联，所以他们将多种设备带入了各种场所，包括旅馆、会展中心和零售门店。各种场所，无论规模大小，具备以 Wi-Fi 为代表的可靠和快速的网络互联是做好服务的必要条件。博彩业竞争激烈，它要求在需要的时候为客户提供合适的体验，满足博彩场所各色人等的需求，包括会议出席者、赌徒、就餐者和购物者。

美高梅国际负责技术的副总裁约翰•博伦（John Bollen）了解消费者在网上是如何办理美高梅公司业务的。这位领导者试图创造流畅无缝、始终如一的客户体验，囊括各种数字设备和各种尺寸的屏幕。从产品和服务生命周期的角度看，约翰•博伦认为美高梅国际为用户提供的体验有以下四个组成部分。

1. 做旅行计划。这一部分的主要内容是消费者做的旅行前期准备，消费者通过互联网或移动互联网预订房间，预订酒店，预订演出座位，查询宾馆推出的优惠项目。

2. 出行前工作。消费者应用移动互联网或移动 App 复核预定信息，登录确认，寻找游玩地点和游玩项目的信息，查找商家最近推出的优惠措施。

3. 旅行中。在公司的服务设施内，美高梅国际通过 Wi-Fi 门户网页、移动 App、IPTV 和数字招牌为客户提供范围广泛的信息。客户可通过 Wi-Fi 在美高梅国际门户网页完成注册。如果客户下载了某一设施的 App，用户就能应用地图、导航、优惠政策和场馆信息。客户也能收到美高梅国际推送的服务信息。

4. 旅行后。消费者审核账单，结账，查询航班状态，查询客户忠诚回报计划中自己的积分情况。想一想前文描述的智能会议室管理，在应用新技术提高客户满意度方面，美高梅国际使用的 Wi-Fi（和 App）做了有益的探索，应用移动技术增加对客户的吸引力，在客户需要的时候提供让客户感到完美的场景化服务，企业也拓展了收益来源。美高梅国际的游客可以获取自己需要的信息。Bellagio 是美高梅公司推出的 App，应用思科的子午线（Meridian）Wi-Fi 网络，采用互联移动体验（Connected Mobile Experiences）解决方案供游客查询游玩地点设施的信息，包括就餐、购物和休闲娱乐等方面。

安装使用美高梅国际的这款 App，游客有机会加入客户忠诚计划，收到当地酒店、商场和酒吧推送的打折消息。这款 App 的另一个特色是基于室内定位功能的服务，游客漫步在游乐场所时，App 可以逐景点、逐路段进行导航。此外，这款 App 为客户提供个性化的服务和体验，可增加客户忠诚度，提高市场销售业绩。美高梅公司的系统探测、定位和追踪全部的 Wi-Fi 信号以匿名方式进行，保护隐私的情况下，聚合位置数据，对位置数据进行深度解析后上报公司，美高梅国际运营工作从中受益匪浅。基于详实的数据，系统引擎能够对客户在游乐场所的行为进行详尽的解析。依照规定的标准，分析引擎对数据进行分类和分组，利用 CRM 系统数据，设定达标门限，制定向客户推送反映营销政策的提示消息。通过整合客户关系管理系统中已有的数据、客户当前的位置信息、Yelp 上的评论和来自社交网络的信息等互联网数据，美高梅系统的智能分析结出了硕果，为客户创造了极致体验。

我早前提出了一个服务的理想样例，为需要住宿的客户找到有空闲房间的旅馆，并为客户提供到达旅馆的导航服务，这一切在美高梅公司的百乐宫这款 App 上变成了现实。客户在游乐场所通过百乐宫可及时地获取自己需要的信息，满足就餐、购物和购买演出的门票。美高梅国际的目标不是通过数字技术追踪客户，推送和客户需求不相关的乱七八糟的广告，而是通过 App 为客户提供适当的信息，在客户游历的地方创造使其极为愉悦的客户体验。

粉丝新体验

度假胜地在努力提升客户体验，体育场馆也在朝这个方向努力。在过去的 5 年中，体育产业发生了显著的变化。历史上还不曾有过比现在更好的机遇或比现在更具挑战的时代，在家里或体育场馆创造对体育迷产生吸引力的体验。随着高清电视的引入，赛场多拍摄角度设置，改进了在屏幕上能够实时显现的统计数字，观众在家里观赏体育赛事的体验正在被不断改善。社交媒体改变了体育团队吸引粉丝的方式，创造在平板设备或家里 PC 机上的第二屏幕体验。粉丝在家的时候，可以主动参加粉丝之间的对话。

由于新技术的面世，粉丝在家中观看比赛的体验已经将坐在体育场馆观看比赛的体验甩开了几条街。受惠于互联网的普及，体育迷们在多种设备上都能知道比赛得分和从赛场多角度拍摄的精彩瞬间。球队为将观众拉回比赛现场，想方设法在体育场馆里营造创新和个性化的体验，增加球队的营收，提高粉丝们的忠诚度。

衡量粉丝的忠诚度不仅要考虑粉丝花了多少钱，还要考虑粉丝和球队在线上、家里和赛事现场接触的密切程度。粉丝们期望和球队进行互动交流。互动交流可以为知名球队提供及时了解消费者和作出反应的机会。以往通常球队要花 1 周或 1 个月的时间才能搞清消费者的需求，对市场营销作出调整，现在球队可以随时推送广告营销消息，满足各种需求。

美国职业橄榄球队旧金山 49 人队就是这样一支不断提升观众在赛场的观赛体验的球队，49 人队在比赛场地所做的一切抓住了球迷的心，超过了坐在家里沙发上观赛的惬意，球迷在赛场里和球队的互动体验水平将在家里通过平板设备或 PC 机获得的体验甩在了后面。49 人队成功的秘诀是什么？答案就在为粉丝创造新的体验，应用移动技术、社交网络技术、大数据技术和解析学成果，在球迷需要的时候，球队提供恰如其分、考虑周全的信息和服务，使球迷的体验达到量身订制的水平。49 人队计划投资 12 亿美元建设一个新球场时，球队管理层决定在技术方面投入 1 亿美元以上的资金，为球迷创造一流的赛场体验。

球迷体验由三个部分组成：赛前、赛中和赛后阶段。在比赛过程中，为观众和球迷提供最佳的现场能够得到的观赛体验，是球队创造最佳体验投入力量最大的阶段。

大多数球队的移动 App 提供相似的信息：球队新闻、球队成绩和球员数据统计。这是移动技术在 App 上拓展体验内容的第一阶段。在已有的功能上修修补补不能取得真正的成功。

球队应该知道，球迷喜欢的下一代移动 App 必须提供范围广泛的服务，犹如球迷在参加游戏感实足的活动。这类移动 App 的功能应包括下载比赛门票到移动终端上；为球迷提供到达赛场的规避交通堵塞的导航服务，在赛场内为球迷提供座位引导服务；开展场内促销和竞赛活动，在比赛结束前推出促销政策；举行民意调查和投票活动；半场休息表演，如美国国家橄榄球联盟超级碗年度冠军赛广告秀，这些表演内容在赛场广告牌上没有出现；提供球迷间互动的平台；精确引导球迷离开球场，提供球场交通指引服务；提供球场附近的游览胜地和促销信息；提供其他球迷需要的功能。

这些达到场景化服务水准的 App 需要融合位置数据、社交数据和其他第三方的数据，包括交通和本地销售优惠信息。根据对球迷们需求的研究，49 人队在 App 上提供的信息内容要做到满足不同球迷的需要而且让球迷感到称心如意。球队可以创造这样的体验，应用社交和移动技术，用一种非同凡响的方式在球迷和球员之间建立起联系，这是球迷坐在家里不曾感受过的体验。例如，作为社交媒体活动的一部分，球迷可以向教练和球员提出自己关心的问题。在球赛半场休息时，球员和教练通过回帖、上传图片、上传视频等方式在球场巨大的显示屏上答复球迷们提出的问题。球队可以提供赛后和球员见面的机会，作为参加竞赛和社交活动的球迷获得的奖赏。其他提升球员体验的举措包括：球迷在座位上通过 App 预订食品和饮料，以信用卡支付费用，或在移动终端上应用大数据技术实时查询球员的统计数据和对比赛结果的预测分析。一些体育场馆管理人员讨论过休息室智能管理的设想，这样的管理可以为球员提供休息室的排队等待时间，从座位到达休息室的最短路径导航服务。

为给球迷创造极致的体验，49 人队和思爱普公司合作致力于搜集球迷的全部数据，包括在 49 人队官网、Twitter、Facebook 和 Instagram 上的操作和发布的信息。在 2013 年中期，49 人队在 Twitter 上有 394 224 名追随者，在 Facebook 上有 180 万名粉丝，在 Instagram 上有 33.4 万名好友。在第 47 届超级碗美国橄榄球年度冠军赛前，49 人队和巴尔的摩乌鸦队在 Twitter 上发布的推文分别达到 133 480 条和 80 789 万条。

球队应用这些数据进行分析，形成对球迷的深刻认知，这对球队意味着什么可想而知。一年的比赛在社交网络上产生的流量汇聚起来等于数百万条非结构化的信息——大数据——球队需要进行准实时或实时分析，用于创造全新的体验。通过融合来自移动网络、社交网络和销售终端等其他业务系统的数据，球队在比赛时间、比赛场馆创建新的 App 所提供的新功能，在比赛中间和比赛之后能够提升球迷的参与度，改善对观众的服务，以及观众和球队之间的信息交互。体育迷们大多会抱怨比赛场馆内糟糕的无线网络质量。在现场观看体育比赛的观众想发送文字信息或同朋友及其他球迷分享图片和视频片段。在比赛过程中，大多数观众会在同一时间涌进无线网络。而 49 人队主场可容纳 68 500 名球迷。

在流量飙升时，无线局域网和无线移动蜂窝网络常常会瘫痪。49 人队同 Wi-Fi 网络设备制造商安移通（Aruba）和美国电话电报公司合作建设能经受住接近 70 000 球迷同时访问的无线网络。任何企业都要全力以赴做的一件事就是，在比赛场馆实现 Wi-Fi 网络和提升了能力的蜂窝移动通信网络的全面和混合覆盖，为观众和球迷提供畅通无阻的无线通信网络。

全美职业棒球联盟洛杉矶巨人队面临同样的问题。自巨人队主场 AT&T 公园开放以来，该球队已 3 次升级无线局域网。现在，棒球场的无线网络流量峰值达到 500Mbps 时，网络并不会崩溃，球迷可以一直保持在线状态。

除了网络连接的技术指标外，巨人队还聚焦在几个商业上的关键点。球队需要知道哪些观众在比赛日涌进了赛场。巨人队 2014 年常规赛 75% 以上的主场门票在 2013 年仲夏已售出，但每个购票的观众未必一定会在比赛当天坐在球场观赏赛事。为在比赛日提供最佳的观众体验，球队知道场内观众的情况是至关重要的。球迷体验需要升级，下一代球迷体验要求球队打破球迷数据管理上的筒仓效应，解决球迷数据管理存在的内部诸侯割据、壁垒林立问题，对球迷数据进行 360 度的全方位管理。

例如，一支球队应当将球迷的信息进行整合，如进场观看比赛的球迷过去是购买单场比赛的球票还是按季度购买球票，在比赛期间球迷买了什么东西。多视角的数据管理要包括知道球迷是否参加社交网络、是否参加球场内的社交活动。社会舆情分析，球队失利情况，门票购置信息，还有其他的系统，彼此都是独立的信息仓库，互动极少（如果有的话）。

旧金山 49 人队联合主席约翰•约克博士（John York）信奉通过软件控制体育场馆的设计，这样球迷可在移动终端上利用体育场馆的各项资源。“信息触手可及，每个人都把这视为天经地义的事情，球迷也不例外。有了合适的软件，球迷就可以实时查询球员的数据，有问必答，深度参与到游戏中。”约克博士说道。

达到旧金山 49 人队的目标绝非一个用于统计的软件解决方案就能实现。鉴于移动电话和平板设备的发展速度，约克博士相信球迷们每 18 个月就要在智能手机和平板设备花费 1 000 美元，享受最新技术成就，这一金额不包括补贴。约克博士坚信球队不应在硬件上投入过大，诸如大屏幕等硬件要不了几年就会过时，相反，球队应将投资重点放在赋予球迷在自己使用的设备上做自己想做事情的能力。这一理念改变了人们对球队如何通过软件和基础网络为球迷服务的思考，结果是移动 App 的横空出世，在企业和消费者中间大受欢迎。

全球最大的娱乐与体育电视网 ESPN 创造了值得业界关注的成就，它以新的方式提供内容，应用移动技术为体育迷们创造参与感。不同于只在电视和网络上绞尽脑汁吸引观众的传统做法，ESPN 试图以移动 App 在智能手机上培育新的忠诚体验。ESPN 推出的 App 具有智能识别能力，通过收集赛事观看记录，这款 App 能够判断这是一名波士顿红袜队的球迷，当前正好进入红袜队的主场芬威公园球场（Fenway Park）。基于这些信息，ESPN 会为该名球迷专门推送其喜爱的球员的评论消息，包括视频、图片和统计数据。这就是信息交互创造的极致体验。

适时的信息交互有助于打造更好的团队和增强竞争力

体育场馆内已提供的体验只是创建更佳的粉丝体验的一个方面。在赛场上战胜对手当然是球队的目标。就像一个处于市场竞争中的企业那样，对 49 人队而言，要保持竞争优势必须建设世界一流水平的球队。约克博士认为："球队要想一想如何通过设置薪酬上限的方法在比赛中赢得优势？这是球队获取什么样的数据和如何使用数据的问题。球队管理层必须了解主教练和童子军对球队发展的想法，球队建设和经营工作一定要和大家的愿望合拍。全美棒球职业联盟要通过更有智慧、更有效率的赛事将联盟打造成一个更好的产品。"约克博士和思爱普公司合作开发了一款 App 分析比赛图像，进行赛时管理，评估 49 人队应该去挖什么样的球员组成球队的最佳搭档。这一解决方案将改变 49 人队的培育和训练工作。应用下一代解析学成果，球队教练应用适当的信息做出正确的决定，这就是球队为教练提供的极致体验，这样的范例值得思考和借鉴。这样一款 App 为 49 人队招募具有天分的新球员，玩转赛场开辟了道路。

在起步阶段就建设一支过硬的球队固然很重要，球队管理层通过适时的信息交互也能够显著提高现有球队的成绩。德国的一家足球俱乐部正在整合移动技术和大数据技术改变训练工作。内置在球员服装和足球中的传感器可上传球员的速度、运动量、出汗程度和关键信号，可上传足球的速度和运行方向，除了这些信息，传感器还能收集其他更多的信息。球队可以应用依据大数据和分析结果制定的解决方案——应用 SAP HANA 进行数据分析——了解每名球员赛场表现存在的差异性。球员踢球的动作、球在场地上的位置、球的飞行方向、踢球的力量都是改变比赛结果的因素。SPA HANA 以近乎实时的速度分析上述数据，负责训练工作的教练从中受益匪浅，可以制订更有针对性的训练计划。

在过去，录影带对教练是必不可少的，教练从录影带中剪取信息输入分析系统中对球员的动作进行追踪分析。新的分析系统的优势是具备对球员踢球过程进行增强处理的能力，对数据的交换速度要快得多——球队胜负的差异就在于此。同样的事情也发生在其他运动项目上，如网球项目，需要分析发球动作和球员的运动轨迹。分析系统为球员提供了量化的信息，详细分析球员的动作和战术及其对球员在赛场上表现的影响。球员对分析系统输出的信息进行消化吸收，能够持续改善其在球场上的表现。

在一级方程式赛车大赛中，红牛车队在应用移动技术、视频技术和大数据提高比赛成绩方面走在了业界的前面。在赛车上和赛道全程安装了照相机，数据源源不断回传到主站进行分析。技术人员分析了视频和传感器回传的信息后，可以近乎实时地对赛车或赛车手比赛战术提出修正建议。在一级方程式赛中，胜负以秒计算，所以参赛车队获取视频和传感器数据，按照模式匹配要求对非结构化数据进行分析，具备这样的能力对车队是至关重要的。根据系统对赛场各种场景的分析，赛场上的专家就能够对赛车选手的操作或在下一个加油维护站应做出哪些改变，做出战略性的决定。

我们继续聚焦体育这个主题。让我们一起研究一下 NBA 改变信息沟通体验的做法，秘诀是 NBA 将丰富的有价值的当前和历史数据对外开放。

让消费者推动信息交互

NBA 副总裁兼首席运营官亚当•西尔弗（Adam Silver）试图对外开放数据，球迷和 NBA 一起创造下一代的产品和服务，通过这样的方式培养新的球迷。“NBA 在全世界拥有数十亿的球迷，这些球迷是 NBA 下一代产品和服务的创新者。NBA 会通过软件赋予球迷使用数据的新能力。”西尔弗说。NBA 正在和思爱普合作致力于开发一个网站，球迷通过互联网可实时取得球员和球队的数据。网站应用大数据技术和内存处理技术，让球迷对可回溯到1946年的数据进行分析，球迷可获得自己的统计结论，寻找特定问题的答案，在自己的移动终端上制作球员和球队的成绩图表。未来的增强功能可以迅速将视频剪辑和成绩数据进行比对。西尔弗宣称："技术能够帮助球迷宣泄对运动的激情。球迷实时看到喜爱球员的表现，评估某些位置球员之间的配合，对实力强劲的球队中的球员进行不同的组合，评估排兵布阵的效果。"

提高人们的生活质量

地方政府可通过创造适时的信息交互体验来改善市民的生活质量。社区提示消息就是其中的一个范例。美国圣迭戈县政府等地方当局正应用移动App向市民推送街道封闭、森林火灾、地震活动和其他灾害消息。由于在公用系统中普遍内置传感器，如交通信号灯、公用交通工具和停车场，通过"机器–机器"互联技术可以实时传送被监控系统的状态信息。

齐娅·尤赛夫（Zia Yusef）担任街线网络公司（Streetline）的CEO，该公司总部位于加州的福斯特市，致力于通过物联网和智能停车实现城市管理变革的愿景。街线网络公司从解决一个简单的问题起步，停车管理处于瘫痪状态，物联网技术可以解决这一问题。对司机、业主和市政府而言，停车位不足（或预计不足）是一个必须解决的问题。街线网络公司估计都市交通流量的30%是驾驶员寻找停车位产生的，应当致力于减少这种交通流量，减缓交通压力。在洛杉矶15街区中的一个区域内，一个项目小组开展了交通流量测试研究。项目进行了一年，研究者发现驾驶员行驶了150多万公里，产生了730吨二氧化碳，烧掉了4.7万升的汽油，这些就是驾驶员寻找停车位的代价，也是社会付出的代价。

如果一位驾驶员能够应用App找到空闲的停车位，市内交通模式和消费者行为会得到明显改变。智能停车位管理对将交通拥塞减少到最低限度，减少碳排放，消除停车执法过程中人力使用的低效率问题。向驾驶员提供目的地附近停车位空闲信息，智能停车解决方案可以提高交通高拥塞地区的交通效率。

圣何塞州立大学商业学教授兰德尔·斯特罗斯（Randall Stross）认为："用于路旁泊车管理的智能停车技术成本高昂，仍处于发展的初级阶段。智能停车技术最大的应用是导航者项目，该项目资金主要由联邦交通部资助。"在旧金山停车导航项目（SFpark pilot project）中，旧金山有 2.8 万个停车收费器，其中 7 000 个安装了街道智能技术公司（StreetSmart Technology）提供的传感器，同时 LA Express 停车场管理公司在洛杉矶市中心的 6 000 个停车位安装了街线公司提供的传感器。

街线网络公司首席运营官尤赛夫相信物联网是人类下一个大热门事件，因为各种装置上传的数据可以创造智能服务。移动装置的应用为人们随时随地获得服务提供了便利条件，包括坐在现代生活必不可少的汽车里时。该公司应用内置在停车位中的无线传感器实时收集收费公共停车场和车库中的停车位使用状况数据。

传感器可以追踪停车位占用、空闲或超时使用信息，并上传到数据管理系统，该系统同驾驶员应用的移动 App 通过数据链路实现互联。这款 App 提供到附近开放停车场的语音导航，也能提供电动汽车充电站的收费标准、营业时间和位置信息，身体功能障碍人士用停车场的位置信息，以及可选的停车费用特定支付方式。驾驶员可在 App 上设置停车超时前提示。驾驶员也可以应用 App 对自己的汽车进行定位，基于停车位空闲或价格因素选择最佳的停车方案。当然，驾驶员可以通过手机支付方式交纳停车费。

"停车场是大家都不期望产生创新的领域，"尤赛夫说道，"没有人考虑在这一领域可以应用的技术。但是，停车场实际上是创造许多有趣数据的应用事例的地方。"尤赛夫将这种数据称为新数据，可以和大数据作对比。物联网是源源不断产生新数据的源泉，这样的数据是前所未有的。街线网络公司提供的停车场数据除了帮助驾驶员查看空闲的停车位外，其停车场解决方案还通过应用实时数据和历史数据帮助城市领导者管理和分析停车场资源的使用情况。这一解决方案集成了传感器、中间件、平台和 App 于一身。

创造极致体验要遵循若干个原则，其中一个原则是数据不能彼此独立，数据必须相互关联。数据关联的属性不局限于企业内部的数据实现互联，为创造更好的业务或服务，企业可以和第三方实现互联，共享第三方的数据。街线网络公司为实现这一理念建立了一个平台，对外开放 API 接口，创建了不同的 App，在一个社区内共享定价、营业时间和停车位空闲等信息。零售商、酒店和剧院都可应用这些数据在互联网地图上显示附近停车场位置的信息。商家可提供实时获取停车位信息的服务，这要单独收费。在物联网数据中“最令人怦然心动的一件事是做事要有艺术范儿，”尤赛夫说道，“我们公司可以向发展共同体开放小巷内的停车场数据，期待数据有漂亮的应用。”

正像我们就要看到的那样，诸多城市正在制定建设互联或智能城市战略。这些项目在几年内会带来数十亿美元的投资。停车管理是迈向智能城市的第一步，体现小即是美的潮流。街线网络公司坚信停车 App 是物联网技术为城市管理奉献的第一个杀手级应用，这一应用能够带来收益和消除投入在停车管理上的人力成本缺乏效能的问题。智能停车项目可先在城市的几个街区进行试点，证明物有所值，受到政府和公众认可后，逐步在整个城市推广。智能停车 App 属于正在建设的基于传感器的城市网络的基础性应用。对消费者而言，智能停车是一种在信息交互过程中享受的体验；对停车场业主而言，智能停车是一种商业过程中客户享受的体验。智能停车为消费者和停车场所有者创造了双赢的结果，大家均会从中受益。

基于传感器的网络可以为城市管理者提供数据，这些数据在过去要么无法获得，要么需要花费高昂的代价才能获得。城市管理者可以使用这些新的数据源了解停车场的营业额和何时调整停车场地的租金。按照时间段、位置和价格三个维度分析停车场运营模式，市政当局可以制定基于需求的定价方法或停车激励方法。停车位有两个收益来源：停车费和超时罚款。根据停车位占用情况，市政当局或车库业主可以对停车费进行调整。

审视 6 个月的停车场运营数据后，市政当局正在创建需求决定收费的定价方法，收费每一个月调整一次。在一些车库，人们已看到向动态定价方式的转变，收费标准可以每天调整一次。通过智能停车系统，停车执法人员可以精确知道哪些车停留时间过长，降低市政管理人员驱车四处检查停车计费器找出超时停放的车辆造成的人力资源低效率问题。执法收益可以得到提高，因为管理人员可以精确知道哪些司机违法停车，从而使政府罚款收入增加。执法收益也可能降低，因为驾驶员在超时停车前会收到提示消息，通过 App 可以缴费来延长停车时间，政府的罚款收入就会下降。停车资费方式的优化，执法人力资源使用率的提高，动态定价方式的引入，几个有利因素结合在一起，街线网络公司认为 6 个月到 1 年之内传感器网络的投资回报率就会有不错的表现。

人们可以想象停车过程达到极致体验应具备三个组成要素：驾驶员、停车位产权人和停车场运营者。运营者的大数据来自传感器、停车 App 和驾驶员使用停车场的历史记录，为实现极致体验，他们可以描摹出消费者的停车需求模式。尤赛夫注意到这样一个现象："智能停车的基础——传感器网络的投资回报率固然是人们最关注的问题，但从其他角度思考，减少交通拥堵和保持道路的畅通是建设这一网络的主要驱动力。"

传感器网络和智能停车只是开始。一旦城市完成网状网的建设，新的信息收集能力会提高投资回报率。在硬件做最少改动的情况下，街线网络公司有信心获取新型的数据，推出新的业务或服务。新型业务清单上的第一项业务是通过新的方法应用已有的传感器，在智能停车解决方案中收集照明装置上的传感器数据判断路灯是否需要更换。路灯下方也许就安装了停车位传感器。该公司对一段时间内收集的数据进行分析，可以判断路灯是否损坏，或灯泡是否需要更换。路灯工作状态信息如此精确，使得市政当局可以取消常规的维护巡检工作，只需派出维护人员修复出问题的路灯或做预防性维护工作，这样节省下来的费用是非常可观的。新型业务清单中的第二项业务需要安装不同的传感器。例如，市政当局需要在消防给水栓上安装压力传感器，检查水压是否满足扑灭火灾的要求，或在路灯上安装污染探测传感器，检测二氧化碳排放情况。

应用物联网技术和移动技术推动效能的提升

创造极致体验需要第三方数据的支持，如市政当局可以提供的数据。技术的进步可以赋予这种发展动向以前进的动力，App 的推出可以做到这一点，用户可以自行报告状态信息。例如，Waze 是一款移动 App，为个人提供上班线路上的事态报告或交通状况恶化的消息，帮助人们绕行交通拥塞点，节省花在上班路上的时间，也可以帮助城市公交系统提高运行效率。See ClickFix 是一家位于波士顿的信息交互平台，市民可以在平台上报告非紧急问题，市政当局会追踪、管理和回复市民上报的问题。例如，市民可通过具有定位功能、能够添加地理标签的手机拍摄、上报看到的路面坑洼问题。

美国佐治亚州斯托克布里奇市市长马克·阿拉孔（Mark Alarcon）对外宣称："根据我的经验，城市管理最困难的一件事儿就是收集市民的需求。社区里的每个人每天上班的路线和时间方面都不一样。"谈到镇民大会问题，阿拉孔认为:"服务社区时，一大堆复杂难解的事儿需要破解……See ClikcFix 是一个免费 App，用户可将其下载安装到智能手机上。该 App 可自动上报位置信息，可拍摄上传用户看到的一切——邻居园子里的草长高了，邻居却无视三周来要求剪草的诉求，使得隔壁邻居看到这一切感到心烦意乱，或有人将汽车停在路边，破坏周围的景致，有碍观瞻。"这两个范例向人们展示了社交网络、传感器上传的数据和移动 App 如何整合起来创造极致的信息交互体验。

See ClickFix 首席执行官和创始人本·伯科维茨（Ben Berkowitz）认为："人们注意到，拥有一份集中大家意见的社会关注问题清单是一件好事，为执法者或调停者提供受欢迎的消息源，毕竟这些人消息来源有限，需要对消息作出评估，排出处理工作的优先级。See ClickFix 是一款能够满足这种要求的软件工具——无论是执法者、调停人和举报人都适用，而且是免费工具。"西班牙港口城市桑坦德拥有 18 万人口，该市在公路沥青下面埋设了 1.2 万个传感器，将传感器和路灯及公交车建立了配对关系，传感器测量的对象范围广泛——从空气污染到停车场内停车位使用情况。传感器可以向垃圾收集员传送哪些垃圾桶已满的消息。

2010 年，西班牙坎塔布里亚大学信息技术学教授路易斯·穆诺茨（Luis Muñoz）获得欧盟委员会 1 100 万美元的资助，购置传感器和配置数字屏的路标等，实时显示每个街区的停车位信息。市民可上传路面坑洼或路灯损坏的图片，这些图片会直接发送到市政厅。

"市民发给市政厅一张图片，市政府会努力在 5 到 6 天内解决问题，"桑坦德市长伊妮戈·德·拉·塞纳（Iñigo de la Serna）作出了这样的承诺，"在推出 App 之前，这个项目需要三周左右的时间解决存在的问题。"按照项目组提交的报告所进行的估算，市政府会节省 25% 的电费和 20% 的垃圾收集费用——公用事业公司会为传感器的运行和维护掏钱，原因很简单，传感器上传的数据为这些公司省了大笔支出。

除此以外，在市政府人力管理和安全管控方面，这些技术也大有用武之地。2013年，田纳西孟菲斯市采纳了XORA的智能街道移动解决方案，以提高政府工作人员的安全保障水平，减少多余的文书工作所造成的人力耗费，为市政府关注的工作提供人力资源，促使市政府制订计划重建以前未受重视的地区，并提高了违法行为的管理效率。在发生雇员死在工作岗位上的事件以及向违反法令市民发出通知后，孟菲斯市的官员需要改进重新划分监管执法区域，清理邻近地区，了解政府工作人员当前在什么地方的方法。Xora于2014年3月被Click软件公司收购，该公司推出一项App，致力于帮助市政府消除或减少纸质流程，纸质流程往往和事后补救工作如影随形，这款App为市政府雇员以及时的方式提供更好的信息。“通过应用街道智能App，市政府可以加强对工作流程的控制，减少失误，把更多的时间投入到市民关心的其他问题上。”孟菲斯市信息副总监迈克尔•琼斯（Michael Jones）赞誉道。

人力管理解决方案在移动终端上提供下拉菜单，市政府人员可以迅速填好表格，在移动打印机上打印文档。这款App取代了需要执行两个步骤的纸质流程，在App推出前，市政府人员需要抄录数据，过后还需要转录数据。这款App可以不间断地上传移动终端的GPS位置数据，管理人员在显示屏上可以监控市政府人员的运动轨迹。通过用于图片和客户签字管理的时间——位置戳功能，市政府人员可以获取文件内容，对自己的工作承担责任。“应用最新技术和先进的无线宽带网络，市政府可以提高管治效率，更加高效地为孟菲斯市民服务，”孟菲斯市长沃顿（A.C. Wharton）这样说道，“市政府将持续评估和革新政府的运作，尽最大可能满足市民不断增长的需求，同时每年孟菲斯都要吸引新的企业落户以及新的市民定居。”

应用物联网技术保持列车正点

雅拉有轨电车公司（Yarra Trams）是一家有着百年历史的墨尔本有轨电车网络的运营商，正在同IBM公司合作改善有轨电车的日常运营和乘客的乘坐体验。墨尔本有轨电车网络规模在世界上排名第一，双向轨道长度达250千米。该公司管理的设备数量超过9.1万件，487列有轨电车行驶在29条不同的线路上。雅拉的信息通信技术总监尼尔•罗伯茨（Neil Roberts）对外宣称：“本公司承诺向乘客提供世界一流的服务，保持有轨电车准点运行不是一件容易完成的任务。我们之所以能征服挑战，凭的正是公司最具价值的财富——数据和智能基础设备软件。”

显而易见，雅拉面临的一个挑战是老旧有轨电车维护需求种类多，超过新型车辆。除了负责新、旧基础设施的维修外，雅拉的运营中心和维护团队要负责有轨电车的运行和线路变更工作，即使洪水淹没街道时，工作也要照常进行。当墨尔本举办澳大利亚网球公开赛等大型活动时，雅拉会在特定地区增加有轨电车运力，以应对乘客量暴涨所带来沉重的客运压力。

为保证乘客在任何时间、任何地点都能搭乘有轨电车，罗伯茨说："雅拉赋予9.1万件设备对应9.1万个数据点。传感器上报的数据以及公司雇员和乘客发送的报告，为公司实时提供了有轨电车设备、服务和维护问题的信息。”例如，有轨电车车轮自动检测设备安装在有轨电车停车场，检测车轮的技术状态。应用车轮检测数据，雅拉可以向维护团队发送潜在问题的提示信息，确保开展必要的检修工作，防止故障导致运输服务中断。无论是乘坐轨道交通工具的游客还是雅拉的雇员，及时有效的信息交互都为他们带来了美妙的体验。

“有了这种数据和移动技术，”罗伯茨说，“雅拉可以防止营运中断，安排预防性维护，快速调整有轨电车路线，更好地为乘客提供有轨电车的服务信息。当发生意外事件时，公司应用IBM的智能基础设施软件把详情记入日志，生成任务指令，确保一切在轨道内运行，由规制管控一切。”还有，从有轨电车到垃圾桶，信息无处不在，庞大的信息量插上移动终端的翅膀后，信息交互就开启了无限可能的大门。

想象一下，你开了一家垃圾收集清运公司。公司每天有固定线路收集垃圾，不考虑垃圾桶里装入垃圾量的多少。如果垃圾桶能够上报桶内垃圾已满的信息，清运公司派遣人员精确完成清运任务，效率该会多么高！公司在车辆燃料和人力成本上的支出又会下降多少。Enevo 公司出品的智能传感器可以做到这一点。安装了传感器的垃圾桶内可以向废弃物管理公司发送垃圾筒已满需要清空的消息。除了常规向垃圾收集人员发送清空垃圾桶消息外，Enevo One 还能够分析传感器上传的数据，确定一个垃圾桶清空后装满垃圾的时间间隔。

通过研究上述这些事例，人们不难得出如下结论：传感器大有用武之地，从为驾驶员查找停车位的个人需求到保持有轨电车准时运行的公共管理都可以用到。在过去，要么无法获取这些信息，要么需要付出高昂的代价。有了新技术和创新理念的助力，企业的信息交互有了质的飞跃，从不分对象地盲目发送、内容千篇一律转为可以精准选择信息接受对象、内容贴合需求，提高客户和员工的参与度，提升客户的人文关怀，促进商业升级转型。

指尖上的场景革命

极致体验的源泉既在意料之中又在意料之外。极致的信息交互体验可以是"人—人"、"事—人"和"物—人"之间的相互交互的消息。极致体验简化了收集信息的流程，人们的生活变得轻松简单了。

有时，极致体验会让人们了解未曾知道的事物。或者，极致体验会向人们提供新信息，带给人们欢乐。应用场景信息，如时间、位置、过去的行为模式和更多的信息，企业可以决定何时、以何种方式、将何种内容的信息传送给员工和消费者。

适时的信息交互能够促进达成商务交易，改善客户关怀体验，促进客户、员工、伙伴和其他利益相关者积极、主动地参与。适时的信息交互能够提高售后服务，为客户提供更好的店内体验，为体育迷营造场馆内的游戏般的体验。最后，移动技术、大数据、云计算会赋予极致体验以新的力量，提高每个人的生活质量。

在下一章中，我会研究在多元化的企业中如何通过极致体验改善对客户和员工的人文关怀问题。

第 5 章　极致体验中的人文关怀

通过实现极致体验，企业就可以重塑他们的商业模式、增强工作协同度，还能改善客户关系。在客户体验方面领先的企业深刻地认识到，在交易的每一个环节，从售前到售后，对客户的关怀应该无处不在。

凡在客户体验方面表现出色的企业，无论从售前服务到售后服务，对每一笔交易的每一个环节都能做到了如指掌。正如大家所看到的那样，技术正使每一个组织能够创造过去不曾有过的体验。如果一家企业愿意俯下身来倾听外界的声音，企业在社交媒体上获得信息的速度会超过现有的客户服务渠道，从而了解自身存在的问题、具有潜在需求的服务和应该抓住的产品方面的机会。

通过应用移动技术，企业能够创建一对一的关系，在移动设备上输入场景数据。移动技术打开了机遇之门，能够在任何时间、任何位置，在种类众多的设备上提供客户服务。在极致体验中，客户关怀的标准是：用户感到企业为自己把一切问题都考虑到了，网站上有移动性友好的应用，在第一时间回答用户的问题，甚至预先为用户可能的问题准备了解决方法。本章会详细说明不同类型的组织如何通过极致体验感的理念改善对用户和员工的人文关怀。

移动让每个人的世界得以延伸

同样，创造好的客户关怀体验的原则也可以用于内部客户（B2E 业务体验）、业务合作伙伴、潜在客户和客户身上。对于客户，我们往往能够从客户的角度去了解他们最在意什么。而我在此要讨论的是如何利用极致体验的理念是改进客户体验的关键。但是，站在员工的角度，好的客户关怀又意味着什么呢？好的客户关怀意味着客户能够获得适当的信息，而且能够基于这样的信息采取行动。

例如，脑力工作者在外旅行，一天的大部分时间都花在参加会议、乘坐飞机和汽车等交通工具上。脑力工作者白天忙得连轴转，晚上还要处理堆积如山的管理事务，如记录销售联系人，批准供货订单，对费用账户进行归档处理，处理其他管理上的琐事。尽管通过电子邮件或 PC 机上的应用系统，员工目前已收到被批复的申请消息，但是有可能在管理人员或员工本人返回到 PC 机上完成审批操作前，那些审批流程还依然处于停滞状态。

过去，作为内部客服对象的员工，最在意的是当自己向技术支持提出支持请求时，IT 系统能够多快解决问题。现在，员工关怀能够被定义为企业的业务流程、工作流程和应用要有时效性，员工能够更简单和快捷地完成工作。应用移动技术，企业可以简化业务流程和按流线型方式处理业务。管理人员在路上不再抱着笔记本电脑处理工作。企业可以自己开发移动 App，员工在外仍可处理自己节点上的工作，或从现有应用的厂家购买应用的移动版本。

> 海伦提交度假申请后，经理可在智能手机上安装的人力资源 App 上选择“同意”或“不同意”。霍华德需要购置 12 箱复印纸，老板可在移动设备上审阅订单，批准或否决霍华德购置复印纸的申请。朱莉的费用支出报告在 App 上排队等待审批。审核人员在智能手机上点击电子邮件中的链接，登录 Concur 公司的移动费用 App 或移动网站，批复项目或对项目提出质疑。

移动技术对管理过程的优化等同于为员工提供更好的服务。完成流程的时间压缩几小时，就能直接为企业提升营销收入，创造更多的利润。当然，企业流程移动化工作要求投入时间和精力，没有一家企业在开始的时候认为这是一件值得让人趋之若鹜的事情。也许，由于休假审批功能不能为企业增加营收或降低成本，这项功能可视为非急需功能。不过，无论站在哪个角度考虑，及时归档费用支出财务信息是满足财务精确管理的需要，能够兼顾账簿保存要求和流程无纸化管理的目标。应用移动技术，企业流程能够减少对书面文档的依赖。这对销售人员、技术服务人员、巡检人员、测量人员和其他人员是一个福音。这些人员白天忙于工作，晚上回到家里或返回旅馆房间时，还需要对一天的工作进行总结，做些案头工作。过去，这些奔波在外的人员要同其他人员当面沟通，收集汇总的信息要形成书面文档，然后逐字逐句地向系统录入汇总的信息。

当前，移动设备已取代纸质文档。电子签名设备可抓拍一个人的签名，日后不用再做扫描文件的工作。电子签名设备可保存签名的时间和地点信息。现在，UPS 公司或美国联邦快递公司的快递人员用手持式设备记录收件人签名，电子签名呈流行之势。过去，只有在专用的软硬件设备上才能实现相同的功能。

事过境迁，一切都在变。市场上有了价格更便宜、上手更容易的移动手持设备，相关厂家推出了劳动力管理 App，电子签名在范围广泛的行业和管理工作中受到追捧：卫生检查人员在平板设备上记录现场巡检工作情况；卡车司机在智能手机或经过加固处理的手持设备上完成签到，记录行驶的小时数；护士在 iPad 上记录患者的生命体征数据，这些数据可立即上传或在规定的时间完成归档。虽然工作内容可能不同，但是大家在结束一天的工作时，再也不用像过去那样统计和录入一天的数据了。无纸化工作流程改善了企业运营，这方面的几个案例就足够写一本书了。

企业中越来越多的流程能够自动运行，无论是携带笔记本电脑在外奔波的马路勇士，还是办公室人员，都能体验到高效运行的流程为其生活和工作带来的轻松感觉。流程运行提速只是企业获益的一个方面，企业在减少工作时间浪费和工作差错方面也有斩获，这是真金白银的节约。浪费时间就是浪费金钱，少出差错就是少花钱。有些企业为员工便利访问公司的数据创造条件，高效服务客户，为客户创造极致体验感。劳氏公司在这方面树立了一个榜样。正如第 4 章提到的，能够获得数据和实时交互信息，是创造极致体验感第一步要做的部分工作，是创造受青睐的客户服务、员工服务和商业体验的前提。

劳氏连锁门店遍及北美，超过 1 725 家，雇用约 16 万名员工。当然，大多数员工在门店工作。劳氏公司专卖品销售和贮存运营部高级副总裁丹尼斯•诺尔斯（Dennis Knowles）认为，客户每天向员工提出的问题涵盖家居的一切领域，从如何进行家居设计开始，到如何评价设计，以及该买什么产品。门店和公司网站上的产品有几十万件，对劳氏的员工来说，帮助客户找到灵感，找到满意的材料和工具实在是一种挑战，帮助员工战胜挑战的利器是 iPhone 和两款客户 App。劳氏公司的员工 App 为门店的员工提供主要产品的信息，同时管理人员在门店管理 App 上处理管理上的事情。对员工而言，一部 iPhone 就是一台条形码扫描仪、一台信用卡读卡器和一只应急电池。过去，劳氏公司的员工要走到门店的固定终端前查询是否有货或存货清单，多人查询时，员工就需要排队等待。

现在，劳氏公司门店的员工用 iPhone 扫描一下产品，关键信息就会立即出现在手机上，包括产品价格、存货清单、存放位置，全部操作在客户身边就可完成。如果货物售罄，员工 App 会提示何时会补货或附近的门店存货清单上是否有客户想买的产品。员工能够当场下单，客户用信用卡支付货款。这就是极致体验，改变了客户服务，改变了商业形态。劳氏公司前高级副总裁和首席信息官迈克•布朗（Mike Brown）向外界讲了这样一个故事："一个客户想大量购买的商品缺货，一家门店经理知道在哪里还有存货，十秒钟内完成了下单，满足了客户的需求。"劳氏门店干脆利索、简捷的业务流程和旋风般的业务处理速度，让这位客户目瞪口呆，对劳氏公司佩服得五体投地。客户感到满意，充满了幸福感，进而使员工也受到鼓励，志气高昂，同时也减少了周转资金占用，使企业运营处于良性循环中。

在 iPhone 诞生前，劳氏公司的管理人员通常会沮丧地发现自己经常长时间陷入后台事务中，在终端上费尽心思制作报告，打印数据的纸张往往厚厚地叠放在一起。现在，安装在 iPhone 上的库存管理 App 可随时随地为管理人员提供需要的信息。摆脱了繁琐的事务性工作，管理人员便有更多的时间和精力投入到客户和员工身上，可以详细精确地研究价格变化，仔细阅读销售报告，预测新产品是否能按计划投放市场，组织门店之间的调货，检查员工的工作计划和时间表，登录企业邮箱处理来往邮件，了解公司的工作日程安排。“iPhone 一机在手，管理人员便对门店的运营情况了如指掌，他们就像站在门店的过道中一样。”诺尔斯信心满满地说道。世界迎来了客户关怀体验的第一次浪潮，企业将 PC 系统上的数据同时移植到移动终端上，大幅提升企业服务效能和对客户的服务水平。

更快地完成交易

康卡斯特是美国主要的有线电视网、宽带网络及 IP 电话服务供应商，该公司业务部负责销售互联网和电话业务。企业无论规模大小，都是康卡斯特公司销售工作的目标客户。这家公司派出销售人员拜访客户，介绍产品和服务，签订安装服务合同，通常要花费几天的时间，工作效率存在提升的空间。康卡斯特公司创造了为客户和从事销售工作的员工带来轻松感觉的服务体验：公司的销售团队配备了平板电脑，移动技术支撑工作流不间断推进，公司的 CRM 软件集成了 Docusign 电子签名功能。

康卡斯特公司在运营中启用 Docusign 电子签名，在项目实施过程中，销售团队拿到客户签名的时间就缩短了。完成合同电子签名后，CRM 系统能够自动生成一条记录，合同信息会传送到公司的订单和供货系统。这种管理模式提供了无缝的工作流，从客户签订合同到合同标的物自动输入供货管理系统，工作环环相扣。新的管理模式大幅度减少了用户和员工在事务性工作上耗费的时间，让做成一笔交易成为一件令人感觉畅快的事情。

优化客户关怀体验，实现客户关怀体验的转型

企业在提升对客户的关怀体验时，要考虑应用更多的信息，譬如客户以往的行为信息和客户使用的设备类型信息。研究设备类型在改变客户关怀体验中的作用是一件值得做的事。设备支持语音命令或配置触摸屏了吗？如果设备在语音能力方面达到处理自然语言的水平，用户可以用移动 App 发出申请技术支持的语音命令。设备具备拍照功能吗？如果保险客户使用的手机带拍照功能，客户就可按照手机上安装的保险 App 的提示，拍摄暴风雨对车辆造成损伤的照片，为报险准备材料。企业拥有客户以往的行为记录吗？移动技术、消费行为数据和传感器上传的场景数据聚合到一起就可以描摹出客户行为特征。

法国安盟保险公司（Groupama）是一家资产达 10 亿欧元的集保险和银行业务于一体的公司，开始着手向客户提供在事故现场提交索赔和寻找帮助的服务，以便提升公司的客户关怀能力。安盟保险公司企业和客户互动项目负责人菲利普·维萨克（Philippe Vayssac）相信自己已经找到了解决方法——将客户从打电话向保险公司报险这一麻烦的折磨人的过程中解放出来。

首先，安盟保险公司发现，各行各业应用的交互式语音服务系统有 10% 到 25% 的呼叫服务是失败的，原因在于客户边听语音提示边按键时，按错了键，或在进行到下一个步骤时，客户在描述事故情况时，存在词不达意、句不成文的问题（问题原因或许是客户听不清带有背景音乐的提示语、双音多频信号或语音识别技术存在问题）。

其次，在设计交互式语音服务系统菜单时，最重要的目标是在菜单中对安盟保险公司的业务进行精确安排。按照行业标准，处理交互式语音呼叫服务的时间限制在 30 秒内，安盟保险公司决定另辟蹊径，为消费者在智能手机上提供公司的全部服务，从产品销售到支持服务，为消费者提供可视化的操作界面，可靠性超过传统的语音引导。

许多人是否都有这样的经历，多次打电话给一家公司，被要求输入账号信息，

5 分钟后同样的操作又要重复一次？想象一下这样的场景：一名保险客户发生了汽车碰撞事故，客户需要查找保险公司的报险电话和自己的保单号，电话拨通后，客户需要耐心等待排队机将呼叫转接到服务台席接听。维萨克及其团队对这一客户报险的典型场景进行了剖析，决定在设计移动 App 时，要考虑在 App 中提供互动的图文方式的回复信息，客户应用 App 中的视觉化的导航服务在菜单中找到自己报险需要的功能。在客户第一次应用这款 App 时，安盟保险会收集与客户账号相关的信息，如保单号码。由于 App 已保存了这一信息，客户在报险时就不再需要提供保单号码了。安盟这款 App 推出后，19 个月内下载量达到了 2.4 万次。

当安盟保险的服务系统了解客户的需求后，会选择合适的代理人协助客户处理保险赔偿问题。App 向客户提供一键式服务，直接引导客户联系负责的部门。过去，客户要查询安盟保险各部门的电话号码，才能联系到合适的部门处理自己的问题。通过这项服务，客户在需要的节点上以最流畅的方式获得适当的信息。维萨克宣称 58% 的客户同意向安盟保险公司发送自己的 GPS 位置数据，84% 的用户同意提交电子邮箱地址（电子信箱信息在客户注册时不是必填内容）。当 App 下载需求强烈时，安盟保险公司决定向习惯排队等候办理业务的客户通过 App 下发这样的消息:“您需要排队约 XX 分钟。为节省您的时间，对您的需求（或索赔）快速作出反应，请在 iPhone 或 Android 手机上安装安盟保险 App——《安盟永远和你在一起》，本公司的经纪人会以最快的速度处理您的需求。”

安盟保险的这款 App 与公司的合同中心系统实现捆绑，能够预估保险经纪人对客户作出回复的时间。客户可以选择继续排队等待，或重新约定时间，在保单持有人或潜在保险客户方便时，经纪人会和客户取得联系。在用户完成初始设置后，这款 App 会将包括 GPS 位置数据在内的用户账号的全部信息，通过用户的智能手机传送给保险经纪人。安盟保险公司的合同中心软件系统接收该 App 通过 Genesys 传送的客户身份信息。Genesys 系统能够控制 CRM 系统，在经纪人同客户联系时自动显示客户的各种记录。因此，经纪人和客户联系时，已经获得了必要的处理业务需要的信息。客户不再需要反复向安盟保险的经纪人说出自己的姓名、住址和保单号码，这通常是一件令人万分恼火的事情。

不仅如此，正像维萨克指出的那样：“ 如果一家企业的客服中心只有一个电话号码，许多企业提供的是被叫付费的客服电话，因此，客服中心会同时接到大量的呼叫，许多呼叫处于等待转接中。在涌入客户中心的电话中，有潜在客户了解保险报价的，有客户办理索赔的，各种电话混杂到一起，这对企业而言真是一件糟糕的事。”考虑到种情况，这款 App 改善了安盟保险的服务质量，这对客户服务而言是非常重要的。维萨克强调道：“客户高兴了，因为不必费时伤神等候客户中心接听电话了，经纪人高兴了，因为客户高兴了，客户不再牢骚满腹。”

在遭遇事故或座驾发生故障时，客户无法精确地报告自己当前的位置，这样的场景司空见惯。安盟保险的 App 从手机的 GPS 模块获取位置信息，确定客户在什么地点发出服务需求呼叫，为实施医疗或道路救援创造便利条件。这款 App 还有一项非常实用的功能，即客户可以用智能手机拍摄车辆受损情况，将图片传送给经纪人，这能缩短完成索赔流程的时间，客户和经纪人均是受益者。安盟保险打算建立新的信息交互和客户关怀渠道，受益对象包括客户和公司。该公司创建了易用为本的 App，提供定位、拍照、时间分配、经纪人应知应会多项功能，创造客户满意的极致体验。除了意料之中的客户满意度得到提高之外，由于工作效率的提升，安盟保险也节省了成本。另外，工作效率的提升也让安盟保险增加了销售收益，这就是大家期待的技术红利。

在发生大范围的紧急事态时，移动 App 也能帮助安盟保险应对大量涌入客服中心的呼叫，在这种情况下，呼叫量会急剧上升达到峰值。安盟保险会及时向客户推送消息，将客户引导到公司网站的专属区域处理报险和索赔事宜，减轻客服中心的压力。客户数据在 App 上日积月累不断增加，安盟保险应用这些数据重新设计更有效率的业务和服务流程。“尽管其他保险公司也推出了智能手机上的 App，遗憾的是，许多 App 只是网站的简化版而已，”维萨克一针见血地指出了问题所在，“安盟保险没有这样做，本公司的 App 为客户创造了同客户中心进行沟通的便利渠道。”

让人们重返关怀

安盟保险不是唯一一家千方百计应用新技术降低与客户建立联系解决问题的难度，进而提高客户体验的企业。亚马逊和 Salesforce 相继引进了新的移动性好的客服联系方式。亚马逊公司着眼于应用平板设备和其他移动装置，在客户服务解决方案上冥思苦想，致力于做到移动设备上的 App 功能实用，使用方便，消除客户学习移动设备时常见的灰心丧气的感觉。亚马逊公司在平板设备 Kindle Fire HDX 配备了称为“Mayday”的客户关怀模式。

该公司在平板设备上配置了一个“电子”按键，用户按下这个按键，可联系亚马逊专家提供支持服务。与众不同的是，亚马逊专家可远程和用户一起操控平板设备，介绍设备的各项功能，客户和亚马逊的专家犹如飞机上的正副驾驶员。客户可看见亚马逊专家在设备屏幕上画图，一步一步带领客户完成操作，或为客户完成操作。亚马逊公司 1 年 365 天，每周 7 天 24 小时免费提供 Mayday 服务。在 Mayday 提供客服过程中，用户在屏幕上能够真切地看到亚马逊技术顾问的一举一动，但顾问们看不到用户。亚马逊要求客服人员对服务请求作出响应的时间不超过 15 秒。圣诞节后，亚马逊公司宣布这一时间缩短到了 9 秒钟。Mayday 模式的效用已经显现，亚马逊公司消除了用户购买产品时存在的恐惧心理，销售额呈上升态势。亚马逊公司兑现了服务快速响应的承诺，客户满意度呈上升态势。Mayday 关怀模式是极致体验的一个范例，客户感受到了企业的殷切关怀，企业在商业上也有了收益。

2014 年 4 月，Salesforce 公司宣布推出一项新的称为 Salesforce1 服务云 SOS 的服务。该项服务汲取了亚马逊公司的 Mayday 按键灵感，在服务云 SOS 服务模式下，Salesforce 公司为客户提供类似于亚马逊的 Mayday 按键的 SOS 按键，直接内置在任何移动 App 中。客户按下 App 中的 SOS 按键，Salesforce 公司以视频直播方式向客户提供支持服务或在屏幕上提供向导式服务。Salesforce 服务云的副总裁兼总经理亚历克斯 • 巴德（Alex Bard）对外宣称，手机在大家的生活中扮演了汽车仪表盘的角色——管控自己和其他人、产品和企业之间的信息互动。移动设备已成为人们信息沟通渠道的不二选择，无论客户身在何方，企业一定要创造同消费者“碰面”的方法，这一点是非常重要的。

Salesforce 公司在一篇新闻稿中提到“企业要重新思考如何提供服务，跳出传统的思维方式和熟悉的营销模式，覆盖每种渠道，涵盖每种设备，达到移动 App 独有的体验。当前，用户在移动设备上碰到 App 应用上的问题时，不得不退出 App，坐到台式机前寻求帮助。这是一个让人哭笑不得的问题，历史出现了倒退”。客户通过 SOS 一键式服务能够得到包括视频的丰富信息，人们视 SOS 为极致体验的非常卓越的范例。

另一个极致体验的范例是关联解决方案。该解决方案将客户关怀软件内嵌到移动 App 中。常见的移动 App 提供电话或短信方式的客户关怀，这个解决方案允许客户发送文本信息、语音留言或直接打电话。该解决方案也能保留交谈记录。这一方案能够达到极致体验的水准，秘诀在于客户有了选择信息交互方式的自由，交流媒介可以是文本、语音、视频，交流时间可以自定，交流使用的设备类型可以自选。

移动技术让旅行更轻松

企业管理者可以从安盟保险公司在客户关怀方面的卓越实践中得到启发，即应该探寻让新技术（特指移动技术）和已有的 IT 服务（呼叫中心）共存共荣的方法。企业应该赋予消费者——企业内部的员工和企业外部的客户——选择适当的时间进行信息交互的权利。移动终端设备为抓取位置和图像等新型数据提供了可能。为了有效地应用这些新型数据，企业需要重新设计已有的流程。在企业拓展和提升客户关怀方面，航空运输业创造了一些值得效法的范例。

今天，自助服务站和手机充当登机牌的情况已司空见惯，但是最初并不是这样。在创造消费者极致体验方面，旅游业一马当先，出现了一些范例现在旅游界能够看到早期付出创造的投资回报了。在蒙特利尔，加拿大航空公司消费者业务解决方案和创新总监帕特里斯 • 欧莱特（Patrice Ouellette）声称自己和团队是数据驱动的受益者。加拿大航空的系统能够收到来自传感器的精确和持续更新的数据，了解公司每个自助通道中的乘客通过量、一段时间内的变化趋势，以及每位乘客领取登机牌平均花费的时间。在帕特里斯 • 欧莱特的领导下，加拿大航空公司属于最早在机场外开设自助服务站的几家航空公司。

加拿大航空公司强化了全部的自助渠道功能和服务，创建了无缝的客户服务极致体验。航空公司应用智能手机 App 向乘客提供积极主动的旅行服务。按照加拿大航空公司的统计数据，与在乘客服务台办理全部登机手续的航空公司相比，加航的客户服务解决方案提高了登机检查等业务流程的效率，降低了企业成本，赢得了竞争优势。另外，通过更能激发客户的参与热情、牢牢黏住客户的自助选项，如实时的通告，让乘客感到航空公司服务实实在在的价值，显而易见，加拿大航空公司的解决方案达到了增强客户忠诚度的目的。加拿大航空公司可谓一箭三雕，既降低了运营成本，改善了乘客服务质量，又提高了劳动生产率。尽管成效明显，但加航当前仍处于移动技术起始的第一阶段，达到了可在移动终端办理登机手续等现有业务的服务水平。由于成功地将拥堵在登机服务台的乘客分流到官方网站、自助服务站、移动终端上办理登机手续，加拿大航空在验票办理登机牌等事务上的效率提高大约80%。

在第3章中，我谈到移动技术提供了新型的场景数据，能够改善客户服务流程，增强对客户的吸引力，同时也论述了迈向极致体验要经历的三个阶段。加拿大航空公司在客户服务领域取得了实实在在的佳绩，说明将现有的业务和服务，如航班验票登机检查，从传统的登机服务台扩展到移动终端上，企业和客户均是受益者。人们看到了航空公司实时通报航班延误信息、改进机票销售，确实提高了乘客航空旅行的体验。尽管取得了一系列明显的成就，航空旅行业尚未完成消费者关怀体验转型工作。

穿戴设备和大数据融为一体，实现客户服务转型

美国航空公司探索解决这一挑战的做法值得借鉴。该公司计划应用移动终端，整合位置和会员状态信息等场景信息，为乘客带来不同以往的客户关怀体验。安装了美国航空App的乘客进入机场时，App会向乘客提供航班变动信息，引导乘客到达公司最近的会员俱乐部休息室。美国航空公司正在研究为会员俱乐部服务人员配发谷歌眼镜等新型穿戴设备，提升客户服务。配备穿戴设备的会员俱乐部服务人员能够收到客户已经到达机场正在进入休息室的消息。App向服务人员推送客户的基本信息，服务人员向乘客挥手致意，引导乘客进入休息区。在不远的将来，行李员可以应用谷歌眼镜提高选择行李运送路线的工作效率。

2014年2月，英国维珍大西洋航空公司是业内首家应用谷歌眼镜提升乘客服务的公司。在试点期内，维珍航空豪华商务舱休息室礼宾人员利用谷歌眼镜提供的客户服务达到个性化的水准。该公司透露，“豪华商务舱旅客在希思罗机场T3航站走出豪华轿车时，礼宾人员就已经在那里恭候迎接，并能说出贵宾的尊姓大名，配备可穿戴设备的维珍大西洋航空人员为贵宾办理登机手续。在乘客等候登机的时候，礼宾人员会向旅客介绍最新的航班信息、目的地的天气状况以及与当地的活动信息，并可为旅客翻译任何语言的信息内容。”

未来，维珍航空公司会利用穿戴技术告诉员工旅客饮食和茶点上的偏好——为乘客提供更优质、更个性化的服务。移动互联技术、可穿戴技术和场景理念开创了无限可能，加拿大航空和维珍航空的实践只是其中的冰山一角而已。

沃尔特•迪士尼世界始终不渝地挑战技术上的极限，为客户提供魅力十足的客户关怀体验。在应用移动技术、场景化服务和大数据创造顶级的客户服务方面，这家公司既是早期的试水者，也是引领者。2014 年 4 月，沃尔特•迪士尼耗时一年斥资 10 亿美元推出了 MyMagic+ 服务系统。

MyMagic+ 服务系统可以让游客通过网站进行游玩规划，决定是否同意迪士尼公司分享自己的信息，包括来迪士尼乐园游玩的原因、以前到迪士尼乐园游玩的次数，以及在迪士尼乐园中的具体游玩计划。游客双脚刚踏进主题公园就会置身于一个神奇的世界中。迪士尼为游客提供了称为 Magicband 的可穿戴设备。这是一种防水的腕带，模样类似健身手环或腕表。Magicband 有多种用途，充当迪士尼乐园旅馆的房门钥匙、进入主题和水上公园（需在有效期内）的门票、在快捷入口快速通行：

- 在奥兰多机场，可凭 Magicband 乘坐迪士尼神奇快运交通系统；
- 传送迪士尼图像护照（Disney PhotoPass）中的照片到游客自己的账户；
- 凭 Magicband 在迪士尼的商店中购买食物和商品，在迪士尼度假区旅馆入住期间送货到旅馆房间。

游客是否佩戴 Magicband 全凭自愿，不过，同意佩戴 Magicband 和应用配套的移动 App 会为游客创造诸多便利，减轻游客负担。有特殊需求的游客可通过快捷通道进入游乐园、预定游乐设施座位，通过智能手机边游玩边变更预约项目，乐园内的演员同游客互动时能直接叫出游客的名字，有助增加游客的神奇感和亲切感。站在迪士尼的角度，该公司能从登记加入 Magicband 计划的游客身上收集大量丰富的数据（大数据）。例如，该公司可以追踪游客在乐园里的活动，了解游客乘坐过哪些游乐设施，乘坐同一游乐设施的次数，游客在乐园的支出，喜欢吃的东西。通过分析汹涌而来的海量数据，迪士尼乐园可为游客提供高度个性化的体验，游客能够收到满足自己要求的消息。游客当然知道迪士尼在跟踪自己，但仍愿意佩戴 Magicband，原因只有一个，Magicband 应用的技术为游客创造了愉悦的游玩体验。

应用物联网技术改善员工和客户的体验

公用事业一直聚焦于通过物联网改善客户关怀和提高运营效率。不列颠哥伦比亚卑诗水电站（BC Hydro）是一家总部位于温哥华的电力公用企业，创造了物联网应用的范例——通过联网的智能电表实现改善客户体验和节省企业费用这一鱼与熊掌兼得的目标。

令人感到匪夷所思的是，直到最近，卑诗水电站接到用户对电力供应中断的投诉，才了解企业竟然存在电力丢失的问题。这家企业不能断定电力丢失发生在哪个环节，是在用户室内的进户线？用户改道市电供电线路？还是在市电供电线路的上游线路？卑诗水电站对问题的根本原因不甚了解，客户投诉不能得到快速解决，客户感到沮丧，公司的维护工作也成为代价高昂的反复试验、反复试错的过程，可以说没有任何赢家。

除了电力丢失的问题，卑诗水电站面临的另一个棘手问题是电力盗用。如果供电企业连用户是否接入电网都不知道，如何判断供电对象是付费用户？电力盗用问题除了造成企业收入损失外，也对电力分配基础设施造成了压力，电力输送系统每年会因此发生多达 100 次的非正常故障。

为解决这些问题，卑诗水电站开始安装智能电表。智能电表为企业带来了许多好处：提高了电网运行分析工作质量；改进了消息通知工具；具备自动决策能力；提高了用户用电安全性；缩短了电力中断后的恢复时间。电力供应中断时，智能电表会实时上传报警消息，精确定位故障点，缩短了维护小组到达现场的时间，加快了恢复电力供应的过程。

得到可靠的电力恢复供应的消息后，现场维护小组就可确定电力中断故障已排除，不必像以往那样需要继续沿供电线路查找是否存在其他次生故障点。智能电表能够持续和自动地识别潜在的供电线路改道问题，降低电力偷盗问题导致的供电中断故障风险，提高供电安全，减少非正常电力输送故障导致的客户供电中断，堵住企业收入流失的漏洞。应用智能电表后，企业的抄表员不必再到用户家中查看用电量，节省了人力成本。

智能电表为卑诗水电站的用户带来的好处远不止供电中断减少，还包括用户可以按小时为单位获取精确和详细的用电信息，取代传统的两月一次的查表或估算用电量的收费方式。该公司根据精确的用电量向用户收费，根据用户用电历史数据估算电费的方式已成为历史。通过智能电表，卑诗水电站的用户有了控制用电量的权力。过去，用户基本没有管控用电量的手段，老式电表提供的信息不足。“没有必要而及时的信息，根据自身情况主动管理用电是困难的，因为企业没有办法利用供电企业的用电优惠政策减少电费支出或做出有数据支撑的决策，”该公司在宣传材料中对智能电表为企业创造的收益做了这样的分析，“研究表明，很少有客户定期分析用电量的多少，如果用户能够及时了解用电量，提高用电量管控意识，会节约高达 15% 的用电量。”

为向客户推广智能电表，实现智能电表走进千家万户，卑诗水电站多管齐下，推出家庭用电显示器、可编程的温度调节器（恒温器）和电能管理软件产品。这些营销举措可以帮助用户消除一些疑问，增进对用电管理工作价值的理解，如“睡觉前和午饭后使用洗碗机在电费支出方面有何差异”、“华丽的室外圣诞灯展要花掉多少电费”。针对不愿购买用电显示器的用户，该公司在自家的功能做了拓展的 Power Smart 网站上为用户提供可信赖的用电量信息查询功能。

智能电表提供的信息可以帮助企业设计按时段用电的电费架构，在用电高峰期间减少耗电量，减少电费支出。迈向有转型能力的极致体验需要经历 3 个阶段，卑诗水电站的实践提供了 1~2 阶段的值得效法的样板。智能电表可实时上传相比过去更好的数据，可以改善现有的计费和维护工作的业务流程，为公司节省成本支出，提供非常好的问题排查方法，向终端客户提供计费信息。保险业、航空旅行、酒店业和能源行业应用移动技术、大数据等技术拓展、优化业务流程，实现业务流程的演化，我已经举出若干范例进行了讨论，在医疗服务行业能够带来脱胎换骨般变化的极致体验又会是一番怎样的情景呢？

拥抱新选择，实现企业转型

重塑或转型通常意味着以积极的方式实现彻底改变。人们正研究医疗服务业应用移动技术、云计算、大数据和解析学成果带来的翻天覆地的变化。

几年前，医疗服务企业在应用新技术方面还处于落后状态。现在，这些企业正卯足了劲迎头赶上，把服务向移动终端迁移，推出 App，应用位置信息，改善对患者的关怀，实现医疗服务的升级换代。医生和护士在提供医疗服务时，应用智能电话和平板设备等移动终端获取患者的关键信息，提高患者数据的精确性，实现医疗服务的电子化，尽可能减少纸质文档的数量。

例如，RehabCare 集团应用智能手机和 iPad 优化医疗服务的体验，患者入院前检查已实现无纸化，在屏幕上通过点击就可完成服务流程。此外，移动终端在患者接受服务时能够获取关键信息，提供更好的医疗文档，如已实施的医疗处置、治疗时间以及其他相关的门诊信息。如果通过智能手机和平板设备随手就能得到患者最近的病史档案，医疗专业人员就能够避免出现医疗差错。应用移动技术，医疗服务行业能够提高对患者的关怀水平，提高医疗系统内部运营效率，一些案例足以证明这一点。

没有一家医院不致力于提高医疗关怀质量，提高患者的治疗效果。华盛顿医疗中心（WHC）也不例外。WHC 让人耳目一新之处在于，该中心的理念是最佳医疗服务应冲破围墙，从医疗中心向外拓展：将世界一流水平的医疗服务外延到紧急医疗救护车辆上。WHC 和美国电话电报公司合作开发了一款值得信赖的 App——CodeHeart。紧急医疗车到达抢救现场后，抢救人员发起实时的音频和视频对话，同医疗中心的心脏病科的医师远程共享患者的病情和心电图信息。

WHC 的心脏病科医师通过这款移动 App 实时了解患者的病情发展，同时和到达现场的抢救人员或急诊部的内科医师进行对话，商议救治工作。由于及时了解了患者的病情，WHC 的医务人员可以指导抢救人员在现场进行临时处置，医疗中心在患者还在前往急救室的路上时就已做好救治准备。

CodeHeart 为患者提供了医疗服务领域的极致体验。WHC 能够提前做好患者救治的准备工作：派遣医师到达现场，就地处置不宜运送的患者；在患者到达医疗中心后，急诊室立即开展针对性的救治，调配医师优先抢救病情危重者。“救治有胸痛或心脏病发作症状的患者，必须争分夺秒，一刻也不能耽搁。CodeHeart 系统帮助医务人员在最短的时间内提供最好的医疗服务，利用先进的设备有效医治每一位心脏病患者，挽救每一个鲜活的生命。”WHC 心脏病介入治疗中心主任、医学博士罗威尔·萨特勒（Lowell Satler）自豪地说。

这些案例说明，移动 App 和无处不在的网络互联接入能力正在改变医疗服务的面貌。好戏还在后头，大数据技术和人工智能会彻底改变医疗服务业，带来翻天覆地的变化。人工智能的新浪潮被称为认知计算，其中的代表作是 IBM 公司的最新电脑系统沃森（Watson）。

认知计算技术用于癌症治疗

和许多人一样，我也是伴随着电视娱乐节目——《竞猜价格》（*The Pricels Right*）、《命运之轮》（*Wheel of Fortune*）和《危险边缘！》（*Jeopardu！*）长大的，但我从未想象过在这些娱乐节目中计算机同人类 PK 的情景。在棋类比赛中，尽管比赛规则、棋子走法、各种战法复杂得难以想象，但棋类比赛仍然具有严格的逻辑性，因此存在计算机击败人类的可能。

2011 年，IBM 公司的沃森超级电脑横空出世。沃森不仅挑战了美国著名电视问答节目《危险边缘》连胜最多的选手和获得奖金最多的选手，而且竟然赢了。当然，沃森不是一台传统意义上的电脑。沃森是有一系列革命性变化的认知计算系统的先驱。认知计算定义为开发设计具备人类思考能力的计算机系统，常规的计算机系统只是一种人工系统。认知计算融合技术和生物学于一身，试图设计复杂的能够像人脑一样从经验中学习的计算机系统。早期的人工智能程序可以学会一套参数，但是不具备独自做出决策的能力，不能对各种非结构化的数据进行智能分析，因而不能提供问题的解决方案。

我坚信认知计算将改变人类生活的方方面面，对如何改变则知之甚少。沃森在《危险边缘》节目中大获全胜，IBM 公司紧接着就宣布将联合纪念斯隆·凯特琳癌症中心（Memorial Sloan Kettering），共同努力提高癌症治疗和研究水平。沃森将帮助这家医疗机构的专家更有效地应用范围广泛的医学信息，帮助肿瘤专家针对癌症患者不同的病情制定个性化的治疗方案。

沃森超级电脑系统能够理解用自然语言提出的问题，在几秒钟内应用统计分析技术和先进的解析技术搜索数百万个数据源，根据统计排名情况选择可靠性最高的答案回答问题。癌症患者在治疗过程中感受到的极致体验需要众多的技术基础工具支撑，沃森勇挑大梁，提供了大部分的工具，为制定治疗方案提供了学习能力、预测能力和规范治疗能力。各种各样的数据源进入了沃森超级电脑系统收集、存贮和分析的视野，包括医学期刊、患者的病历、医学影像，以及美国国家综合癌症网络发布的最佳临床实践指南。

沃森具有吸收海量信息的能力，能够收集和分析世界上的每一项研究成果。这台超级电脑能够用闪电般的速度检查评价研究成果中的数据，针对每名患者的不同情况极速制定个性化的治疗方案。迄今为止，在肿瘤研究领域，沃森在数据库中存贮了 60 多万个医学病案，来自 42 种医学期刊和临床实践的 200 万页文档。这就是大数据的本质表象：信息量非常大，信息形式多种多样，有影像、有文字、有音频、有视频。由于信息格式千差万别，信息存贮和管理这些信息可不是一件容易的事。

沃森超级电脑系统能够收集抽象的、非结构化的数据，如患者的感觉，也能收集高度结构化的文档类数据，如患者的生命体征报告，结构化和非结构化数据在沃森超级电脑系统中进行统一管理。达到极致体验水平的服务有诸多衡量标准，其中一个标准就是与时俱进的学习和适应能力。沃森超级电脑系统具备这样的学习能力，能够持续提高对可选治疗方案的不同预期效果，或基于新的研究理论和患者实际治疗效果，改进治疗方案。

类似沃森超级电脑这样的认知系统不能代替患者治疗过程中医师的专业判断。认知系统用于提高医学专业人员的知识收集和积累水平，为医师提供尽可能多的最新研究成果和理论发展情况，有助医师优化医疗决策，改善对患者的医疗服务水平，改善医务人员的工作体验和氛围。举例来说，沃森能够辨别哪些领域对信息有更多的需求，在有新数据时，沃森能够向医师推送更新的消息。此外，这套超级电脑系统能够帮助医生找到其他专家，双方建立联系，磋商患者的治疗方案。

癌症治疗通常是一个漫长、复杂的过程。有人会置疑将这一过程作为极致体验的例证是否合适？不要忘了，创造极致体验的目的在于满足适时的需求和需要。在癌症患者接受治疗的过程中，患者会不停地提出需求，而且需求不是一成不变的，在治疗过程中，医疗机构要满足患者不断变化的需求。许多企业提供产品和服务具有可持续性，或服务的某些方面在可持续性上的要求在不断提高。即使是制造业的硬件产品，如汽车和电视机，也正在向用户提供客户服务或移动 App，客户同样要求服务体验具有持续性，服务或 App 必须具备升级能力。企业创造的昙花一现的体验和极致体验风马牛不相及，很多体验之所以没有长久的生命力，究其原因，这些所谓的极致体验和糟糕的体验相比只是五十步笑百步而已。

不同于企业经营中碰到的满足大批量定制需求的问题，治疗癌症要有效解决每个患者不同的治疗需求，这是研究大众化定制的绝佳案例。患者的情况千差万别，各种生物学和环境学上的差异对癌症患者个体的病情发展和恶性程度有不同的影响，教科书上的癌症治疗方案存在一刀切的弊病。例如，医师提出对癌症患者实施化疗法，化疗法至少有 10 种以上的实施方案。一般情况下，医师根据以前诊治其他患者积累的经验，在治疗当前的患者时通过反复试验的方式找到最佳的治疗方案。医生有基于以往病例制定治疗方法的愿望，但医学信息量每 5 年就要翻一番，医生要了解医学发展的全部信息困难重重。假如沃森超级电脑系统能够收集和分析这类数据，医师们就能够快速从众多的候选方案中筛选对患者对症下药的疗效最好的方案。

纪念斯隆•凯特琳癌症中心和沃森超级电脑携手为患者提供的医疗服务能够达到极致体验要求的水平，这种体验得到该中心以外的数据和经验的支撑，沃森功不可没。这种体验没有局限在医疗服务领域，可以拓展到企业间的业务处理流程。纪念斯隆•凯特琳癌症中心和保险商维朋（WellPoint）合作，致力于减少获准开展一项治疗项目办理保险手续需要的时间和需要准备的文件数量。

同维朋保险公司合作的医疗机构不止纪念斯隆•凯特琳癌症中心一家，这些企业联手推出了互动式服务导航和互动式审查系统。维朋应用沃森超级电脑系统贮存和分析超过 2.5 万个测试用例和 1 500 个临床测试案例，包括复杂的医学数据和人类自然语言交织到一起的情况。医师不是唯一在沃森上下工夫的群体，护士们已花费了 1.47 万小时对沃森进行医疗服务培训。现在，维朋保险公司的系统能够分析患者的医疗需求，同维明公司的医疗政策和临床指南进行匹配度对比，提供规范一致的、有理有据的答复建议供临床人员审核。维朋公司应用这套互动系统，能够更快地对患者的医疗服务做出决策，做出的决策更易让人理解。这家保险公司在美国中西部向经过挑选的医疗机构部署了互动式医疗服务审核者系统，相信很快应用这一系统的医疗机构将超过 1 600 家。纪念斯隆•凯特琳癌症中心的总裁兼首席执行官克雷格·汤普森（Craig Thompson）经过观察得出结论："沃森超级电脑系统具备分析海量数据并从中筛选出支持决策的关键信息的出色能力，我们中心致力于提高治疗方法的疗效和向外宣传推广这些疗法，没有沃森的超乎想象的能力，我们中心在这些领域能力的提升是不可想象的。"

认知计算有机会从高高在上的神坛上走下来，一般企业也有机会应用认知计算。早期的沃森超级电脑系统安装在三个巨大的机柜里，价格非常昂贵，新的沃森系统能够在一台单独的服务器上运行，系统的购置费用降低了，性能也显著提高了。如果计算技术继续沿着当前的轨迹发展，认知计算系统可以部署在低成本的云服务中，各行各业可以按月租用。

沃森超级电脑系统吸收大量信息的能力涵盖各个领域，到处都有其身影。不过，尽管沃森超级电脑系统在创造极致体验方面扮演了关键角色，但它不是不可或缺的，企业仍可以更有效率地应用已有的数据创造美妙的极致体验。得克萨斯的健康资源公司（Health Resources）是美国一家提供急症护理和短期住院服务的医疗集团，正在做这样的事情，值得好好研究一番。该集团在得克萨斯北部和中部的16个县有2.1万员工。在降低患者再次入院率方面，该集团和其他医疗机构拥有共同的努力目标。这家医疗机构正在应用一款由鲁本·阿玛拉森汉（Ruben Amarasingham）开发的软件类App——帕克兰德智能e协调和评估系统（Parkland Intelligent e—Coordination and Evaluation，PIECES），旨在降低患者再次入院率。

2007年，阿玛拉森汉担任帕克兰德（Parkland）医院的医疗总监助理，他注意到再次入院的患者在人口结构上有相似的地方。例如，再次入院的患者存在三个方面的共性：在过去的几年，家庭住址经常改变、填写的紧急联络人不多或家庭关系存在问题。阿玛拉森汉相信从患者病历中可以挖掘出人口统计和行为方面的线索，提示医院服务机构对特定的患者要加倍小心。阿玛拉森汉及其同事开发了一个软件模型，在患者出院前扫描患者的数据。2009年，他推出了类似智能手机App的应用，在健康系统电子健康报告上方做出标注，用于识别高风险患者。这套算法能数字化分析患者病历中的临床和社会信息，运用先进的预测建模方法对未来事件作出预测："正在收治的患者或已出院的患者病情何时会恶化。这款应用对患者实施监控，将患者的状态信息同从医院系统贮存的电子病历中提取的巨量数据进行比对，医院管理人员和临床医生据此可以了解几方面的信息——患者是否有病亡的可能，是否会再次入院，是否会心脏病发作，是否会发生其他不良反应。”

截止到2012年年底，帕克兰德医疗服务集团的这套系统将医保心脏衰竭患者30天内再次入院的比例降低了31%，这一成效在集团下属的全部医院都得以体现。由于降低了再次入院患者的数量，帕克兰德医疗集团节省的增加人手的费用高达50万美元。帕克兰德集团与得克萨斯健康资源公司以及得克萨斯西南大学等许多机构展开协作，应用预测建模软件提高患者的治疗预后效果。

此外，门户网站和移动App在帮助患者获取信息和促进医患交流方面正在扮演主要的角色。例如，医疗记录软件供应商Epic公司推出了一项名为Mychart的服务。患者通过浏览器或移动App（iOS和Android平台均可）以安全可控的方式访问自己的主治医师应用的Epic医疗记录。这款免费的App用户可以查看自己选择的电子健康记录，可以在任何地点远程查看，同时，用户可向自己的医师发送经过安全加密的文本消息，咨询非紧急的健康问题，如过敏症、免疫问题、处方药吃光后如何补充药品等问题。这款App的应用折射出一种发展趋势，云计算和移动技术能携手创造一种新的服务解决方案。浏览器和App上不保存敏感内容，因此，这类数据的安全性是有保证的，在遵守政府管制规定方面不存在问题。用户需要开设一个安全的云服务账号，使用姓名和密码登录后查看自己的记录。

移动技术、大数据和云计算创造了许多改变保健产业和医疗服务的范例，上面讨论的只是其中的一部分而已。这些案例蕴涵的原则能够应用到其他行业中去。

大数据和移动技术创造预测知识

再强调一遍，正是移动技术、大数据技术和云计算的横空出世，企业才具备了创造极致体验的能力，这种体验在过去是无法想象的。这样的极致体验横跨多个行业，如通用公司能够向用户提供设备即将发生故障的告警信息，约翰迪尔公司能够收集农户购置了何种化肥、以往的农作物收成信息，根据天气状况提出立即播种或延后一周播种的建议。

工业制造业，如飞机制造、铁路机车、重型机械制造业也正迈入极致体验的时代。在未来十年中，互联网将为工业企业带来转变，这些转变和人们在其他行业目睹的行业转型大同小异。通用公司副总裁兼公司技术总监比尔·鲁哈（Bill Ruh）在2013年云连接大会上发表演时信心满满地宣称："我们目睹了从应用模拟技术的商业向互联网商业的转变。我们正在见证产品和服务经历的结构性变化。"

通用公司的一个团队正下工夫解决对企业运营非常有意义的问题，如在航空业和铁路机车制造行业中提高资源和燃油效率。通用公司估计这些行业每年有高达一万亿美元的成本节约空间，做到这一点，需要提高资产使用效率，优化操作和维护的工作方法，通用公司在这些工业行业可以大显身手（见图5—1）。举例来说，航空业每年燃油费用高达2 000亿美元。

在工业领域的某些环节每实现1个百分点的能力提升都将迸发出巨大的商业价值

工业领域	市场划分	节约的类型	在15年内预计可实现的价值（单位：亿美元）
航空工业	商业贸易	燃料每节省1%	300亿
能源行业	燃气发动机	燃料每节省1%	660亿
医疗保健	整个行业	效率每提升1%	630亿
铁路	货运市场	效率每提升1%	270亿
石油与天然气	勘探开发	资本支出每减少1%	900亿

图5—1 通用公司预测的工业互联网在成本方面的节省情况分析图

注：该例证所描述的是在全球某特定行业每实现1%的能耗节省或效率提升，都将在随后的15年中产生巨大的商业价值。

资料来源：通用电气

研发一款低油耗的新型发动机当然能为航空公司带来降本增收的效果，但是这一工作动辄需要数年时间。优化调整航空发动机的运行，为驾驶员提供发动机操作上的指导，能够为航空公司节省巨额的燃油费用。航空燃油消耗下降一个百分点，整个航空业一年节省的成本就高达20亿美元。综合应用传感器采集的数据、云计算和解析学，企业在现有的运营流程框架下，能够找到提高运营效率的新方法。

鲁哈认为，当机械彼此实现互联时，机械就具备了智能，可以研发软件分析这些具备智能的机械产生的数据。他坚信，为抓住这一千载难逢的机遇，通用公司的系统必须做出革命性的改变。“假如通用每天从全球各地收集所有的燃气轮机运行数据，公司需要收集、存贮、管理千万亿字节的数据。为了挖掘数量庞大的数据蕴藏的价值，企业必须重新考虑系统究竟该如何建设的问题。”鲁哈说道。

通用公司这样做会为客户服务创造一番怎样的新景象呢？一台通用制造的燃气轮机上的一个传感器每天会产生 500G 的数据，每台燃气轮机上安装有 20 个传感器。通用在全球已销售 1.2 万台燃气轮机，收集和管理的数据量会达到天文数字般的水平，通用面临着巨大的挑战。除了数据量令人震撼外，通用还会实时分析这些数据，确定一台设备是否正在或就要发生致命故障，如叶片断裂。客户服务不仅要有解决问题的能力，也肩负着预防问题、将问题消灭在萌芽状态的使命。

于是，鲁哈提出了三条建议：第一，必须提高机械的智能水平，传感器技术是机械智能发展的里程碑；第二，企业必须制定存贮、管理和分析这些大数据的战略。实时分析和洞察能力也表现出一种全新的意义。实时数据赋予 GE 公司判定设备的某一部分是否就要发生致命故障，并向用户发送警示信息，在故障发生前停止设备的运转。企业渴求能够及时得到这种信息，根据信息中的数据做好预测防范工作，采取必要的行动消除设备运行安全隐患。鲁哈主张：“大多数企业尚不具备对大数据的解析能力，需要世界顶级的数据科学家承担这一工作，达到这样水平的科学家凤毛麟角，非常难找。”第三，不要总想着通过裁员提高企业盈利水平。企业只为员工提供信息是不够的，要提供对运营状况的深刻理解，员工能够据此付诸行动。例如，驾驶员就要执行一次航班飞行任务，驾驶员面临着准时降落和节省更多燃油费用的抉择，航空公司的运营政策是否清晰到让驾驶员认定哪一项抉择要优先考虑？这些数据在企业内要广为人知，对员工宣传到位，员工可以毫不费力地获取这些数据。云计算、大数据和深度解析技术是构筑企业成功的支柱，鲁哈对这一点深信不疑。物联网、大数据、解析技术和移动技术强强联手，才会开创一个客户服务达到极致体验的时代。

通用公司已沿着这样的思路开拓前进，为工业界的客户提供故障预测和规范处理服务，通用公司推出的是一整套符合极致体验标准的服务，称为实时操作智能（RtOI）。通用公司的用户分布在众多的行业中，包括石油、天然气、制造、供电、水务和金属工业，这些设备产生的数据复杂而广泛，该公司的智能平台业务部门开始应对分析这些数据的严峻挑战。RtOI 服务为管理人员提供简单易用的移动 App，对设备产生的庞大数据量进行分类，这款 App 能够实时获取设备的运行信息，如设备效率指标、告警和运行中断。RtOI 服务对象不局限于客户的管理人员，用户的员工也可以在自己的装置（PC 或移动终端）上快速、简单和安全可控地应用 RtOI 服务。

"通过这项服务，用户或用户的员工能够安全可控地对分散在各地的设备实施远程监控。应用运营和维护规则形成的信息，企业能够减少维护团队花费在赶往现场的路途时间，做出的决定有理有据，清晰易懂，减少执行层面上的错误。"通用公司智能平台知识业务总经理马克•派弗（Mark Pipher）这样描述 GE 公司推出的 RtOI 服务为用户创造的价值。在有些地方，按照 GE 公司的计算方法，设备操作者应用这项服务，其工作效率和生产率提高了 20%。这项服务反映出企业对员工的关怀，应用移动技术降低工作难度，为员工创造轻松的工作环境，提升工作效率，提高企业运营效益。

应用已推出的移动 App 和互联网技术，RtOI 的程序会根据员工职责和当前身处的地理位置为员工实时授权。为满足企业运营要求，可对设备运行模式进行专门的设置，RtOI 从这些设备中获取的信息是结构化的，因此，这项服务的用户可以快速而便捷地发现所需信息。应用 GE 公司的地理智能技术，RtOI 系统自动指导用户进行操作，根据用户的地理位置、职责、设备运行状况和场景信息，向用户提供满足此时此地需要的适当的信息。

在前面的章节中，我提出了创造极致体验要经历三个阶段的观点：第一阶段，属于拓展期，已有的业务流程拓展应用到移动终端上；第二阶段，应用移动技术优化提升原有的业务流程。通用公司的 RtOI 系统对这种观点做了很好的诠释。在 RtOI 系统中，已有的系统如监控和数据采集系统（SCADA）和制造执行系统（MES）中的数据转移到移动终端上。在 RtOI 系统中，企业的已有业务流程得到优化提高，在需要做出决定时，各级人员（操作者、工程师和高管人员）能够在移动终端上应用企业已有系统上的新型实时可视工具、分析工具和协作工具。

实时响应问题，实时抓住机会

移动技术和商业智能 / 解析技术能够用于工业自动化，同时社交等场景要素能够用于改善客户关怀。客户关怀和移动性的一个要素历来都是时效性要求。过去，员工碰到问题时一定会向企业求援。现在，企业管理人员在 Twitter 或 Facebook 上可实时了解存在的问题。网友对不满意的事物会在社交媒体上毫不迟疑地发出抱怨，如公交服务差或产品不能正常使用。网友对自己喜欢的东西也愿意与他人分享。随着社交监测工具的出现，人们可近乎实时地获取网友的评论。

企业也能够发现对自己产品和服务有重要影响力的人。到目前为止，人们接触这些影响者，劝说这些影响者不要做对自己有消极影响的事情，但在方式方法上存在简单粗暴的问题。人们将广告砸向选定的纸质或电视媒体上，期待和有影响力的人接触，期待有影响力的人对自己的产品和服务点赞。机遇孕育在技术发展中，锁定和接触这些有影响力的人有了新方式，电子媒体成为了首选。一旦锁定对自己企业运营会产生影响的人，企业就要积极接触这些人，直接为这些有影响力的人创造特别而卓越的体验。企业可以影响和控制网上有关自己品牌的舆论。当这些有影响力的人对企业创造的用户体验有良好感受时，这些人就会在网上发表对客户体验感受的言论，激发其他人对企业产品和服务的兴趣，这就是企业影响舆论的巧妙方式。

网友对产品和服务的评价不仅和企业运营密切相关，还可以让企业通过应用这些工具监测竞争对手的数据。企业可以着手通过对基准问题测试的方法衡量客户服务水平在企业竞争力中的份量，了解消费者对本企业品牌和竞争对手品牌的认知情况。如果企业将目光移向外部世界，会发现人们发布了大量关于客户服务方面的信息，企业可以不花一分钱将宝贵的信息收入囊中。企业只要举措得当地搜集和分析这些数据，一定会了解用户对本企业和竞争对手产品创造的体验有着怎样的感受。企业尤其是那些直接面对消费者的销售型企业，需要利用这些工具掌握市场上的一举一动。企业应抓住机会，充分利用这些工具和提供的数据，推出质量优异的产品，创造更佳的客户体验。

美国维珍航空公司乐于倾听乘客的评论。如果我在 Twitter 上向该公司发送了一篇推文，维珍航空一定会在 Twitter 上作出回复。企业和消费者的这种直接联系在过去是非常罕见的。现在，企业也许不知道客户的真名实姓，因为 Twitter 上用户的简要信息中的名称不一定是最终用户的真名实姓，但企业通过社交网络这种信息交互方式至少能够了解消费者在使用产品或服务的过程中感受到了何种体验，从而找到提高客户体验的突破口。

指尖上的场景革命

Right-Time Experiences

Driving Revenue with Mobile and Big Data

极致体验中的客户关怀贯穿于一项交易或工作的全过程，关怀对象包括客户、潜在客户、员工、合作伙伴或其他的利益相关方。客户关怀的应用领域可以沿垂直方向进行剖析，覆盖面非常大，从零售业到健身行业，再到一般业务。移动技术、大数据和云计算可以减少需要人工填写的表格，提高工作流的运转效率，实现工作流程的自动化，提升客户服务水平。正像人们已经看到的那样，各种各样的企业正热衷于应用新技术，增加各项选项，竭尽可能提升客户关怀的水平。企业做的这一切对商业到底有何影响？本书第 6 章将研究这一问题。

第 6 章　极致体验中的商业模式

如今，“先逛店后网购”给传统商业模式带来了前所未有的挑战。但如果一家企业能够应用好移动技术，就可以对潜在的客户进行追踪。移动技术是如此地普及，通常完全可以很方便地获得客户在什么地点购物等基本信息。如何将信息技术和客户的要求融合到一起，并很好地利用起来是一个非常大的挑战。

一方面，几百年来商业始终处于非常沉闷的几乎没有变化的状态之中。为赢得竞争优势，企业必须有适销对路的产品，并在价格上有竞争力；另一方面，技术的发展，如互联网和移动技术从根本上改变了人们对商业的传统认识。在虚拟市场中，分散在世界每个角落的买卖双方可以立即在网上洽谈业务。买卖不再受工作时间和地点的限制，一天 24 小时，即使人不在公司，仍能谈成生意。这种商业运营趋势，首先是互联网和移动技术发展的结果，对以店铺运营为主的零售商和其他所有的企业都产生了深刻的影响。甚至重量级的互联网企业，如易趣，也已经看到了移动技术催生的这种变化。

在 2012 年年底，通过移动应用 App，易趣公司每周售出 9 200 辆汽车和 383 982 个零件。诚然，这些买家最初是在易趣公司的网站上找到了想买的产品，最终的交易是在移动 App 上完成的。

考虑到客户对易趣网上拍卖流程有强烈的参与需求，如果能够保证人们即使出门在外时也能够轻松参加拍卖活动的话，那的确是业务流程上的一个巨大进步。客户不再必须坐在计算机前才能参加拍卖、发现新产品或者购买物品。这只是在移动技术等技术进步的推动下，商业交易模式发生变化的一个例子而已。

移动技术和场景因素改变了商业形态

移动技术为无数的行业带来了革命性的变化，其中智能手机和平板设备产生的影响尤其突出。每个行业，从经营实体店铺的零售商到 B2B 供应商，都感受到了新的压力和机遇并存的问题，移动技术提供了随时访问的能力，社交网络上网友的推荐信息铺天盖地，获得信息的难度降低了，消费者和服务购买者希望无论身处何地，都可以进行搜索、定位和购买产品。客户也希望在卖家的网站和卖家的实体店获得同样精确一致的实时数据。零售业讨论过全渠道零售的概念，但只有移动技术才使这一个概念清晰起来，只有移动技术才能实现定价、服务和供货能力在各店铺做到一致。

在商业世界中，客户体验变化不只表现在 B2C 零售业上。网络互联、便携性和场景要求是商业世界变化的三个要素，也是促使 B2C 和 B2B 商业运营不同以往的原因。在过去，人们使用笔记本电脑享受了移动便利，但没有享受到今天业务 App 所达到的便利性。同样，在过去，人们实现了网络互联，但质量时好时坏，速度不快。以前，便携性和网络互联是人们头痛的问题，其中任何一个问题都让人们在移动环境中开展交易和做生意成为一件困难的事情。现在，这两个问题大部分已经得到解决。第 3 章讨论过的移动技术和物联网创造了继便携性和网络互联后第三个耀眼的因素——场景。一旦人们将便携性、网络互联和场景结合到一起，就会开启一个新世界的大门，将基于位置、历史交易记录、时间和其他方面的大量数据使用好，极致体验就会孕育而生。在消费者市场，极致体验产生了明显的价值，也为 B2B 市场带来了显著的变化。本章会简要讨论消费者市场和 B2B 市场发生的变化。

在第 4 章中，我们以高通 Gimbal 平台为范例进行了讨论，结论是场景数据不等同于位置信息。当然，在场景数据中，位置信息越来越重要，是企业在创造信息交互、进行人文关怀和实现商业化等方面的新体验时首选的场景数据。以下是供人们快速浏览的在商业活动中使用的典型的场景数据。

- **时间。**电影《狮子王》开映前两小时，电影票还没有全部售出。这时，该影院的一个忠实观众正好在隔壁就餐，影院就可以向这个熟客发送夜间影票半价优惠的消息。
- **天气。**世界足联主办的世界杯足球决赛正在进行，两支球队鏖战正酣，突然，天降大雨，球队向安装本队应用的球迷推送球队冠名的雨具优惠 20% 的消息。
- **位置。**Priceline 公司研究发现，使用移动旅游 App 订房的客户在订房时距离酒店要更近一些，通常在同一城市，和其他游客相比，这类游客往往在最后一分钟才订房。因此，为实现基于移动互联网的经营战略，酒店会进行投资，结果，使用移动 App 订房的客户增加了 13.9%，网页浏览量增加了 2 倍，移动网站业务量占比增加了 31%。
- **行动。**2 月份已过 2 周了，一家健身馆的应用 App 数据显示，推出新的运动健身法后，客户在减少。为鼓励客户回归，健身馆推出了特别健身计划和客户激励措施。如果客户对这些和位置相关的提示信息作出响应，更多的奖励会接踵而来。当一个健身俱乐部的会员离俱乐部不远，只隔几条街道时，俱乐部的 App 会自动向这名会员推送消息，鼓励会员回到俱乐部签到，从而可以获赠一对一专有教练服务的额外奖励。

- **专业技能**。企业领导者通过人力资源和协作软件查询技能符合要求的员工，研究如何以新的和创造性的方法在什么地方发挥这些员工的才能。例如，在建筑行业，有的员工在墙体处理和拆除石棉方面具有特殊经验。为保证项目能够顺利进行，企业需要派遣这些员工到工地短期工作。准确掌握员工当前的位置信息和员工拥有的技能信息，是企业提升管理的另一种方法，能够在业务流程提速和企业商业化方面做得更好，员工和合作伙伴都会从中受益。

充分利用万物互联、无线连接和场景数据，创造了极致体验感的世界，企业会获得实实在在的好处，这一切在过去是不可想象的。下面让我们来看几个例子，看看销售商是如何在他们的商店里权衡这三个方面的。

无论客户在哪儿，触及并黏上他们

消费者现在使用移动设备获取信息，决定在哪儿吃饭、逛街、观光或购物。今天，消费者通过智能手机在实体店获取关注的信息，如价格高低、是否有存货、产品评论等。零售商不得不同自己沦为样品室的命运作斗争，消费者在实体店体验商品，对比价格，在网店购物或从其他零售商处购物。尽管商家要面对实体店沦为样品店的挑战，但同时也要看到，在消费者做出决定的关键时刻，无论消费者距离门店远近，实体店能够应用移动技术吸引住消费者。

众多有远见的零售商家已开始发挥移动技术的优势，吸引店外的消费者，将行人推进店里，为消费者营造便利的购物体验。居于行业主导地位的零售商将会应用计算技术制定营销方案，如大数据和解析学，实现面向消费者量身订制业务的转型，通过对消费者相关数据的分析，久而久之，实现业务的智能化。

企业以各项特征相似的客户为样本精心分析，分析客户以往的行为，分析客户一系列的偏好，分析客户的情感，从客户身上精确抽取数据，融合这些独立分析中获取的数据，企业将创造更有吸引力的商业体验。例如，一家零售商向客户推出了签到即获 App 的举措，商家会收集客户的各种数据，包括以往的交易记录，对产品和服务的评价，在互联网和 App 上的浏览记录，根据这些数据，零售商客户推出客户满意的产品和服务。

Shopkick 是一款信息交互和商业 App，进入市场的时间比较早，应用移动技术吸引客户使用。Shopkick 的卖点是购物回馈，自动为客户获取积分，通知客户签到，客户只要走进店内就会得到奖励。Shopkick 相当于店家通用的积分卡。一旦用户走进塔吉特公司门店、梅西百货门店和美孚便利店，用户的智能手机就会立即签到，为用户获取积分。零售商正在用 Shopkick 将客户吸引到店内，这也是店家达到宣传目的的一种方法。用户使用 Shopkick 扫描商品并保存到手机中。当客户进入门店或在门店附近时，这款应用会提示客户自己喜欢的商品有售或商品有优惠的消息，商家应用移动技术（智能手机的拍照和定位功能），带给用户美好的使用体验。

Shopkick 已经升级了 App，顾客在接受 Shopkick 的品牌厂家或零售商处可获得虚拟商品目录，点击选中的商品，并拖进购物车保存购物信息。以后，每当顾客进入出售该商品的门店，这款 App 就会提示顾客自己先前想购买的商品此处有售或商品有优惠。Shopkick 的另一项升级是团购，许多顾客基于位置信息参加组团购物计划，可获得最多的积分。

Shopkick 公司在宣布升级 App 后发现，客户有 9 天时间登录了 App，其中有 6 天时间，客户并没有现身门店。在家里或工作地点时，客户也可以登录 Shopkick 浏览新的特价商品，制订下次购物计划。App 升级后，客户浏览商品时也会获得积分奖励，浏览商品目录时获得折扣价。

这种理念的出发点当然是要扩大商业销售，同时鼓励客户走进实体店随便逛逛，看看能否买到需要的东西。Shopkick 公司的 App 应用移动和定位技术判断客户是否进入了店铺。客户进入店铺不一定购物，但购物的可能性比较高。在店铺购物获得额外积分会增大客户购物的概率。客户更满意的是，积分可在 Shopkick 联盟的任何商家使用，同积分在哪个商家赚取的无关。推行这一理念可以增加连锁店销售额，自然，这种理念受到了零售商的青睐。

这是商界增加客户参与度的第一波行动，还有后续行动。零售业的圣杯（Holy Grail）系统能够在门店室内通过定位技术提供面向客户个性化需求的服务。同许多公司一样，Shopkick 公司正和零售商合作，致力于在实体店使客户能享受更具个性化的服务体验。Shopkick 系统集成了苹果公司的 iBeacon 技术，在客户进入实体店时，配置蓝牙低功耗（BLE）通信模块的系统会向客户推送通知消息。该公司将这项新服务称为 shopBeacon，正在几家梅西百货连锁店进行封闭测试，在 100 家美国鹰（American Eagle）门店进行技术部署。ShopBeacon 向进入门店的客户发送欢迎信息，向客户展示身边的商品，推送折扣、促销和积分信息。这一切都是自动进行，无须顾客记得打开 App。ShopBeacon 能够将顾客在家里用 App 浏览和在实体店里的购物实现无缝融合，提醒顾客本店正在销售顾客在 App 上浏览过的商品。将顾客以往的行为信息（浏览和购物）、当前的位置信息、店家的促销信息等场景信息融合到一起，顾客就可享受到为自己量身订制的极致购物体验。

乐购公司为应用移动技术和大数据技术实现零售业转型的公司做出了表率。乐购公司应用这些技术在商业运营、客户人文关怀和劳动力最优化方面为企业、顾客和员工创造了最佳体验。早些时候，我曾提到乐购公司正在试验一种增强现实技术，在展示商品时，向店员提供更好的信息。这家公司应用移动技术在新开的门店同样部署增强现实技术。在韩国，乐购公司经营的 Homeplus 连锁店发现，一周一次的食品杂货采购是一件让许多人感到劳心费神的事，于是该公司决定开展“超市走进顾客”的活动。

同许多火车一样，首尔的地铁站在站台和列车运行区域之间安装了隔断。Homeplus 在隔断上贴上大幅的超市货架海报，商品琳琅满目，大小同实物一样，真实感超强，乘客仿佛走进了真实的超市。在站台等车的时候，乘客可用智能手机扫描海报上商品的 QR 码，将选中的商品放进虚拟的购物车里，下单付款，商品会被直接配送到乘客家。Homeplus 创造了非常有创意的销售方式，乘客的等车时间变成了购物时间。

乐购公司宣布，在“超市走进顾客”活动期间，Homeplus 网络平台的销售额获得了 130% 的增幅。通过这种创意营销方式，乐购公司在不新开门店的情况下扩大了经营面积。虽然门店数量少于竞争对手，但是 Homeplus 的网上销售额超过了最大的竞争对手。早在 2010 年，乐购公司就在英国鼓励顾客用智能手机扫描条形码，将货品加到购物车上。

顾客可以选择送货服务或带着货品到收银台付款。在伦敦盖特威克机场，出去度假的英国游客可以在一个亭子里订购商品，包括肉类、水果和蔬菜，货品则会在游客回家后送达。整个过程同首尔地铁中的乐购虚拟超市相似。不起眼的食品杂货店创造了极致体验，顾客可以在网上购物，也可电话购物或在实体店购物，选择送货到家服务。这一切打破了传统商业的边界，无论顾客身在何地，商家都有办法吸引顾客购物，这就是泛渠道体验的精髓。顾客选择的是品牌，不太在意渠道形式。因此，乐购公司应用移动技术实现了商品零售泛在化，顾客可在任何地方、在多种渠道上购物。科尔士百货公司（Kohl' s）是一家美国百货连锁公司，在应用移动技术提高顾客室内购物服务感受方面领先一步。

互联网试衣间

柯尔士公司正在致力于找到改善顾客服务体验感的方法，在门店的客户能够感受到商家对顾客细致入微的关怀，商家会抓住客户购物的每一个机会，增加销售额。商家正在尝试多种提高客户服务感受的方法，其中一个目前尚未广泛使用的方法就是打造互联网时代的试衣间。科尔士公司正和埃森哲、埃维诺（Avanade）和微软公司合作设计互联网试衣间。在我写作本书时，这个项目的试运行工作已在全美开展。

科尔士公司刚刚在部分服装产品线加装 RFID（射频识别）标签，实现了存货追踪功能。当顾客进入互联网试衣间时，系统会认出顾客带进试衣间的服装。系统会在平板触摸屏上显示顾客选购的服装，顾客可滚动浏览产品说明、产品特点以及可选择的颜色和尺码信息。

这种新型试衣间本质上是一种顾客服务系统，会建议顾客考虑和选购其他款式的服装。在互联网试衣间里，顾客也还可选择同一款式其他尺码和颜色的服装，并要求门店员工将自己挑选的服装送到试衣间试穿。顾客的这些要求能够实时传送到售货员正在使用的安装 Windows 8 的手持设备上。顾客不必像过去那样要穿好衣服，走出试衣间，才能找到尺码和颜色不同的服装试穿，顾客感受到商家对顾客需求的考虑更周到了。零售商和顾客均能从极致体验中获益，顾客能够不费劲找到喜欢的商品，商家则卖掉了其他商品，增加了销售额。

这种新型试衣间能够追踪顾客带进来的全部服装，并对销售过程进行分析。系统收集、分析各种信息，为商家提供新的宝贵信息，如顾客呆在试衣间的平均时间、顾客带进试衣间的服装有多少件，或门店员工响应顾客需求的时间有多长。商家对光临门店的顾客购物的全过程进行分析，产生的数据对企业运营而言就是一笔财富。如果顾客使用科尔士公司的 App，商家会获得选定顾客的购物方面的数据。

互联网试衣间是移动技术能够强化业务进程的典范。需要说明的是，改善企业流程没有部门之间的通力合作是不可能成功的。科尔士公司需要设计能够整合企业多种系统的战略，这些系统包括 RFID 标签和识别器、供应链信息系统、分析系统、移动销售终端和劳动力最优化软件。科尔士公司和艾诺维、埃森哲和微软公司密切合作，对项目可行性进行评估，并对多种技术进行融合，了解不同应用之间的相互依赖关系。为实现这样的方案，除了员工和客户 App 界面要适合移动应用外，当务之急是实现已有的末端系统的互联互通。这关系到能否实现客户服务的极致体验感，实现系统间的互联互通，柯尔士公司才能向客户提供过去不能提供的商品推荐等服务。

客户体验从千篇一律走向个性化

在许多情况下，企业仍然在不分对象地发送内容千篇一律的消息，有些消息是有用的信息，有些消息是垃圾信息。事实上，极致体验感的精髓是少做例行公事般毫无特色的事情。这种体验感对 B2C 业务中的信息交互至关重要，在合作伙伴和员工关系管理中也发挥着重要的作用。人们需要自己想要的东西，讨厌一模一样的广告、优惠券和特价商品。人们也不喜欢因为做了一件事就被贴上了只对某种事情有兴趣的标签。一名顾客买了一本育儿方面的书，既不能说明这名顾客就是名孕妇，也不能说明向这名顾客发送婴儿手推车、婴儿床和婴儿用一次性尿布的广告一定是合理的。

这种问题困扰着亚马逊、奈飞公司及其他公司的零售部门。在电子商务发展初期，企业掌握的顾客信息非常少，仅限于顾客是谁，买过什么东西。一个人在亚马逊买了本书，该公司向这名顾客推荐书名类似的书籍，原因非常简单，亚马逊公司想当然地认为这个人会喜欢同类的书籍。也许这名顾客是一时兴起，根本就不喜欢这本书或这类体裁的书，或者只是为朋友买书，以后根本不会再买同样的书。没有人会喜欢别人向自己推荐自己根本就不会要的东西。奈飞公司存在同样的问题，从观众以往的观影记录描画一个人的电影品味，以此分析结果作为向观众推荐影片的根据，未必是一件靠谱的事儿。夫妇二人中，丈夫喜欢僵尸电影，妻子喜欢类似《简爱》的电影，奈飞公司在推荐影片上要颇费一番心思，显然，向僵尸电影迷的丈夫推荐电影《傲慢与偏见》纯粹是在浪费时间。

在行业内业绩斐然、形象光彩照人的公司正努力解决数据分析存在的以偏概全的问题，着手应用大数据技术，基于顾客以往的购物数据，逐步提高商品推荐工作的精确度，实现“顾客喜欢，企业得益”的双赢目标。奈飞公司和亚马逊公司正在应用大数据改善电影推荐工作。企业对大量数据进行分析，能够发现数据之间隐藏的相互关系，商品推荐工作会从中受益。

企业无论大小，从传统企业到小型商业，大家都会或多或少应用大数据处理技术，融合传感器获得的数据和移动 App 上的用户数据，为客户创造契合客户身处的场景，达到量身订制的水平、服务内容有的放矢的商业体验。人们在商业活动中首先会获得基本的场景体验。企业掌握潜在客户当前的场景数据越多，如位置和时间信息，就越能向客户提供一些差异化的选择。过不了多长时间，在大数据技术的帮助下，零售商或雇主就能够向员工提供客户在移动设备上的操作信息。

我曾说过销售人员需要了解客户的运营情况——发货延迟、业绩疲弱及裁减员工。这些运营不景气问题在商业环境中屡见不鲜。如果想了解零售业的商业环境，对行业形势的分析要拓展到客户使用的设备、客户的位置、浏览记录、每天不同时间点的需求差异、购物记录和其他信息。

零售业面临着一个严峻问题——这个问题我曾提及过——实体店沦为网店的样品间危机。潜在顾客到百思买等零售商门店仔细了解电视机的各项功能，记下品牌和型号信息，到其他零售商门店（如亚马逊）找更便宜的同类商品。有时，由于在面前的电视机上没有找到自己需要的信息，潜在顾客会使用智能手机搜索有关这台电视机的更多信息。有些情况下，零售商要同时应对客户需求不振和价格飞涨的双重难题，秘诀就是向店内的顾客发放印有 QR 二维码的产品说明书，鼓励顾客对产品有更多的了解。客户扫描产品说明书上的QR码后，能够找到获得更多信息的地方。

出于多种原因，有人喜欢在手机上查询信息、产品以及价格。零售商想应用场景信息确认是否有顾客在店内搜索亚马逊销售的三星或索尼某个型号的电视机。为客户提供移动 App，了解客户的位置信息，邀请客户加入 App，通过这些场景化的营销方法，零售商有机会为客户创造更满足个性化需求的购物体验。商家能够知道一位客户进入了门店，知道这位客户站在什么商品前面。如果百思买了解到一名顾客在电视机销售区伫立良久，然后查询客户的浏览记录，知道这名客户曾浏览过百思买网站，之后去了亚马逊网站，百思买的这家连锁店就知道该怎样做成这笔生意了。

了解了客户的这些信息，零售商该做些什么？店员直接走上前去，告诉这名顾客在百思买买电视机会好过其他商家的，同时，店员提醒这位顾客可以立即提货，商家可以为顾客减免销售税或提供价格上的优惠，向顾客推荐其他品牌的电视机也不失为做成生意的一个好办法。商家对潜在顾客的信息了解得越多，以富有吸引力的销售策略打动顾客的胜算就越大。充分了解了顾客的信息后售货员信心满满地告诉顾客本店给出的价格绝对可以媲美竞争对手。这名顾客折服于优惠的价格，另一名顾客对可以立即提货感到满意，而第三名顾客则希望有买一送一的促销优惠，如赠送电影或 DVD 播放机也许正中顾客的下怀。

这个案例说明运用场景信息能实现购物体验发生质的变化，从千篇一律到有的放矢满足潜在顾客的个性需求。如果这名顾客碰巧是连锁店会员奖励计划的成员，门店的售货员会在和顾客的交谈中提到这一点。比如，“我了解到你购买过蓝光播放机，你想选购一台 3D 电视机。建议你购买一台升级版的蓝光播放机，可以尽情享受 3D 电视的十足魅力。如果你今天购买升级版蓝光播放机和 3D 电视机，本店可以为你打九折。”对顾客过去的行为了如指掌，将顾客当下的需求尽收眼底后，企业也可创造出具备预测能力的极致体验。

用弹性的定价策略改变游戏规则

在过去，定价策略常常缺乏弹性，管理人员苦于缺乏数据，既无法实时调整价格，也无法经常调整价格。在移动技术、大数据技术和物联网技术大行其道的今天，价格不再是铁板一块，保持必要的弹性将成为可能。在过去，企业缺少竞争对手的定价方面的数据。当前，市场有多种机构监控企业竞争对手的价格变动情况，价格变动信息可发送到互联网手持终端上，也可传送到企业的定价管理系统，因此企业能够掌握市场上各个竞争对手每件产品或服务的价格信息。企业掌握竞争对手的价格信息有两种途径，在大数据平台上分析范围广泛的价格变动数据，或向价格监控机构购买服务获得竞争对手的价格变动数据。

充分掌握竞争对手的价格信息后，企业管理人员能够决定以对企业最有利的方式调整价格。当企业管理层决定调整定价时，定价调整问题常常变形为如何完成定价调整的问题：各个销售渠道上的零售商如何快速地调整产品的价格？现在，实体店的价格调整基本上是一个体力活。不过，鉴于物联网技术在降低人力消耗和增强工作灵活性上的巨大潜能，一些公司张开双臂拥抱物联网，应用电子货架标签，减少对人力资源的需求，提高价格调整的灵活性，大大压缩了完成价签更改的时间。同传统的纸质货架标签相比，零售商使用的电子货架标签能够自动更改价格信息。总部或服务提供商可安排一个地区的价签进行修改，电子货架标签随后会自动接收价签修改信息。更换纸质价签，人力和时间的耗费让零售商头痛不已，电子货架标签更改价格信息则要方便很多。

乐购公司在电子货架标签应用方面走在业界的前列。在应用电子货架标签之前，乐购公司需要手工更换的纸质标签数量在 500 万到 1 000 万之间。更换标签既耗时又不能为顾客或商家增值。应用电子货架标签后，乐购公司能在 1 小时之内就可完成价格修改工作。电子货架标签价格更改的敏捷性为乐购公司运营带来了莫大的便利，他们可以对存货变动情况和竞争对手定价变化作出快速反应，以价格为武器进行短期促销。这一切在纸质价签时代是不可想象的。

电子货架标签令人着迷之处不仅在于具备立即修改价格信息的能力（而且节省了数小时的人力消耗），还在于连锁店应用电子标签能够开展限时销售活动。例如，连锁店订购了大量的草莓，但在某个门店或某一地区，喜欢草莓的顾客不多，草莓滞销了。草莓保存时间短，如果不能尽快卖出去，就会烂掉。连锁店管理人员可以决定在这个门店或几个门店降价销售草莓，优惠时间限定在 6 小时以内。其他门店的草莓价格则保持不变。顾客在门店的显示板或 App 上能看到草莓的降价促销信息，收银台按草莓新的价格收款。这是企业采取敏捷定价策略的范例——通知门店管理人员价格变动，生成新的价格标签，组织员工更换价签——企业灵活定价的能力大大提高了。应用移动技术，即使门店没有配备电子货架标签，连锁店也有了新选择。

通过顾客安装的这家连锁店的App，门店管理人员可向店内的顾客发送促销信息。

就像这样的促销策略——“亲爱的顾客，6小时内，草莓大促销，现在就吃生态草莓。会员价每磅3.99美元，App用户享受同样优惠价。”一样，Safeway等其他零售商在自家的App上针对每位顾客推出优惠促销措施。Safeway公司的“为你定制”程序为顾客推送以前购买商品现在的促销价格，同时在顾客电子优惠卡上保存促销商品信息。在收银台，顾客输入会员卡号后优惠折扣自动生效。无论采用哪种方法，企业拥有了近乎实时的弹性定价能力。久而久之，企业能够学习到什么样的商品促销能引起客户的共鸣，根据客户的反响对商品促销工作进行快速调整。企业正在改变价格管理模式，客户从平淡无奇的降价感受中走出来，享受着企业基于场景信息为自己量身订制的价格优惠，从中体验到企业对自己的关注和关怀。

我们需要暂时把价格管理的讨论放到一边，一起来研究场景化的定价管理在提高企业运营水平中发挥的作用。企业和消费者对价格管理的认知就是“降价”两个字。其实，在价格管理战略中，降价是一种响应动作，而非主动的管理举措。类似于Safeway公司敏捷的定价管理策略和“为你定制”程序，美国前进保险公司（Progressive Insurance）正在创造保险业改进定价策略的极致体验：依托场景信息，保险公司会精确掌握驾驶员的一举一动，驾驶员的行为决定了保险公司收费的高低和赔付金额的大小。美国前进保险公司实施的前所未有的“怎么开怎么赔”保险政策，使人们开始以全新的方法审视保险定价策略。传统的保险业定价策略基于人口统计学上的司机年龄或驾龄的长短确定保费和赔付标准。前进保险公司做出决定，在过去规定的时间内，如果投保人的驾驶行为通过了保险公司的审核，保险公司就少收司机的保费。

人们在汽车的检查端口内（通常在驾驶杆的下方）插入一种称为“快照”（Snapshot）的装置，它能够自动记录和保存车辆的行驶情况。通过“快照”记录的信息，保险公司能够了解司机猛踩刹车的频次，中间不休息连续行驶的里程数，零时到四时之间仍在开车的频次。根据30天的测试情况，前进保险公司决定选择一部分司机延长6个月的测试时间，对参加测试司机给予续保方面的优惠（可以想象，司机有可能一反常态谨慎驾驶，在分析测试数据时要考虑到这一点）。与不分客户对象一刀切的降价不同，前进保险公司降价对象瞄准的是能为企业创造价值的客户。

前进保险公司宣称："只要你是前进汽险的客户，就试一试快照吧，好的驾驶习惯为你省钱省到底。"潜在客户在收到前进保险公司报价单时可以签约使用"快照"。前进保险公司提供的签约方式有网上签约、电话签约或移动终端签约。如果潜在客户还没有下定决心更换保险公司的话，前进保险公司可与潜在客户通过网上签约或移动终端签约两种方式签订试用"快照"合约，试用时间为 30 天。测试前，潜在客户需向前进保险公司提供驾驶员姓名、联系方式、出生日期和家用车辆的详细信息。司机将"快照"插入汽车测试端口后，前进保险公司获得车辆的识别号码，能够监控该装置是否持续插入测试端口。如果"快照"被拔出，保险公司会提示驾驶员"快照"连接中断："请放心，快照不会跟踪你的位置，是否超速，这个小玩意儿没有安装 GPS 模块。"前进保险公司向潜在客户这样保证。

在前进保险公司的网站上，驾驶员会看到改变驾驶习惯进一步节省在保费和其他方面支出的建议。这是件皆大欢喜的双赢好事。司机的保费降低了，前进保险公司在实际风险和感知到的风险之间给出的定价更合理。在客户需要时，这家保险公司能够提供有价值的信息。为创造这种极致体验，前进保险公司需要改变业务流程，收集装在"快照"上的传感器报送的数据。该流程能够对照驾驶标准分析"快照"上传的数据，计算出一名司机的驾驶习惯蕴涵多大的事故风险。这家保险公司需要应用这些算法的结果改变定价策略，对风险的新评估可以在定价上的得以体现。前进保险公司需要在市场上向潜在客户和已有客户推销这种新的创造性的保险定价模式。

"快照"是保险业的一场大变革。如何控制风险是保险公司面临的主要挑战，以往规范的风险评估一般采用人口统计学的模式进行。基于对司机实际驾驶行为特征的分析制定定价策略的理念改变了保险业的商业运作模式。这一创新性的理念为前进保险公司带来了市场上的回报。可以说，这一定价策略改变了风险经济学。前进保险公司可能会吸引更多的为公司带来盈利的客户，驾驶员们都希望通过"快照"的驾驶测试，减少发生交通事故的概率，减少自己的损失。

应用伙伴关系和移动技术推动销售

企业在创造和商业有关的极致体验过程中能够采取多种策略，定价策略是其中的一种策略。多种行业能够从实时数据访问和收集中获益，如检索和更新客户记录、对库存和价格进行检查、处理交易事务等。不过，企业如能结合移动场景要素和伙伴关系两种力量，交易和销售一定会有所增长。

蒙特利尔公交系统（STM）是魁北克蒙特利尔市主要的都市巴士和轨道交通运营商，在利用伙伴关系创造极致体验方面，为业界树立了可资借鉴学习的典范。这家公司曾面临着独一无二的挑战。蒙特利尔公交系统接受政府补贴，补贴规模由乘客量决定，而乘客量已停止增长。乘客量没有新的增长，蒙特利尔公交系统难以获得用于设备改造和其他支出的资金，企业运营存在着非常大的不确定性。这家企业的目标是 2020 年运输量达到 5.4 亿人次，能否改善乘客体验关乎企业发展战略目标的成败。为刺激乘客量的增长，2013 年 5 月，蒙特利尔公交系统启动了一个非常有创意的乘客忠诚度计划，乘客可通过该公司基于 iPhone 手机开发的一款称为“STM 谢谢你”的 App 参加活动。

在 STM 和技术合作伙伴 SAP 的努力下，这款 App 能够基于每位乘客的出行需求和个人喜好为其提供专属的个性化票价优惠。STM 和其他地区的交通运输公司、活动组织单位和当地企业结成伙伴联盟为乘客提供量身打造的优惠。合作伙伴组成一个覆盖广泛的网络，这些网络划分成 12 个客户偏好区域。合作伙伴网络基于乘客当前的地理位置为乘客提供自己需要的优惠促销的产品和服务。STM 的回报乘客计划创新之处在于，乘客在蒙特利尔到处可以享受伙伴网络提供的优惠，传统的优惠方式是乘客只能攒 STM 积分。

STM 拟采取更多的措施通过提高公交系统的吸引力强化乘客的忠诚度。因此，STM 采取了伙伴营销方式，覆盖更多的人群，满足更多的需求、期待和喜好。这家公交系统公司开发了一款 App，乘客在 App 上可查看提供列车时刻表，如果乘客在 App 上存入一定金额，该 App 可当列车票和车月票使用，简化了公司整个支付流程。STM 启动了一项“谢谢你 ”的忠诚客户回馈计划，将客户享受的全部优惠、救济金和折扣整合到该计划中，包括客户全家享受的优惠、合作伙伴的折扣以及“大师”的地位。通过为客户提供折扣、优先权和休闲娱乐活动，STM 公司把目标瞄准在鼓励乘客多乘坐公共汽车或地铁，促进乘客量的增长。

STM 管理层也发现，尽管乘坐公交越来越舒适方便，许多人仍不愿选择列车作为出行的首选。其中一个阻碍人们选乘列车的问题是乘客需要知道何时是乘坐列车的合适时间。不能赶上列车令人感到沮丧。通过分析乘客数量的数据，列车上有多少乘客就一目了然，还能够预知列车满员的时间。因此，乘客能够判断早上 7：30 列车拥挤不堪，7：42 通常会有空座，由于此时列车上的乘客人数减少，上下车的乘客也少，列车运行速度会快一些。这是将位置和一天的时间点等当前场景因素和乘客通常的乘车时间等以往行为信息统筹考虑的一个例子。掌握了这些数据和乘客的出行时间，STM 能够为乘客提出个性化的出行乘车建议。

STM 管理层做出的第三个决定是和本地零售商合作为乘客提供当场兑现的优惠。例如，如果 STM 知道一位乘客在 Place de Armes 站下车，车站开有一家 La Boulange 面包店，在早上 7：30 这名乘客下车时，STM 会向这名乘客提供即时优惠的羊角面包。下午 5：30 下车时，这名乘客可以享受到一块面包的优惠。每个人都可享受到这种即时兑现的商业体验。如果面包店主想将 STM 的乘客流量变成面包的销售量，STM 可以帮忙。这样做 STM 从中可以受益，乘客多了一个选择乘坐列车的理由。乘客只要在车站上下车就能收到优惠券。STM 公司增加了乘客流量，支出却没有相应增加，面包店为乘客提供面包折扣，大家皆大欢喜。当前，优惠的管理是基于时间和类型两个维度进行的，是初级的管理。时间越长，积累的数据越多，合作伙伴计划对乘客的了解就越全面越深入，能够基于乘客的喜好推出优惠。

STM 也在考虑实现和其他公交工具的融合。例如，一名乘客下了列车有乘坐出租车的需求。这一需求不难满足。STM 公司通过合作伙伴计划通知出租车公司某次列车在 10 分钟后到达某个车站，这样出租司机能够适时到达车站，不必向以往那样空等 10 分钟。STM 公司为在商业上如何应用场景数据、大数据分析技术和合作伙伴关系实现创造极致体验的目标树立了一个杰出的典范。

极致体验改变 B2B 商业模式

大多数人通常从消费者零售业务的角度考虑商业问题，但是我在本章中对商业问题的考虑范围要宽泛一些。B2B 商业受到工作流程采用移动技术的影响，B2B 商业模式能够通过收集信息向市场推出新产品，如大数据产品的代表 SaaS 和社交媒体监控业务。

消费业务移动化改变了人们关于如何设计业务 App 的观念。许多企业的系统是基于 PC 设计的，在移动终端上应用存在困难甚至不能应用。App 和业务并不是凭直觉就能做好的。在极致体验主宰的世界里，App 和业务的设计原则是许多活动常常在移动终端上完成。

编程人员正在做进程简化的工作。由于用户可能使用没有物理键盘的手机或平板设备，编程人员需要重新设计 App，直击用户的关键需求，操作简单，且步骤要少。例如，用户想下个订单、想查询商品存货目录或想找到某件商品的信息，在手机和平板设备上的操作一定要简化，基于 PC 系统上的操作不能简单地照搬过来。

这意味着点击即完成，必须摒弃传统的多次点击才能完成操作的系统设计理念。企业热衷于应用新技术改善已有的业务流程，创立新的业务流程。对此问题，我正在讨论的流程专注于如何将东西卖出去。我举的这些例子都是站在员工的角度，研究为实现商业目标需要的极致体验。

极致体验从简单到复杂，无处不在，可以简单到确保员工能访问存货清单，也可以复杂到解释外科手术机器人的价值何在。销售人员需要知道客户订购的商品什么时间能装运。销售人员应可以在系统中直接输入订单，订单能够直接流转到完成销售涉及的各个部门——仓库、发运、制造、采购、财务、客服——不需要将订单分别发往这 6 个部门。每名员工需要访问订单处理情况，员工应能够在任何地点在移动终端上输入和访问数据。

企业正在运用各种技术改进流程，如订单输入和订单执行。优先运用的技术是移动技术推动的各种 App，提高产品、服务和流程经过供应链中各环节时的处理速度。要做到这一点，需要应用移动技术、大数据和分析学的成果，为合适的员工、代理商和利益相关方提供合适的信息，保证客户和潜在客户的问题能够得到及时和正确的答复。

在响应紧急服务需求时，服务技术人员在企业提供的正确信息引导下到达正确的地点，这是业务中的一种极致体验。企业知道技术人员正在前往客户地点的路上（位置信息），能够很快处理好问题（应用掌握的技能）。根据传感器上传的无线射频标识标签（物联网）等数据，管理人员可以知道拟发运的货物是否装车，能够派出装载货物的车辆。这样，企业就能够提高货物发运工作的效率。

无纸化

许多企业为销售工具和纸质印刷材料头痛不已，如价格目录、规格表、产品文件和 PPT 演示文档等。这些销售文件经常需要更新，以符合实际情况。为满足各类销售人员的需求——企业自有员工或代理商——更新这些文档，企业在印制和运送方面花费不菲。企业耗资更新的材料，实际上是许多销售团队不想随身携带的，并弃置一边的。传统的销售文件和文档管理方式效率低下，浪费惊人。在制药等行业，销售人员使用过期的内容可能会吃上官司。食品和药品管理局等政府机构已经制定管制规则，某些行业必须保证客户得到的信息始终是最新的消息。

为提高信息更新工作的效率，企业为销售人员配发平板设备，提供电子版的销售工作文件和文档。在平板上安装合适的软件后，企业能够自动向平板设备发送内容。以后，销售人员位于 Wi-Fi 热点区时，平板设备上的销售文件和文档会自动更新。销售人员必须确保本地的信息和最新版信息一致。举例来说，企业的运营必须达到管理要求；政府规定，客户查询时，企业必须提供最新版的药品信息或价格表。在这方面，伊顿（Eaton）公司开发的、名为“动力源”（Power Source）的 App 值得学习，在平板设备上运行的这款 App 所提供的伊顿公司产品信息受到严格管理，App 上的文件和文档始终是最新版本。

伊顿是一家全球领先的电力管理公司，总部位于美国俄亥俄州克里夫兰市，2013 年销售额达 220 亿美元。伊顿在全球拥有约 10.2 万名员工，产品销往超过 175 个国家和地区。伊顿公司生产销售数千种输配电、电源质量、工业自动化和电源控制产品，产品应用在汽车、工业和航空航天业。伊顿公司选择多种独立的产品目录进行整合，在称为“动力源”的 App 上整合为一个统一的目录供销售人员查询。这款 App 提供 15 000 份产品资料，销售人员不再受随身携带纸质产品资料之苦了。伊顿公司的工程师和设计人员在 App 上能够查询超过 200 000 件的产品及其规格信息。员工可以按照产品线、标准和应用需求查找合适的产品。

在这款 App 上，销售人员需求的全部数据含有最后更新的时间，在这种情况下，允许销售人员不必始终保持和互联网的连接也能了解 App 上信息的时效。这款

App 提供产品图片、技术规格、产品定价和产品订货到交货的时间信息，同时还提供竞争对手的产品对照指南，伊顿公司的潜在客户可以了解伊顿公司竞争对手的超过 240 000 件的产品信息，和伊顿公司的产品进行对比。据此，伊顿公司的销售代表能够找到和大多数竞争对手产品匹敌的产品。

这款 App 每周会自动更新，保证用户始终得到最新版本的伊顿公司产品、公司运营消息和其他信息。只需轻轻点击屏幕上的按键，App 用户就能够获得数千份详尽的产品文件。在这款 App 上，零件的三维模型能从任何角度得以展现。这项功能可以帮助潜在客户和销售团队更有效地做出选择。除了满足传统的信息查询需求外，这款 App 还可为伊顿公司销售人员提供培训和产品视频演示，并帮助销售人员了解公司产品变更信息、滞后问题，以及变更的重要意义，从而知道如何向客户介绍产品的变更。在功能上，移动 App 不一定是轻量级选手。“动力源”是一款全功能的 App，销售代表在 App 上甚至能完成最复杂的产品配置工作。想象一下，在 7~10 英寸大小的平板设备上，伊顿公司全部产品信息汇聚到一款 App 上，信息电子化不但节约了大量印刷纸质材料的纸张，材料更新的速度也是过去无法比拟的，更不用说伊顿公司通过电子邮件方式为坐在谈判桌前的销售团队发送需要的信息，增大了销售项目成功的机会。

在平板设备上，销售人员可以动态展示产品，转动零部件，客户能够看到零部件前后左右上下六个面的情况。外科手术产品生产商可以为客户播放机器人完成外科手术详细过程的视频材料。在这个方面，直觉外科公司（Intuitive Surgical）的实践证明，通过视频展示产品性能是提高销售业绩的有效方法。直觉外科公司向医生推销外科手术机器人，照一般人的想法，这无异于砸医生的饭碗，销售难度堪比登天。实际上，外科手术机器人不会取代外科医生，相反，应用外科手术机器人能增强医生的技能，提高完成手术的效率。问题是，厂家如何说服医生接受这一理念呢？直觉外科公司服务营销高级总监克里斯 • 西蒙斯（Chris Simmonds）在平板设备上找到了答案。销售人员在平板设备上为医生提供更丰富的产品信息，如播放机器人做手术过程的视频，能够强化医生对产品的体验，消除其抵触情绪，从而增大销售成功的机会。

现在，85% 的公司销售人员正在参加一项自带平板设备的计划。直觉外科公司率先应用平板设备代替装订成册的文件夹。西蒙斯宣称该公司开发了在平板上运行的一款新的 App，纸质产品宣传册彻底成为了历史，单此一项就为公司节省支出 60 000 美元。以 850 人的销售团队规模计算，由于电子版产品文件和文档制作费用低，更新容易，内容维护实现电子化为企业节省的费用是令人震惊的。这款 App 可以提供集成了视频等功能的非常丰富的销售工具。由于内嵌了视频播放功能，如果需要，销售人员可以在医院过道里边走边为医生做产品演示。相比挂在医生办公桌前的活动挂图，产品视频演示的吸引力和说服力就大多了；相比笔记本电脑，平板设备在携带方便和使用灵活方面更具优势。

这些案例证明，为销售人员提供尽可能多的最新信息是可行的。由于获得了最新的信息，销售人员在遵守企业规定方面不会出现问题。产品文件和文档电子化后，企业节省了印刷产品说明书的费用，销售人员告别了产品一有变更就要把变化说明作为附件加入到产品文档中的苦差事，花在文档管理上的时间少了，自然提高了工作效率。

增强内容的吸引力，在可能的情况下，增加互动性，是企业让产品信息材料生动有趣的途径之一。同传统的一页一页乏味的产品说明书不同，平板设备能够以视频和 3D 渲染方式演示产品、零部件和其他信息。在需要的关键节点上，如果信息内容合适，形式更好，人们是能够改变商业模式的。但是，伊顿公司的“动力源”App 告诉人们，在业务流程中需要当机立断采取行动。产品说明文件电子化固然为企业节省了费用支出，但在销售人员为客户做产品配置，立即向客户提出量身订制的报价的销售工作环节上，企业还必须对项目每一步骤的收益和投资回报率做出判断。

无纸化后，增加场景元素

在快递行业，联邦快递和 UPS 公司凭借向客户提供速度和位置查询服务的理念建立了竞争优势。几年前，这两家公司率先在行业中基于 GPS 规划最优路径和应用手持移动设备。当时，联邦快递和 UPS 公司使用订制的软硬件，成本高昂。现在，这两家公司有机会应用满足严酷应用环境的消费者移动设备和通用软件，使其成本大幅下降。公司的设备和人员处于流动中，公司利用移动技术驱动工作流，调度安排员工工作路径的效果比过去好多了。应用场景元素，如 GPS、天气、公路建设情况、当前交通流量等信息，公司的驾驶员能够节省时间和金钱。UPS 公司采购优化快递路径的软件，制定效率更高的快递路线节省了数百万美元的开支。需要指出的是，应用移动技术和场景元素推进业务发展的公司不在少数，UPS 和联邦快递就是其中的佼佼者。

位于佛罗里达州桑福德的 Del-Air 公司在应用技术方面具有独特优势，提高了销售和服务的速度和精确性。该公司是佛罗里达州最大的加热、空调和电气设备供应商。XORA 是在美国领先的、基于云计算的移动人力管理解决方案供应商，Del-Air 公司应用购置的该公司的服务自动收集社会上和本公司相同领域的施工人员和客户的信息，收集的信息源源不断地发送到 Del-Air 公司总部的管理人员手中。XORA 公司推出了一系列可配置的 App 和基于互联网的管理 App，帮助业务地点不固定的企业和员工智能工作、快速工作。

Del-Air 公司 600 名现场技术人员每天工作开始和结束的时候都需要通过手机打卡。技术人员应用 XORA 公司的 App 记录每个项目的开始和结束时间，以及每项工作的进展和状态。XORA 公司在工作流中整合了多个场景元素和多个管理功能——定位功能、时间追踪、照相和电子签字——在无缝工作体验上更前进了一步。有别于独立的计时、里程记录和作业分配 App，XORA 的这款 App 屏幕上集成了这些功能。技术人员将在现场收集的数据实时发往 XORA 的管理 App，Del-Air 公司的管理人员可以轻松查看基于 Web 的地图和工作报告。以下例子说明了一名技术人员要完成的工作步骤：

- 点击屏幕记录本人开始当班（打卡）；
- 输入里程数；
- 查看公司分配的当日工作内容、工作概要以及公司发往施工现场的工作要求；
- 查看关键的详细信息：位置、时间和其他信息；
- 记录工作开始时间；
- 按提示完成第一个施工步骤；
- 安装完成情况按拍照留存；
- 通知客户联系人验收；

• 扫描条形码开始计算保质期。

Del-Air 公司的首席信息官约翰 • 洛克（John Rucker）宣称："在实施 XORA 公司人力管理方案的第一年，Del-Air 公司节省开支超过 350 000 美元，这只是在应用自动计时卡功能时取得的成效。再花 30 000 美元，应用固定的输出功能，减少数据输入，我们预计节省的开支金额还能上升。" 这套人力管理方案的确物超所值。历史趋势信息也能增加支出项目费用的精确性。

企业要赢得的真正胜利有许多，其中之一是重新设计产品、服务或 App，用户能够创新性地应用。极致体验一定是凭直觉就能感受的，会让人怦然心动的。用户知道自己下一步要做什么，能够不费劲就找到需要的信息。许多技术评论家认为迈进移动时代意味着简单的 App 配置简单的功能。对此观点我不敢苟同。企业可以开发或购置功能丰富激发客户兴趣的移动 App。企业面临的挑战是移动 App 要直击工作的要害，具备关键功能。客户和员工要用 App 干什么？小巧的移动终端所具备的网络互联、易携带、场景感知的三大能力如何才能在客户和员工手里发挥优势？为创造激发客户兴趣的极致体验，企业需要回答这些问题。一旦企业对这些问题做出了回答，就要做出决策，是否研发满足客户和员工需求的 App 或购置 SaaS 类的 App 或融合了基于 Web 平台的 App 解决方案。

真能如此的话，企业会经历实现雄心壮志的伟大过程，具备高瞻远瞩、深谋远虑的能力。Del Air 公司使用 App 的体验让许多企业受到启发，着手应用移动技术最大限度减少工作流程中的纸质媒介的使用，甚至实现工作流程的无纸化。

增加效能，改善企业的运营

过去，人们的某些习惯一时半会还不会改变，有些事情一定要等到回家、回到办公室才能做，有些事情一定要在尺寸更大、屏幕更大、配备键盘、能高速上网的设备上才能做。现在，人们在智能手机或平板设备上就能完成部分关键的工作，或奔波在外时能够访问过去不能获得的信息。事实上，我的一位客户相信，移动技术首创性要获得成功，必须做到即使用户坐在办公桌前面，桌子上放着笔记本电脑，他也仍愿意选用移动设备完成交易。对用户而言，这意味着移动技术带来的体验和具备的功能要等于或胜过基于 PC 技术的体验。

让我们一起研究一个有趣的案例，案例中的企业没有沿袭传统的多卖多赚的思路，而是通过应用移动技术提高效能，增加盈利。移动技术能够拓展和改进企业业务流程，创造效能。在这个方面，美国铁路公司（Amtrak）是值得大家仿效的。美国铁路公司每天运营的列车车次超过 300 个，车站数量超过 500 个，在美国和加拿大境内的线路长达 34 118 英里。在 2013 会计年度，把美国铁路公司的火车当作商务或休闲出行工具的乘客数量达到 3 100 万。但是，美国铁路公司的售票流程自 19 世纪以来基本保持不变。乘客可以在网上预订车票，但票务技术止步不前。乘客仍在使用纸质车票。美国铁路公司移动系统高级总监托尼·弗林（Tony Flynn）认为："美国铁路公司的火车缺乏新技术，让乘客感到诸多不便，一成不变的后台支撑流程或安全规则的要求应为这一局面负责。"

制约美国铁路公司公司发展的瓶颈问题是车票预订系统和列车上的列车员之间没有实时的信息交互。乘客名单等关键信息交换速度缓慢。在列车上，列车员不得不做收票、验票、返还车票或售票的工作，这一工作过程既耗费时间，结果又不精确，所有车票最终还要送到得克萨斯的中央扫描系统进行统计。因此，一趟列车到达终点后，收入对账表需要 3~10 天才能出来。

结果，在车票数据录入中央系统几天后，美国铁路公司公司才能确切知道哪些乘客登上了列车，购置了哪种类别的车票。除此以外，由于没有已购票但未登车的乘客信息，列车上空出的座位白白闲置，浪费了运力，美国铁路公司公司也损失了可以增加的收入。

对乘客而言，纸质车票务管理不方便，有时甚至代价高昂。铁路公司要求乘客上车前随身携带车票。一旦售出，车票就成了有价凭证。如果乘客车票丢失，只能另行购票，多花 75 美元，乘客要经历冗长的退款流程才能拿到铁路公司退还的丢失车票的票款。在航空公司推出电子机票前，航空公司的票务管理流程和铁路公司的流程一模一样，因此"乘客对此大为不满，一点也不意外。"美国铁路公司销售调配和客户服务官黛博拉·斯通－沃尔夫（Deborah Stone-Wulf）抱怨道。

票务管理停留在纸质时代，抓住最后的机会出售车票或预订车票成为一件困难的事情。在美国偏远地区，美国铁路的车站是无人管理的车站，没有办法出票，不能满足乘客购买车票的需求。这些地区的乘客只能先上车后买票，由于售票流程不确定且耗时较长，列车员卖出一张票要花4分钟。20世纪90年代，美国铁路公司曾努力想实施票务电子化方案，当时航空公司已成功从纸质票务转为电子票务。

“当时，我们的愿景是票务电子化方案要满足列车和乘客的移动性需求，但是，那时的无线通信技术尚不成熟，不能满足电子票务的信号承载需求。”美国铁路的公关总监加达·艾杰姆（Ghada Ijam）不无遗憾地说。铁路沿线分布多个车站，乘客上上下下，没有门控，和航空业相比，铁路运营有更多的特殊性要考虑。艾杰姆指出：“航空业在乘客通过安检门时有足够的人手进行检查，铁路的运营环境是完全不可同日而语的。铁路行业要走出困局，应用移动技术实现票务电子化是唯一可行的出路。”

美国铁路公司选择美国电话电报公司作为供应商，提供移动App开发平台、终端、无线网络服务和移动终端管理服务。美国电话电报公司提供的解决方案推动列车员开始使用智能手机，这些安装App的智能手机同后台的车票预订和账务系统实现了互联。在列车上，列车员只需扫描乘客的车票，而乘客可通过灵活的自助服务购买车票。对美国铁路公司而言，实现实时信息交互，不仅提高了列车上的运营水平、安全保障水平，还提高了车票和座位存量管理能力，从而让公司的运营收入增加了，并提高了工作流程的运行效率。

美国电话电报公司的解决方案要求美国铁路公司建设76套后台系统作为票务电子化的前期基础设施。为确保整个系统的建设方向满足用户需求，美国铁路公司承担列车运营责任的列车员需要输入数据。“我们要确保为列车员开发的终端没有偏离一定可用的目标，我们的列车员一定不能对新技术产生恐惧心理。”托尼·弗林说道。从屏幕设计到App功能配置，列车员的反馈信息在构造系统工作中一直居于中心地位。

由于汲取了用户的意见，美国铁路公司培训列车员花费的时间比预期少了一半，列车员之间已能够独立开展培训工作。“列车员一下子就喜欢上了移动终端和上面的App了，”黛博拉·斯通–沃尔夫说道，“App功能清晰明了，易于使用，正是列车员想要的东西。”现在，美国铁路公司为每名列车员配发了一部智能手机，每部手机和公司的数据库互联，能以近乎实时的速度进行数据通信。在移动终端上，列车员输入和接收乘客的车票和车次信息。

为解决安全和管理上的问题，美国铁路公司引入美国电话电报公司的MobileIron连接云服务用于移动设备管理。艾杰姆说："该服务能够在一个目录中管理全部设备，通过控制和可视化能力知道什么人在做什么事——谁在使用App服务和App的版本信息。此外，该服务能够报告非授权的操作。"如果移动终端丢失或被盗，美国铁路公司可锁死设备或远程抹掉设备中的内容。

2011年8月，美国铁路公司开始电子票务方案的引导测试工作。一年后，该公司在全国约2 000台智能手机上进行电子票务的扩大规模试验。黛博拉•斯通－沃尔夫认为票务电子化对美国铁路公司的业务是一场革命，无论是客户买票和取票、公司营收管理方式，还是安全和风险管控都发生了彻底的改变。票务电子化为乘客带来了灵活、方便和快捷的服务，乘客在车站排队购票则成为历史，先上车后买票存在的不确定性和麻烦问题也不存在了。乘客可以在家中打印车票，甚至直接在移动设备上出示预订信息。

"有了电子票务服务，乘客在前往车站的出租车上就能更改车票，到了车站半步都不停直接上车，"黛博拉•斯通－沃尔夫接着说，"现在，乘客时间充裕了。"因为车票只是乘车信息载体，本身不再是"有价凭证"，乘客丢失车票后可重新打印一张。美国铁路公司后台系统和列车员之间实现了网络互联，提供了近乎实时的数据交互能力，显著增强了公司对乘客、产品、服务的管理能力，改善了信息质量，提高了安全保障水平，从而提升了公司营收能力。

列车员现在有了和车票预订系统一模一样的实时的乘客名单。乘客完成车票预订、更改车票、增加车票或退票时，电子化的乘客名单会相应地进行更新。当铁路公司能确切知道整趟列车上有多少座位可向乘客提供时，企业能够提高运力和营收管理水平。如果某位乘客虽已购票但没有现身，列车发车后，铁路公司就会立即判断出该乘客没有上车，空出的座位可在沿途出售。美国铁路公司首席市场营销和销售官马特•哈迪逊（Matt Hardison）这样说："由于数据质量提高和车票运输成本的降低，美国铁路公司已实现费用下降和营收增加，金额每年达数千万美元。"

这套系统还有其他的功能。在紧急情况下，美国铁路公司可以准确了解哪些人在列车上。美国电话电报公司提供的移动设备解决方案可以让列车员心无旁骛，专心于列车管理和旅途服务上。现在，列车员在到达下一个车站的路上，可以在移动终端上输入列车维护申请信息，为公司的维护团队快速作出响应创造条件。“移动终端知道列车员在哪次车辆上，该车次挂载了哪些车厢，”哈迪逊说，“只需在屏幕下做下拉操作，终端就会列出问题目录，列车员判断出了哪类问题，在选定的问题上点击按钮，维护信息就会直接发送到工作流管理系统。在列车进站时，站上的维护人员已对需处理的问题一清二楚了。”按照重要服务预约要求，列车员在乘客上车前要对特殊的服务需求做好安排，比如确保列车在站台停车的位置能够和轮椅升降位置一致，方便坐轮椅的乘客上下车。

通过将已有的流程移植到移动终端上运行，美国铁路公司大大减少了需要人工完成的工作，大幅降低了费用支出。乘客对服务的灵活性赞不绝口，享受着不必排队购票的惬意，同时，美国铁路公司实时知道了列车上乘客人数和售出的车票数量，提高了空闲座位的使用率，增加了公司的营收。

在将现有的一部分工作转移到移动端后，企业能够提升工作流的流转速度，在这个方面，美国铁路公司做出了有益的探索。让我们一起回顾一下各行业的流程状况。我的一个客户在一家跨国制药企业工作，该企业已经通过应用移动技术提高了工作效能和盈利能力。几年来，这家制药企业的医药代表发生过将药物样品遗落到医院和医疗办公室的问题。大多数情况下，医药代表成批处理销售和样品订单，由于手头没有样品追踪号码，医药代表就可能会忘记样品这回事。为防止药品遗失，医药代表要输入样品上的16位追踪号码，或在报告上写出追踪号码，这一工作通常不是在现场完成的。有时，医药代表会输入错误的追踪号码，按照管理要求，药物样品发货后已记录在案。由于上述原因，制药公司管理上会给人一种混乱的感觉。

为摆脱管理上的困境，这家制药公司为每名医药代表配发了一部内置照相机的iPad。现在，医药代表用iPad拍下产品的16位追踪号码，号码就会自动上传到系统中。系统立即为医院或医生出单，从而使公司的管理从混乱走向了有序。更引人注目的是，公司应收账款时间缩短了45天。这一切成为可能，秘诀就在于这家企业为医药代表配发了一部内置相机的移动终端，完成了流程的升级改造，药品的追踪号码能够直接发送到存货、财务和账单系统。公司的数据质量提高了，开单速度提高了，员工的工作体验也改善了——公司多个部门都从中受益，这就是企业内部管理所谓的双赢吧。

大数据在商业化中扮演的角色

人们已经意识到从无纸化等简单的一件事做起，就能改变不尽如人意的销售流程。需要指出的是，改变的利器仍有待挖掘，当移动技术和大数据实现融合、强强联手时，企业就能够创建功能更强大的充满变革精神的 App。大数据在商业中扮演什么角色？在大数据技术诞生以前，许多需要即时做出的决策或促销决定难以出台，问题就卡在决策人员无法近乎实时地收集和分析大量的数据，没有大量准确数据支撑的决策充满不确定性。正因为这个原因，当管理人员试图做出明智的决定时，常常会陷入基本情况不明或缺少基本分析的窘境中。现在，人们已能收集全部数据（或数据量比以往多了几个量级），数据分析处理后能够转化成知识。对于一名在外奔波的员工向总部发回查询信息的请求，总部可以依托庞大数据的支撑，迅速对一组数据进行分析并向员工发送其需要的信息。业界领先的公司正在致力于改善对客户的人文关怀，推出创新性的定价战略举措指导具体工作，以此创造极致体验。

大数据提升信息质量，为企业发展提速

在外工作的员工能够访问企业的数据，企业对员工这样的支撑会让一切变得不同，让我们一起来看一看这方面一个生动的例子。喜利得（Hilti）公司是一家在建筑及建筑维护领域为专业客户提供高品质及高附加价值产品的全球知名企业，总部设在列支敦士登，业务遍布全世界 120 多个国家，员工总数达到 21 000 人左右。公司提供重型建筑工具和设备，提供金属加工、钻孔凿破设备、电气设备、室内装修、建筑管道、供热以及空调产品和服务。过去，喜得利公司积累了自己需要的大量的原始数据——大约 3 300 万份记录——分析这些数据通常要花费数小时的时间。现在，分析这些庞大数据的时间已压缩到数秒钟。在施工现场，喜得利公司的员工在笔记本电脑上向公司就自己碰到的问题提出询问，包括客户方面的问题、产品存在

的问题和其他问题。如果客户或潜在客户向喜得利公司的员工提出问题，该员工可在笔记本电脑上向公司提交查询请求，在离开客户前，公司后台服务能力已能支撑员工把问题的答案交到客户手中。以前，公司作出答复要耗时 3 个小时，员工只好回到办公室静等公司对客户提出问题的回复。

现在，一切都不同了，在到达客户的办公室前，员工坐在汽车里通过智能手机和平板设备就能获取需要的数据。随着技术的发展，企业具备了实时获取信息的能力，这从根本上改变了企业的运营模式，彰显了大数据的威力——通过深度挖掘客户的信息，获得第三方的信息，企业有能力在最需要的时间得到信息。

引入大数据和室内定位技术促进销售

1998 年，山姆·沃尔顿（Sam Walton）认为："人们认为企业做大的方法就是在小地方建大店，应用信息技术不停地出货补货。"沃尔玛公司每小时完成的交易量超过 100 万笔，这些交易信息保存到数据库要占用 2.5PB 的存贮容量。沃尔玛移动和社会产品副总裁拉维·瑞吉（Ravi Raj）在沃尔玛媒体创新总部说："这些交易数据数量庞大，沃尔玛的大数据蕴涵其中。每周沃尔玛至少会介绍 6 种特色商品。"沃尔玛正在结合移动技术和大数据为客户创造新颖和迷人的购物体验，这一工作正在广度和深度两个维度上不断推进。

这家公司对已有的 App 进行了整合，在同一个 App 上能够基于客户是在门店或在自己家里这两种不同的场景，推送不同的热销商品信息。这款基于场景理念的 App 就像一张没有尽头的购物清单，或一个不知疲倦的推销员，以一周为单位，循环往复，周而复始。具备预处理功能的条码扫描仪、始终有效的标签等新的技术手段能够把全部商品加入到一个清单中，购物清单生成工作速度加快，质量更好。

沃尔玛公司的 App 具备位置感知功能，以电子围栏技术判断顾客是否进入零售门店，该公司全部的零售门店均已纳入电子围栏中。当顾客进入门店时，这款 App 自动进入门店模式，顾客在 App 上能够便利地获得商品清单，找到商品摆放的位置。

沃尔玛公司已将实体店销售数据、网上销售数据和其他数据源的数据进行整合，向客户提供的购物清单相比过去有了很大的改进。沃尔玛公司在移动 App 上介绍当前市场上的主要卖点，顾客选中一个卖点后，沃尔玛公司的这款 App 会向顾客推荐满足其要求的商品。沃尔玛公司移动、数据和全球电子商务领域的资深副总裁吉布·托马斯（Gibu Thomas）宣称："我非常关注如何为数亿顾客带来实实在在的好处，移动技术能帮顾客省钱，过更好的生活。智能手机已触及到生活的各个角落，人们不再把智能手机只当作通信工具，智能手机成为了生活中须臾不可缺少的一部分，"托马斯进一步解释道，"以大数据技术为杠杆，沃尔玛公司正在研发多种预测能力，根据沃尔玛公司顾客和其他公司顾客每周的购物数据，自动为沃尔玛公司的顾客生成购物清单。例如，一名沃尔玛 App 的用户正在电子产品销售区寻找一款价格在 20 美元以下的视频游戏，通过这款 App 声音搜索功能，这名顾客把自己的需求告诉 App 后，App 会向顾客推送所在门店价位符合要求的最热销的视频游戏清单。"

从另一个角度看，大数据技术可视为一台引擎，能够不知疲倦地收集大范围的各种数据，日积月累地提高学习能力。通过追踪客户对产品和服务的评价和实际销售情况，企业不仅能够对客户的需求作出预判，还可以尝试立即向这些客户推出产品和服务，如果响应者寥寥无几，说明企业当前的客户群并不青睐这些产品和服务。如果推出的产品和服务市场反响好，企业就要分析研究客户的特征。商业中一个非常有趣的现象是，客户分类和人口统计数据的一些分类方法有相似之处：女性（性别）、西班牙裔（种族）、18—34 岁（年龄段）、已婚（婚姻状况）、两个孩子（生育情况）和其他一些分类特征。尽管人们承认传统的人口统计数据有趣且有用，但随着经济和社会的发展，人们还是在客户分类中增加了与兴趣和行为相关的两项指标。应用大数据技术，基于这些新的分类标准，企业能够以新的视角分析研究客户的新特征。

指尖上的场景革命

Right-Time Experiences
Driving Revenue with Mobile and Big Data

总体上看，互联技术、移动网络技术和场景数据是三个支柱，是 B2C 和 B2B 商业模式有别于传统商业的原因。企业应用移动、大数据和云计算技术获知员工和客户当前的位置。零售商应用移动技术，在潜在客户做出选择的关键时刻，给出让客户心动的价格。移动、大数据技术和相关的解析学赋予企业组织对消费者行为的深刻洞察力，这是以前根本不可能做到的。B2C 和 B2B 企业用好这些信息，能够提升企业运营效率，推出受市场青睐的产品和服务，提高盈利能力。

许多企业应用移动技术的目的是与员工实时保持联系，但这不是移动技术应用最成功的地方，而是企业通过和潜在客户的对话，让客户认为自己企业的产品和服务最合心意。企业了解客户的情况、需求以及客户周围的信息，企业要向客户传递这样的信息：本企业的产品和服务能让客户的生活更轻松。

创造这些商业体验就是在创造企业和客户之间持续进行的对话，通过对话，赋予客户主动参与的角色，客户的消费是一种主动行为，而非通常的被动或无意识行为。极致体验追求的是长远效应而非一锤子买卖。在创造极致体验的过程中，企业综合应用场景因素、大数据技术和移动技术，形成一种吸盘效应，对客户产生强烈的吸引力，从而创造出新的个性化商业体验。从互联网时代的试衣间到手机购物，再到赋予在移动设备上完成 B2B 交易的能力，极致体验涵盖范围非常广泛。上述解决方案均体现了极致体验的要求，由于极致体验是基于场景要素创造的，极致体验达到了一种新的前所未有的体验水平。

第三部分

做好应对变革的准备

正如我们在第一部分所论述的那样，未来需要从现在起步。今天很多技术的发展正深刻改变着我们的很多行为方式。如今，我们可以随时随地地参与到任何一个即时通信系统或者任何一个商业贸易活动当中。此外，我们还可以随心所欲地在最合适的地点、最合适的时间、以最佳的体验感做成一单新生意，这种情况在目前的发展环境下是完全可以实现的，但在过去几乎是不可能的。新技术的发展与进步使得打破传统商业模式、构建全新商业行为成为可能。一些新兴的公司或者新的搅局者通过对传统商业规则的挑战，营造出全新的市场氛围。我们在第二部分详细论证了极致体验感在协调沟通、表示关怀以及商业贸易中的核心价值地位。那么接下来的问题就是，企业领导者在迎接商业新秩序的新世界时到底应该做些什么？

在技术一路高歌猛进、持续发展的商业新世界里，企业领导者必须与时俱进地更新他们企业的发展战略，以确保企业在未来市场上的持续领先能力：他们应该利用新技术更新商业流程（参见第 7 章内容），让公司做大做强；他们需要制定技术发展策略和实施计划（参见第 8 章、第 9 章的内容）；他们还需要致力于增强员工对公司核心价值的认同感和归属感，通过员工技能提升、员工关怀提升员工对公司的忠诚度（参见第 10 章内容）。

那么，第一个到来的挑战会是什么？又该如何来应对？

第 7 章　迈向极致体验要经历的三个阶段

企业领导者的职责是必须保持企业战略目标始终与时俱进，并能够跟上技术发展的步伐，还要确保企业始终向前看，时刻准备着使用新技术来改善企业内部效能。

我已讨论了移动技术、大数据和云计算如何改变企业的前景和发展方向的问题。这是一个人们尚未熟悉的发展新领域，要想繁荣发展或仅实现生存需要，企业需要制定业务流程和技术上的转型战略。制定转型战略的前提是不同行业的不同公司要深刻理解这些技术是如何提供企业发展新机遇的。我们通常称之为“无限可能的艺术”。高级管理者应该不断地问自己：“我们必须改变什么业务流程？我们如何在适当的时间为我们的客户、员工、合伙人、股东提供最精确的信息？这和我们今天所说的体验不同，因为市场中的消费行为与技术发生了变化。若我们没有利用好当前可利用的各种技术选择，其他人或公司就会利用，最后我们就会发现自己远离生机勃勃的充满发展良机的绿洲，被抛入荒无人烟的沙漠地带，而别人将会赚得盆满钵满。”

企业领导者必须为一系列情况制订周详的计划，暂时勿需花费太多的精力考虑竞争与风险到底来自什么地方。无论如何，企业领导者须大胆无畏并放眼经营多年的模式，以不受历史经验和熟知事物的束缚。企业也须确保其员工技能跟得上时代并定期评估新兴技术的潜在利益及其可能的风险。

如今企业面临的最大挑战是技术提供了机会，但如果我们要抓住机会，就需要改变我们既有的业务流程。例如，向移动技术转型不是简单地把现有的业务应用从PC机移植到移动终端更小的屏幕上那么简单。移动化意味着你必须对PC上运行的某些应用进行修改，或选定部分的功能进行修改，以适应移动设备上的运行环境。因此，应用开发者需要考虑数据显示、导航和总体功能在移动终端和PC上的不同要求，移动化真的不是PC应用生搬硬套到移动终端上这么简单。要真正利用移动技术，企业需要实实在在地改变其工作流程和业务流程。

市面上有很多书论述了社交网络催生的市场变化，因此本书不集中讨论这一点。为了解如何应对社交业务演变这一问题，我建议读者阅读沙琳•李（Charlene Li）和布莱恩•索利斯（Brian Solis）所著的书籍。本章中，我将讨论企业实现移动化的过程。我选择移动化和大数据作为论述重点是出于以下两个原因：第一，这可能涉及企业内部的每个应用与过程；第二，尽管支持业务实现移动化的技术仍属新兴技术，但是这项技术发展已到关键节点——企业需要制定支持移动化转型的战略。我注意到有许多方法可以使一个企业实现运营和服务的移动化，但没有一种方法可以适用于所有企业，世界上不存在包治百病的灵丹妙药。当企业踏上这段业务移动化的征程时，需要仔细考虑关系转型成败的几个基本问题。当然，大数据与解析学理论也是要关注的问题。在第9章中，我将会详细讨论在战略与技术层面上对大数据问题的思考。

实现企业移动化的计划包含三个部分：业务流程计划、技术发展计划以及员工初试拳脚/大展宏图的计划。我在之前章节中讨论了技术与员工的问题，现在让我们研究一下业务流程计划的两个关键要素，即移动化及其涉及的业务流程优先顺序的确定与流程再造。

定义移动化战略

颠覆性技术意味着一夜间便可推出全新的产品与服务。面对颠覆性技术带来的挑战，企业有两种选择：要么对抗发展大势，坚信一动不如一静；要么顺应潮流，抓住发展机遇。顺应潮流需要企业进行商业模式的创新，挖掘其中蕴藏的价值。弹性定价是一种商业模式创新，企业为找到新的创新性服务交付方式，需要实现应用、服务和工作流程的移动化。

企业认识到，只有在移动设备上运行现有工作流程与应用后，才能全部收获移动化为企业运营创造的价值。仅将当前的流程实现移动化为企业创建价值是不可能长久持续下去的。实现当前流程的移动化只是创造极致体验的第一步而已。企业应利用移动技术与物联网设备提供的独一无二的优势，比如位置信息、信息交互、在线状态和传感数据，实现业务和服务流程的转型和升级换代。

尽管企业管理者可能正在获得人力资源、客户关系管理与市场营销相关的应用程序的云服务，但是他们需要IT部门的参与，以创建云应用与企业数据之间的联系。不过，在IT部门着手制订技术计划前，业务部门领导者应与IT部门合作确定企业衡量移动化成功最重要的指标。

没有周密的计划就没有企业的成功，这已是老生常谈了。毋庸置疑，这样的道理对企业的业务流程移动化工作同样适用。2013年，许多企业移动化战略外表光鲜无比，但是在洛佩兹研究机构2014年第一季度调查的企业中，只有57%对移动化战略做了定义。如果没有移动化战略，企业是无法从移动化应用开发工作中获得最大的利益，创造极致体验就是无本之木、无源之水。没有制定战略的企业该怎么办？

定义企业需求

企业需要制定与企业总体战略相符的移动化战略；否则，移动化战略就不能成为企业价值的创造者。在企业实现移动化过程中，移动化战略需确定企业哪些关键的经营目标要赋予最高优先级，移动化应用与服务如何帮助企业达成其经营目标。

所有企业都想增加营业额与利润，但是在每一年，企业通常都有一系列竭尽全力达到的具体经营目标和关键绩效指标——增加总利润、降低客户支持电话呼入量、提高销售成交率。只要能够实现这些目标和指标，企业就可以集中力量实现部分需求项目：在“必须有”和“想要有”之间孰轻孰重的选择上必然有一番角力。毕竟，树立远大目标无可厚非，确定符合发展潮流又能付诸实施的目标，企业是需要下一番工夫的。

企业要定义实现移动化的目标

移动化战略的第一部分是定义需要实现移动化的应用、服务和工作流程。尽管有人会辩称每个业务流程均能受益于移动接入，但是与某些工作流程相比，其他的流程会获益更多。业务流程转型问题不跑偏取决于企业要了解在移动状态下，员工需要做哪些工作，客户有哪些服务需求。员工和客户期望什么样的 App 或服务，员工和客户期望应用或服务的哪些功能移植到手机或平板设备上，企业在制定移动化战略时对这些必须做到了如指掌。

同样的应用和服务，员工和客户在移动终端和电脑上的体验是截然不同的，了解这一点同样关系到移动化战略的成败。在移动终端上，由于屏幕尺寸受到限制，在电脑上大行其道地通过浏览方式查找内容和执行任务的使用模式根本行不通，相反，开门见山、直奔主题的使用方式是平衡极致体验和屏幕尺寸矛盾的利器。有时，人们需要通过移动终端查找一些具体的信息，例如 ML-6523 零件存货、新加坡航空公司 304 航班飞行情况或公司地址与电话号码。

应用移动化的最大挑战之一是创建一个人见人爱的应用。IT 部门千辛万苦创建了应用，员工和用户却弃之如敝履，这就是企业应用移动化最可悲的失败。尽管解析学理论对于了解哪里出错十分关键，但是人们仍希望在应用移动化起动阶段就能将问题范围和程度降到最小限度。IT 部门应和业务线（LOB）管理者直接密切合作，了解如何区分这些应用实施移动化战略时的优先顺序以及应用移动化时应涵盖哪些功能，毕竟移动化战略不是将电脑上的应用原封不动地照搬到移动终端上来。企业早前所犯的错误之一是，衡量移动应用和服务成败与否，同用户输入信息量划上等号，越少越好，最少就是最好。在企业重新设计他们移动的应用为用户提供极致体验时，IT 部门与应用开发团队应对用户群做出定义，与目标用户合作确定应用的开发方向和功能要求。

实施移动化战略的正确方法之一是从软件供应商处购买这些应用的移动版本（在软件供应商提供移动版本时）。若软件供应商没有提供移动版本，则企业可以选择将运行在电脑上的应用的部分功能实施移动化战略。例如，企业可以在移动终端上提供产品从订货到交货生产周期及当前库存量的查询功能，销售与供应链管理者不在办公桌前也可回答相关问题。企业可以从提供微应用开始，提供价格与折扣率信息。例如，市场上有现货供应，企业购买现有应用的移动版或 SaaS 应用也不失为实施移动化战略的捷径。但是，对企业而言，实现应用移动化最可取的方法是创建工作平台式的应用，这一平台的数据源自多个应用和数据源。人们将这一模式称为创建与后台系统相连的综合应用。这些综合应用有助于人们在移动设备上完成工作流程，同微应用相比，提供更加丰富的信息和更多的功能。开发综合应用要克服许多技术挑战。挑战重重，在处理其中的任何一个问题前，企业要集中资源聚焦需要实现移动化的应用，修改业务流程纳入适时适地的场景要求、跨设备访问能力以及更有效分析数据的能力。

为了做到这点，IT 部门应和 LOB 领导人合作定义需要实现移动化的项目。企业的内部 IT 部门或应用团队将创建一个满足需求的定制应用或雇用外部技术团队开发这样的应用。在这个方面，渥太华医院做了颇有价值的探索。医院实现了无纸化医疗，同时将服务流程向前推进了一步。这家医院创建了一个称为临床移动的专用于医院内部运营的 APP。通过应用这款 APP，内科医生在日常工作流程的三个主要方面体验到了移动化创造的工作便利：存取患者的临床治疗病历，查看 X 光和 CT 扫描等临床影像，为患者预定临床检验项目和开处方药。利用平板设备和这款配套的 APP，医师可拥有全部患者的完整医疗记录，能够立即诊断患者的病情，制定处置方案。据渥太华医院估算，应用这款 APP，医师免除了在患者和 PC 机之间来回奔波收集患者资料之苦，每天大约可节约两个小时的临床护理工作时间。

移动化战略部署工作应当从何处起步？合理的答案是：实现数据实时采集和访问是企业踏上移动化战略旅程的起点，包括人们熟悉的更新用户记录和处理销售事务等工作，这一案例凸显了这么做的合理性。在很多情况下，这些流程移动化可以直接带来明显的投资回报，渥太华医院就是受益者的样板。对员工当前通过台式机登录的系统实施移动化战略，公司可以缩短销售周期、提高数据质量，进而提高客户满意度，提高企业竞争力。

确定应用程序和工作流程在移动化战略中的优先顺序

如果某家企业有成百上千个应用，想最终都实现移动化部署，企业就必须根据企业运营目标，确定开发资源投放的先后顺序，平行推进、眉毛胡子一把抓的做法是移动化战略的大忌。IT 部门和应用开发团队应定义各项应用的目标用户，移动化战略犹如一出大戏，精准锁定目标观众就成功了一半。应用的目标用户范围广泛，包括客户、员工、合作伙伴或股东组成的某种形式的联合体。完成目标用户定义工作后，IT 部门和应用开发团队需要同企业领导者坐到一起确定应用移动化的优先顺序。企业需要对拥有的各类资产进行价值评估，员工、合作伙伴和技术都是企业的资产。

IT 部门应确定员工是否具备分析、设计和部署移动解决方案的必要技能。移动化战略要求员工具备很多方面的技能，从无线网络到移动应用开发。企业内部不乏满足个人计算机软件设计的广泛资源，但是很多公司缺乏具备移动领域如应用程序开发等方面技能的人才，这是企业的一个共性问题。

尽早且尽可能多次地重新评估。企业应该定期重新评估其战略计划，这已经不是什么新鲜概念了。对于任何战略计划，尤其是属于移动领域的战略规划，建立动态规划并持续更新的确是一种挑战。事实上，对于很多企业而言，首先应对的挑战是建立移动化战略。在人们熟悉的技术周期理念中，长期的 IT 战略计划一般周期为五年。根据洛佩兹研究机构 2014 年第 4 季度关于“企业移动化基本标准”研究报告透露，45% 的 IT 领导人期望每两年更新一次公司的移动应用战略。鉴于移动应用领域瞬息万变，我认为企业应该每年重新评估一次其战略。

明确风险并接受一定的风险。面对不断发展的技术，企业领导者必须不断更新组织战略，确保企业不断前进，并采用适当的技术提高内部业绩，规避风险。企业大多会关注这样一种风险，即存贮有价值信息的智能手机等设备的丢失。其他风险可能还有向 Dropbox 等云服务上传更多数据，企业需要保证这些服务安全可控、遵守条令和规定。第三种风险是新技术服务在初期可能不可靠。例如 Google Apps 和 Mail 等提供的企业电子邮箱云服务，可能会出现数小时的服务中断故障。

企业必须问自己，什么样的运行或服务中断是可以接受的？企业能否在人力资源 App 出现问题时照常运营数小时？大多数企业是可以忍受这类故障的。电子邮件系统瘫痪一整天，企业运营能否维持下去？大多数企业可能无法承受这样的故障。这类故障到底有多么严重，其影响不能一概而论，这将取决于企业的具体情况。金融交易商能否数小时不用交易平台呢？绝对不行。在新的运营环境里，企业要制订风险防范计划，并对忍受一定程度的风险持积极乐观的心态。需要强调的是，适应新的运营环境对企业存在一定的风险，但是故步自封、不愿冒险、幻想以静制动逃避决策的企业会面临更高的风险。例如，一家企业越晚实施移动化战略，越有可能会导致员工自行使用第三方的移动应用。这会将公司数据置于更加危险的处境，因为企业对第三方的移动应用缺乏了解。

其次，人们需要构建体验时，要根据设备的不同特点来考虑体验存在的差异性。例如，一名员工可能想在智能手机上浏览某一文件，但是不做编辑。她可能需要在平板电脑上进行浏览和编辑。由于设备尺寸小，人们可能会产生此类设备只有快捷操作需求的错觉。这确实是一种错觉。员工可能需要在平板电脑上获取最新销售数据。如果数据出现错误或有可疑之处，员工需要通过平板电脑详细研究数据出现问题的原因和咨询他人。这一切都是在员工处于忙碌状态时完成的。即使平板电脑不是笔记本电脑，用户还是经常想要将其作为笔记本电脑使用。我们需要了解移动终端的使用场景，根据使用场景的需求确定哪些应用程序和工作流程应该优先实施移动化战略。移动终端设备的使用场景是移动化整体战略计划的一部分，企业需要做前瞻性的思考，移动终端设备会不断升级换代，最终能够处理企业运营中方方面面的事务。

企业需要实施本书所提倡的开放设备战略。人们通常认为制定设备战略是一件非常艰难的工作，其实设备战略本身并不复杂，移动终端升级换代非常简单，而且更新很快，经常是你方唱罢我登台。我们无须针对每种终端设备推出应用版本，因为六个月内，设备就会过时。企业需要制定一项技术规划，以便在安全可控的情况下使自身的移动化战略能够支持多种设备类型和多种操作系统。

总之，一旦我们确定了前进方向，决定了我们需要做的事，便要去构筑支撑战略大厦的技术支柱，其中包括安全和管理工具、应用开发工具和内容管理工具，这也是我将在第 8 章中讨论的企业移动化管理（EMM）软件大显身手的舞台。EMM 会帮助企业管理和保护设备、操作系统和应用程序。此外，要想用好 EMM，企业还需要配套制定移动应用开发战略和一套开发工具。

即便企业制定了移动化战略、制定了技术规划、构筑了实施战略的技术支柱，一切也都仅仅是漫长征程的开始而不是终点。当然，企业在定义流程和技术战略之前，已经推出了移动应用。不过，很多企业在推出移动应用上既浪费了时间又浪费了金钱。如果企业现在开始实施移动化战略或在更多方面进行努力，打下良好的基础将铺就企业实现预期目标的康庄大道。

拥抱新技术，更新老系统

我一直在宣扬这样一种观点，实现极致体验是一次转变，会触及企业的各个方面，需要改变企业的管理架构、日常工作流程和支持企业运营的各个系统。企业需要更新现有系统，接受新技术。此外，企业还需要制定管理规划，使员工适应新的管理思维、适应新的市场形态和竞争要求。

企业正全力解决业务发生颠覆性变化的问题，而许多执行层面的管理人员相信，技术转型是解决该问题的第一步。技术的确是实现这一转型的关键一环，但它并不是企业应该关注的第一要务，第一要务应该是确定自己的目标到底是什么，对目标做出清晰的定义才能有的放矢地选择最合适的技术实现目标。我在前面的章节中曾说过，企业只有在运营模式上作出改变，才有可能创造极致体验。在市场出现颠覆性变化时，如果企业继续固守当前的许多业务流程，流程错误、不全或流程在新的市场环境中应用困难等问题会成为企业挥之不去的梦魇，这些流程涉及客户服务、为员工和合作伙伴提供信息等。

因此，一家企业的首要任务是再造其业务流程，以便在移动世界中发挥有效功能。但在移动世界中发挥有效功能究竟指的是什么呢？为什么这很重要呢？之前的世界和移动世界之间的第一个区别是计算能力已经发生了改变，它不再是局限于一个单一的目的地，如办公室的桌子上；也不只局限于单一设备，如台式机或笔记本电脑。移动化战略绝不是只需要将智能手机和平板电脑等移动设备添加到公司系统支持的设备列表中（尽管这是必需的）这么简单。

当前的计算能力定义是：将各种具有传感器并且能够连接到互联网的不同对象进行互联。我已经讨论过目前安装在风力发电涡轮机和停车场的传感器对企业运营和客户服务有怎样的价值。事实上，计算能力的本质是更加自然和直观。英特尔称之为“感知计算”，它是指给计算机的大脑添加感知，使计算更加直观。人们在当前有了触摸的理念，但这指的是使触摸、声音和手势成为更加自然、直观、如身临其境般逼真的体验的概念。这意味着将来的应用程序是多感知型的应用，可以是设备感知型、感觉感知型、位置感知型和网络感知型，只有这样的应用才能提供极致体验。

如何实现设备感知和感觉感知

简单地在配置 4 到 5 英寸屏幕的移动终端上运行应用程序就能实现设备感知和感觉感知吗？真的不能，事情没有这么简单。在新的移动 + 云计算环境中，人们要做到在用户使用的任何终端设备上完成工作。人们期望可以在多个设备应用同一款 App，使用同一种服务，并且在从一个设备转移到另一个设备时能够继续完成工作。消费者希望使用多个设备来完成相同的任务，希望自己能在一个设备上开始一项事务，而在另一个设备上完成它。这意味着应用程序必须支持在多个会话之间实现数据持久性的概念。例如，想象一下这样的场景：客户想要在智能手机上开始结账，而在 PC 上完成结账。也可能存在这样的场景：一个知识工作者在平板电脑上开始文件编辑但想在笔记本电脑上完成文件编辑工作。场景存在无数种可能性，意味着存在广泛的应用和服务跨设备无缝运行的需求。

移动化战略成败的关键在于，当人们能够使用多个设备接入系统时，不同设备上的应用程序或服务能够自动更新，并且信息能够自动同步。云存储创造了这样一种前景：每个人的数据将不完全存在于一个实体设备如 PC 机或一个物理场所，如办公室或自己的家。当云存储的概念和便携式可联网的移动设备联合发力时，人们可能期待出现这种场景：不论用户身在何处，接受服务和获取数据都如探囊取物般简单。

例如，Evernote.com 是一个应用程序，允许用户将视频、音频、文本等形式的信息从任何地方收集汇聚到一个地方。信息可以是多种形式，如文本、网页、文件、快照等。Evernote 程序可在 PC 机、平板电脑和智能手机上运行。使用 Evernote，你所有的笔记、网页收藏夹、文件和图像都可以在你使用的每台设备和计算机上使用。这款应用会在用户的所有设备上自动同步这些文件，所有设备的信息都是一模一样的。在商业应用场景中，每位同事可以受邀使用一个或多个安装了 Evernote.com 程序的移动终端——这样的终端可以称之为“商务笔记本电脑”，一位同事共享的内容会自动出现在其他同事的 Evernote 账户上，用以支持在同事间开展协同工作，或者员工可以发布自己的内容，在整个公司内实现信息共享。

Dropbox.com 和 Box.com 是信息共享和同步服务做得不错的两个应用范本。用户应用这两款 App 能够存储文件、更新文件以及在多个设备间自动同步数据。App 在多设备上运行和数据在多设备之间自动同步的要求已在消费者业务中实现，但尚未在大多数企业应用 App 和服务中实现。在考虑开发企业 App 的移动版本时，开发者必须实现 App 跨设备运行、数据跨设备同步的要求，这些设备包括人们熟悉的个人电脑、智能手机和平板电脑。正如我在前面章节中所指出的那样，实现这样的要求着实是个挑战，因为谷歌的 Android 系统、苹果的 iOS 系统、微软的 Windows 系统以及其他更多的操作系统对不同平台存在天壤之别。

设备感知是指应用程序和服务能够识别设备内置的传感器类型或设备具有哪些功能。设备感知能力处在英特尔定义的感知计算的初始阶段。这意味着企业不仅需要考虑屏幕的尺寸，还需要考虑数据输入机制的类型和这些设备中使用的传感器类型。软件行业和企业构建的自定义应用程序只是构建触摸应用程序的开端。今天的每部智能手机内置的传感器平均超过 15 个，提供从定位到移动的一切信息。大多数公司目前只对定位进行设计，通过使用内置的其他传感器，智能手机能力的提升空间非常大，大大增强了手机让用户欲罢不能、爱不释手的应用体验。消费者的应用程序，特别是游戏，已经开始利用定位以外的传感器来输入数据，但企业的应用程序鲜有这样做的。

重新设计现有的业务流程达到极致体验的标准需要考虑诸多要求，其中一个要素是创建最好的导航功能。触摸功能已在电脑和智能手机中应用，语音识别在 2013 年开始获得关注。根据不同的应用场景，可以使用键盘输入信息、触摸屏幕来选择字段或者在设备上进行语音搜索，各种功能都会找到发挥自己一技之长的用武之地。

手的移动、眼动追踪、摇晃、点头等动作姿势，将成为通用导航系统的部分参数。还记得我在第 4 章对谷歌眼镜应用的讨论吧？回想起来，在发展的初级阶段，智能手机吸引用户眼球的地方在语音操作功能，手机能听懂用户的语音命令。例如，摩托罗拉的 Moto X 智能手机配置了一个听取语音命令的专用麦克风，三星某些型号的智能手机有眼动追踪的功能。智能手机和其他设备将通过整合来自摄像头、麦克风和其他传感器的数据来持续监测用户身处的环境和场景信息，在用户周围的环境和场景发生改变时，手机能够作出智能反应。

英特尔提出感知计算的理念是为了通过动作和声音赋予用户更好的控制能力。当前，要考虑的动作广泛而全面；未来要考虑的动作会减少。三维相机会逐步成为智能手机、平板电脑和 PC 的标准配置。想象一下，这可能会给易趣网等零售企业带来多么大的改变。我可以把我想卖的东西拍成三维图像。语音识别软件对用户口音的辨识能力会更高。我们可以这样说：“今晚想吃中国菜。”我们的设备将识别我们的位置，找到美国最大点评网站 Yelp 上的中国菜的推荐建议，通过社交网络，如 Yelp，搜索中国菜的建议，设备屏幕上几乎立即会为用户显示出一个推荐列表。再举一个语音控制的例子，我们可以问我们的设备：“今天我需要带雨伞吗？”接着就会收到一份可靠的天气预报。

这种理念蕴涵着未来服务的巨大改变。想象一下，支持手势和语音的应用程序会解放用户的双手，这是多么令人心驰神往的场景。信息免提和平视显示器方式传达，使制造业、医疗和许多其他许多领域都成为受益者。汽车制造商已经开始在新车中提供语音识别和平视显示功能。

企业必须睁大眼睛，千万不能错失具有潜在发展前途的技术，让未来的成功和自己擦肩而过。今天这种技术在人们的眼里也许是荒唐可笑的。技术的发展一日千里，也许今天看起来愚蠢无聊的技术，一年半载之内就会有华丽的转身，成为大家追捧的对象。在重新设计运行在下一代移动、可穿戴设备和 PC 中的 App 时，企业应该知道合适的导航方式事关 App 的成败，企业必须明确什么样的导航方式才能满足各种各样的 App 的需要。在各自的领域里，只有高瞻远瞩、大胆想象、敢于创新的管理者才能应用这些潜力巨大的技术优化提升现有的业务流程，这样的管理者成为行业的引领者就是顺理成章的事情了。

如何实现网络感知

无线网络的触角向各个方向延伸，变得无处不在，但是企业在设计应用程序时，不能奢求其客户和员工能够随时随地接入网络。这就意味着，在用户网络连接中断期间，IT 部门设计的应用程序应具备储存数据的能力。即使在只有部分时间可以连接到网络的情况下，企业的业务流程也必须持续运行；即使始终都可以连接网络，企业在设计应用程序时也必须考虑到网络质量问题。当用户处于移动状态时，移动终端附着的网络处于变化之中，经常在高速的 4G、3G 网络和低速的 2G 网络之间反复切换。如果应用程序在设计时没有考虑到这一点，当用户到处移动时，由于网络质量起伏不定，传输速度忽高忽低，应用程序可能出现运行不畅，甚至崩溃的问题。

一些应用程序，如语音和视频，都对端到端的服务交付延迟非常敏感（技术上称为时延）。如果网络堵塞，像高峰时段的高速公路那样，视频或音频数据就不能及时传送到接收方。消费者和员工压根不愿意使用一个运行不佳的应用程序。

IT 部门必须有适当的系统做支撑，确定用户正遇到什么样的问题。企业需要监控软件，以帮助客户服务人员能够清楚地知道问题出在哪儿、应该如何解决该问题。例如，当用户打电话申告问题时，企业必须有软件可以识别问题出在什么地方，是电信网络问题、设备问题，还是应用程序问题？企业实施移动战略时，服务管理是客户服务中心轻松处理复杂客户支持问题的基础和关键要素。

企业没有针对新的网络连接需求制定连接规划。在 PC 机为王的时代，企业根据网络连接规划购买远程接入服务，使员工离开办公室后也可以连接到互联网继续处理公务。当前，员工使用各种不同的智能终端，但大部分网络连接规划都不涉及智能手机办公解决方案，不能为漫游员工提供任何网络连接。为满足移动终端和物联网应用要求，企业需要修改网络连接和安全管理模式。在网络连接规划方面，企业要做到未雨绸缪，提前做好网络连接带宽和质量方面的计划工作，满足数据大量增加及部分数据需要实时处理对网络连接的需求。在 2014 年的思科 VNI 报告中，思科公司预计，2018 年全球移动 IP 年流量将从 2013 年的不足 18 艾字节上升到 190 艾字节。报告还指出，IP 视频将占所有流量的 99%。为支持多种多样的设备接入网络、支持处于漫游在外的员工远程接入网络，企业首席信息官制定的移动战略应该支持一系列无线连接选项，包括 WLAN、蓝牙、3G 和 4G 连接，根据网络覆盖和网络质量选择合适的连接方式。

如何实现位置感知

在过去的三年中，智能手机和平板电脑装载的许多消费者应用程序已开始输入设备内置的 GPS 模块捕获的位置数据，但大多数企业应用程序没有这样做。唯一的例外是在交通运输和现场服务行业，其中为车辆行驶提供最佳路线、为服务请求提供工作流程的软件已问世多年。即使是在零售行业——这个讨论定位最多的行业，定位服务也是相当不完善。商家可能知道客户在附近，或者客户进入了大楼。但是，它不知道这名客户的具体位置，也不知道客户为什么要停留在某种商品销售区。发掘消费者蕴藏的价值，释放员工的潜能，为企业创造最大的收益，关键在于要了解这些数据反映的场景信息，不仅要知道客户停留在什么位置，更要知道客户此时此地的需求是什么。

企业创建其流程时要考虑诸多场景元素，位置是关注度最高的元素之一，因为位置信息可以用于实现流程自动化和触发实时通信。在服务类业务中，定位信息可以用于自动跟踪电子考勤卡，了解服务维修人员在客户现场停留的时间，或用于提醒销售人员，在其下一次会面的两公里范围内有多个客户。在消费类服务中，位置感知功能可以告知用户，附近是否有自己的朋友，或根据用户之前到过什么地方，判定附近是否有用户可能有兴趣去游玩的地方。

在极致体验创造过程中，人与物的位置信息能够改善工作流程和提高对员工与用户的吸引力。当企业重建其应用时，应该考虑定位信息是如何改变一个应用流程或服务流程的问题。例如，企业可以重新编写应用，以便正在国外的数据网络上漫游的员工能通过 Wi-Fi 网络下载最新培训视频。或者，从安全管控角度出发，当员工或客户出访国外时，禁止访问某些财务数据。显然，实施这种安全管控要求会涉及到位置信息。为满足上述基于位置的应用、流量和信息安全管控要求，IT 部门设计的应用要具备采集和分析位置信息的功能，具备根据位置信息实时或近乎实时作出反应、实施行动的能力。重要的是，企业和 IT 部门应确定哪些应用会受益于位置信息，如何应用位置数据改变工作流程。

定位不仅仅是为了人，也是为了资产。人们可以利用 Tiles 跟踪自己的密钥或利用 iCloud 跟踪一部丢失的 iPhone。石油天然气公司可以跟踪设备在矿区的移进和移出，还可跟踪在潜在危险区作业的员工及其他人员，确保他们的安全。定位将成为大部分极致体验的关键组成部分。

操作简单

除了上述几方面外，由于客户和员工操作更加方便，所以极致体验将不同凡响。多年以来，人们一直在探讨更好的用户体验。如今到底发生了什么变化呢？客户们拥有了自己喜欢的应用。他们可能已开始体验一些简单的应用，但其中有许多应用提供了一系列丰富的功能，并能令用户感到心满意足。想想一些航空应用吧。人们可以在其手机上选择座位、获取登机牌、提前购买日后旅行的机票，并能复核自己的操作。这不仅提高了航空旅客的生活质量，还提高了航空公司的服务质量。

从此再没有托词可找了。例如，人们可能会说“噢，这只是个简单的消费应用”、“那只是个游戏应用”或“如果我们无须把它与我们的既有软件整合到一起，那么我们就可以使用这个应用”。第一，这些应用不是简单的应用，许多相当复杂；第二，其中许多应用与企业资源规划（ERP）、供应链管理（SCM）和财务模块等既有后台系统相连。

即便在消费类的应用中，对企业来说创建让客户着迷的应用充满挑战，真的不是稳操胜券的事情。许多移动应用有下载量，但能否持续使用也是一个问题。Localytics 是一家移动分析数据提供商，其在报告中说，只有 34% 的应用每年能够打开 11 次或以上。企业必须给客户一个令人信服的理由，他们才会下载其移动应用。该应用必须操作简单，且具有传递价值和互动的特色。无论哪类公司，用户体验都是较难把握的事情。

当前，客户和员工属于不同的群体，期待各不相同。他们不想要经过很多步骤才能感受到的体验。他们想要的是干脆利落、畅通无阻的交易和互动。毕竟，企业提供极致体验的一个目的是，不仅要在适当的时间提供适当的信息 / 报价 / 提示，还要让客户和员工感到信息消费越来越容易。

为改善用户体验，企业流程需要进行改革。通常，人们把用户体验描述为一个装置或应用上的图形界面，但一个好的用户体验，需要的不仅仅是制作漂亮的外观。极致体验就是在需求产生的时间和地点，及时准确地提供有效适当的信息服务。按照极致体验的标准，流程和工作流要快速流转，操作直观，进度一目了然。如果流程崩溃或不能处理新的需求时，在 PC 机时代，发生故障时，用户还要费劲地找到维护人员修复故障。这种方式俗称“步行者网络”（Sneakernet），维护人员携带光盘、U 盘甚至软盘到现场完成故障处理，这是互联网和企业内联网在故障处理工作方面大显身手前的景象。这种故障处理方式存在严重的局限性。当一个人想在凌晨 3 点使用一个应用时，这时咨询台已经关闭，如果出现故障，处理起来就不那么简单了。想象一下客户服务的场景，当客服人员正在与另外一个人进行交流提供服务时，客服系统出现故障，继续用派遣维护人员到现场处理故障的方法显然已经过时了，对企业的运营和服务会造成致命的影响。

用户是不会希望在一个应用中需要浏览五个页面才能找到某个问题的答案，而对于同一问题，在另外一个应用中再浏览另外五个页面时找到的答案竟然不一样。这样的景象在 PC 时代普遍存在，见怪不怪。员工在一个采购应用中必须浏览多个页面，才能找到一个产品的统一编号（SKU）。找到产品统一编号后，员工需要再登录供应链管理系统，查看是否备有现货。如果无现货，这名员工可能不得不进入第三个系统，在几个页面之间翻来覆去地筛选，努力寻找一个替代产品。找到替代品后不意味着万事大吉，员工要提醒客户供货的产品有变动。如果客户认可产品变动，该员工需要回到之前登录过的同一系统或一个新系统下订单。这种情景和前面章节中讨论的企业内部信息沟通存在壁垒问题非常相似，大量的系统独立建设、管理呈烟囱状，缺乏信息流动和交流的渠道和机制。在新的移动世界里，系统必须相互连接融合为一个整体，各个系统继续像存贮谷物的筒仓高高耸立、老死不相往来，对创造极致体验简直就是一场梦魇。

企业制定的工作流程应该与员工和用户的实际工作、生活和娱乐休闲需求高度匹配。用户，无论是一个客户还是一个员工，都期待几次点击就能获取问题答案。尽管用户不希望一个应用丑陋没有特色，但是他们希望该应用简洁、能够帮助自己发现信息或完成一笔交易。世界已进入一个几乎能够及时满足任何需求的时代。遗憾的是，目前极少有企业的 IT 系统会遵循这样的理念，沿着正确的道路前进。因此，创建极致体验成败的最大潜在因素，就是企业要确保流程沿着正确的方向、以正常的方式流转。操作简单就是用户能够理解下一步需要做什么及怎样做。重新设计流程时要有结果导向的意识，成果决定成败。企业不应把应用看成是一个独立存在的实体，而是把应用看成是若干个小物件串起来的完整的工艺品，环环相扣，谁也离不开谁。此刻，用户想填写一个表格。稍后，该用户可能需要搜索产品的特色。用户在同一应用完成这些操作、得到期望的结果，极致体验感离企业和用户还远吗？

创建便携式商业服务

我在前文列举过 Evernote 和 Box.com 两个例子，移动和云计算将改变应用和流程的架构方式。企业不应把服务捆绑到某台装置上才能办理或只能在企业的营业场所提供服务，员工应能够在多个装置（例如，智能手机或平板、电视等连接屏）上和多个位置（例如，酒店、家里、咖啡店或客户办公室）安全地访问公司的服务资源。移动终端是智能的，有了虚拟化和云计算的支持，使实现软件与硬件及物理位置分离成为可能。这种不可思议的场景成为现实的一个例证就是 SaaS，SaaS 应用允许员工通过互联网连接到应用上，而不是创建一个安全连接登录公司总部的系统。因为该连接不是直接回到总部的系统，所以闯入者不太可能侵入公司的整个网络。

无论应用是位于云中还是公司总部，数据安全仍然是企业运营中最重要的议题。因为员工能够从多个位置，在任何数量的装置上访问潜在的敏感数据，所以企业必须拥有多种验证访问合法合规的方式，即验证访问该数据或应用的人确实是本企业的员工，且该员工有访问这类数据或服务的权限。为此，员工必须应用多种身份鉴别方式证明其身份。例如，员工可通过用户名和密码登录，系统同时要求键入一个验证码。而该验证码以短信形式发送到员工在系统登记的手机上。

身份识别解决方案——查验员工身份并阻止未经授权的访问的能力——将成为实施移动化战略和创造极致体验成败的关键。身份识别解决方案应提供一点登录验证服务，这意味着用户只需输入一次其安全信息，便能无障碍地访问多种应用。如果可能，身份识别解决方案还应包括联合身份管理（FIM）。在集团下属的多个企业之间可以采用这一解决方案，用户通过同一身份识别数据可以访问集团中所有企业的网络。

联合身份常用于B2C（企业—消费者）服务中。在这些服务中，联合身份管理（FIM）系统在合作伙伴之间传送授权信息，信息传送使用安全声明标记语言（SAML）或一种类似的可扩展标记语言（XML），从而允许一个用户一次性登录后，即可获得授权访问附属于集团但彼此独立的网站或网络。人们已开始看到B2C服务将社交网络账户集成到身份验证系统中，如Facebook的用户名和密码，作为登录网站的一种方法，无须网站为用户生成专门的密码。例如，如果一名客户想要在亚马逊网站购物，可使用Facebook账号登录。美高梅大酒店也允许客人使用他们的Facebook认证信息登录酒店的无线网络服务系统。

有发展雄心的企业必须升级身份识别解决方案，支持向使用多设备访问网络的人员提供授权，支持新的物联网设备和企业的各种系统实现互联。这些升级的身份识别管理系统必须在可用性和安全性之间找到平衡点，力争鱼与熊掌兼得。我期望该领域在接下来的三年中能够出现许多新的解决方案。

迈向有极致体验的移动化商业

正如第2章论述的那样，企业不会一夜之间就能为员工和用户创造极致体验，只能一步一步稳扎稳打地创造极致体验。企业需要制定创造极致体验的阶段性目标和要求，否则企业会一头扎进毫无胜算的困境中去。通向极致体验的每个阶段均要形成新的能力，让企业收割果实，在接下来的三到五年中，我预计企业会经历三个阶段才能置身于极致体验的境界。

1. 扩展现有业务流程。扩展是最简单的阶段。在这一阶段，企业审视当前全部或部分应用和服务，将符合移动化战略目标的应用程序和服务的部分功能移植到移动终端。在这一阶段，人们可以应用云计算、授权管理和 SaaS 等技术或服务，或者可以在微应用上运行当前工作流程的一个子集。在扩展阶段，员工可应用移动终端随时随地获取数据，在实施移动化战略前，这只能是一种愿望。我把这称为企业的效率 / 生产力收益。

2. 增强现有流程。在增强阶段，企业开始考虑在移动、云计算和大数据的环境中能够做些什么与众不同的事情。企业希望不断提高效率，于是致力于通过移动技术、大数据和解析学成果改善业务流程。企业能获得什么新数据或功能呢？是的，位置、摄像头和传感器数据等场景数据已走上大显身手的舞台。在增强流程阶段，企业不仅扩展了现有业务流程，而且开始改变这些流程，引入场景数据元素，企业可以生成这些新型数据，并将这些数据转化为企业的运营知识。

3. 用新流程实现业务转型。在转型阶段，当企业对扩展阶段和增强阶段的成果感到满意后，会寻找实现产品和服务升级换代的方法，他们通过移动技术、大数据和解析学理论实现业务转型并创造竞争优势，为更多的消费者、员工和合作伙伴创造极致体验。在第三阶段，企业通过相互连接的设备应用新的工作流程，推出新的产品和服务，企业在经济上的收益是非常高的，这样的经济效益在过去也是不敢想象的。在这一阶段，企业实现了产品和服务的升级换代，完成了企业转型。

回顾一下零售业在创造极致体验的三个阶段发生了什么事情。过去，企业向零售商寄送印有产品照片和产品展台布置示范方法的硬纸板，现在，企业通过平板设备向零售商发送一段视频，展示如何通过产品不同的组合完成产品布展工作；以前，零售商要以某种方式向企业证明产品展示完美无缺，现在，零售商可在产品展台前拍摄照片上传给供应商。或者，员工可制作一个新设计方案并上传到管理层。无纸化是拓展流程的一个范例，视频对流程起到强化作用，而上传门店自己的设计就是流程强化和和转型的例证。图 7—1 沿垂直方向列举了三个不同阶段的几个范例。

创造极致体验从何处着手取决于几个要素：可用的 IT 资源、创造极致体验需要的时间和每个项目要求的投资收益。企业领导者必须考虑可用的 IT 资源并了解执行极致体验战略需要投入多少时间和资金。大多数企业的 IT 和财务资源有限，在一夜之间对全部必要的流程进行重新设计和实施移动化战略是不现实的，毕竟这是一个理想丰满、现实骨感的世界。

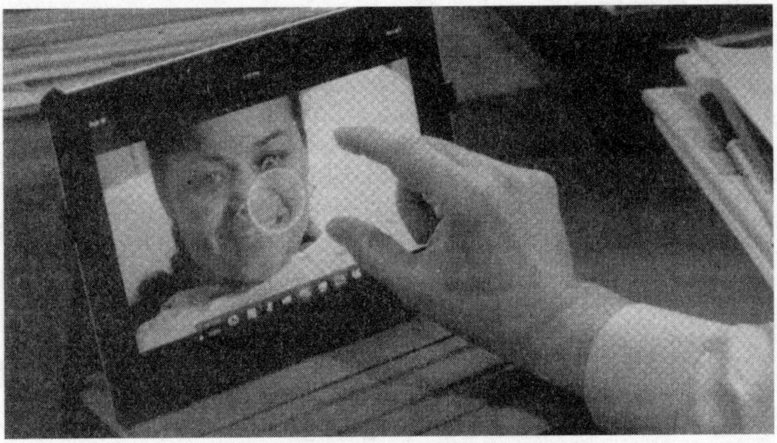

图 7—1 发展到 RTE 的三个阶段的示例

企业创造设计极致体验工作要分阶段实施，是由于 IT 和财务资源有限所致。分阶段实施的理念将帮助企业明确哪些工作已经卓有成效，哪些工作需要改变，以赢得最佳的成功机会。企业首先应确定企业致力完成的具体目标、当前移动管理和开发战略的成熟度、以及为了达到下一阶段而需要投入的资源。

阶段 1

在阶段 1，企业要创造效率，节约成本或提高生产力，或既节约成本又提高生产力。这些举措最初的成效是企业增加了收益，但主要的成效是企业因此变得更为高效。企业提高效率能够节约成本和时间。例如，客户服务效率的提高通常体现在提高售后体验和解决客户投诉的问题上。销售效率的提高体现在更快更低成本地实现销售目标。它通常是更为有效地执行你以前做过的事情。总之，效率的提升就是企业实现了运营效率的提升。

举例来说，建筑检查员告别了过去常用的带夹纸装置的写字板，使用平板电脑或智能手机记录检查结果。平板电脑或智能手机还有其他的应用场合，如销售人员记录访问客户情况，列车乘务员进行电子验票。任何需要在现场记录和处理数据的人员都可能是智能手机或平板电脑和相应 App 的最佳用户。在消费者领域，出租车在到达约定地点接人前，乘客已在智能手机或平板设备等移动终端上收到司机的照片和资料。如果一个人能在任何地方访问获取数据，这个人就可在任何地方应用这些数据做事。这个人可立即记录信息。例如，护士在病床旁通过平板电脑上记录重要的统计数字，过去通常需要手写这些信息，稍后还要安排人将手写的信息输入电脑，或者更坏的情况是只留下纸质记录。

人们看到同样的情形还发生在施工中所使用的检查清单上、零售业中使用的工作进度表和工作计划上，以及在医生候诊室里的病人填写有关其健康和当前已购置保险的表格。只要满足对病人记录安全管控的要求，医疗服务供应商即可购买或建立 App 并在平板电脑上安装运行。病人一次性输入自己的信息，在随后就诊时就会自动更新信息。企业在办公室获得精确数据的难度降低，数据的精确性对许多企业来说都是一件大事。美国联合航空、美国航空和达美航空淘汰了飞行员必须携带的厚厚的联邦航空局（FFA）图表活页夹，减轻了重量（这始终是航空业关心的问题）并使得代理商（以及航空企业）可容易地发布更新的信息。

无纸化是移动战略容易实现的目标。那么还有什么项目可能是第一阶段的内容呢？这些可能是工作流程增强程序，如工作指令、采购订单或差旅、休假和费用批准程序。所有这些都加速了完成某一件事务的流程。企业强化工作流程在运营效率方面能够获得收益，而且取悦了讨厌管理任务的员工。在零售行业，企业可能推出诸如手机优惠券和销售积分之类的促销举措。在销售工作中，价目表电子化是行业共识，以类似汽车仪表板方式提供 CRM 信息在第一阶段也是扩展业务流程方法的选项。通过这些样例，企业能够迅速取得创造极致体验第一阶段的成果：工作流或运营流程更有效率，最终提高了企业生产力。

阶段 2

在阶段 2，企业不断提高效率，致力于通过移动技术、引进大数据和解析学成果改善业务流程。在这一阶段，企业开始重新设计应用程序和工作流程以利用场景类要素，例如位置、传感器数据和时间段落信息，改善客户和员工的服务和工作体验。员工应用移动设备可实时访问企业后台系统中的数据，在需要时提高决策和客户服务能力。

应用移动技术独一无二的特性改进应用程序、改善业务流程是第二阶段好的开端，这些特性包括定位、图像捕捉和语音支持。利用移动技术固有的优势，如基于位置的服务和地理围栏，为员工提供自然地理的虚拟边界内的应用。

我曾经指出移动技术对企业提高运营效率贡献良多，如减少纸张用量、降低成本和避免重复性工作。那么，企业要提高效率从何处着手为好呢？在企业的业务流程中融入新的信息源的理念应运而生。当零售商能够向某些客户精确推送手机优惠券时，零售商并不满足，希望更进一步用优惠券为客户创造截然不同的体验。科尔士百货公司创造的互联网试衣间或乐购推出的在火车站扫描 QR 代码购物，就实现了零售体验的升级换代。

捕捉场景信息，提供的产品和服务满足当时当地的场景需求，这种场景化理念将改变企业与客户、合伙人和员工共处互动的方式。例如，如果我有手机方面的问题致电运营商客服中心，那么客服人员应知道客户致电的原因并在电话中提供问题的解决方案。

一般来说，管理人员倾向于这样的观点：位置信息必须绑定特定人员才有价值。但是，追踪多个人员或事物的位置也可能为企业创造价值。感应网络公司（Sense Networks）是一家总部位于纽约的企业，该企业将大科学应用于移动定位数据，用于广告业的预测分析。这一案例提供了位置如何能够创造价值的样板，即使数据来源于众多个人组成的团体而非某个特定人员。感应网络公司创建了通过某一城市全部手机的 GPS 信号，确定哪个区域手机用户密度最大的服务。这一信息和创造极致体验有关系吗？

想象一下，一个人前往纽约市的一家出租车企业。手机客户密度信息会告诉这个人周六晚上 11 点人们会聚集在曼哈顿哪个位置。在肉库区或时代广场是否有大规模人群聚集？特定地点附近是否人流密集？该服务会跟踪人群聚集的数据找出其在一天时间或在一周内的变化趋势。有了这项服务，城市中的出租车不会再无目的地乱逛，出租车企业会使用该服务预测目标乘客的分布，将出租车调派到相关地区。这是如何使用人员聚集地位置信息改进业务流程的示例。

公用事业企业向员工实时分派指令、监测一天内的工作进展和按要求重新引导区域内资源分配，通过这些举措改善客户服务和提高企业收益。在某些情况下，企业可购买 SaaS（软件即服务）为客户创造极致体验，无须自行开发移动应用。移动化的工作流程也改变了企业与顾客和员工互动的方式。企业将应用第 3 章讨论的基于位置的服务和地理围栏技术，即物理空间中的虚拟边界管理，增强优化现有的工作和服务流程。

另一个应用位置信息的示例是采用技术手段增强业务流程（同时为顾客和产品经理创造极致体验），乐购公司实施的西兰花货柜（broccoli-cam）项目就是这方面的代表。实施该项目后，管理人员无须到货架前查看货柜内还有多少商品，就可告诉店员为空空如也的西兰花货柜补货，因为指向货柜的摄像机使用视频分析技术能够识别货柜中是否有无商品。如果货柜已空，商品经理的移动终端会收到电子标签系统发送的提示信息。西兰花货柜内始终满货，客户能选购到喜欢的蔬菜自然就会感到满意。乐购库存能更快地周转，店员根据视频监控提供的信息补货，提高了工作效率。

传感器数据能够改变业务流程的范例出现的时间要更早一些。去年，麻省理工学院的科学家创制了一种传感器，该传感器能够探测产品的成熟度。现在，杂货店可用这种传感器监控水果蔬菜的状态并在它们变质前出售。这种奇妙的传感器的工作原理是：探测水果产生的乙烯量判定水果蔬菜的成熟度。

企业除了提高效率外，不在找寻通过移动技术大数据和解析学成果改进业务流程的方法，这方面有一个很好的例子，那就是可口可乐。

我在第 1 章就指出，以前配货人员会沿着一条固定的路线、逐个检查自动售货机，按需要补货、回收现金，同样的操作在每台自动售货机上重复一遍。今天，连接互联网的机器可实时报告商品销量、库存量和服务问题，这显著提高了服务水平，大幅缩减了运营成本。

知道机器何时需要补充可口可乐、雅尔普纯净水或伯克啤酒等产品只是移动智能运营和服务的起点。可口可乐公司对外宣称计划推出数万台新型自动售货机，支持移动支付，能够追踪用户购买了哪些商品，视情况为客户提供优惠或免费饮料。可口可乐公司花费了一年的时间测试了位于得克萨斯州奥斯汀的 200 台这种自动售货机。目前该公司正在测试谷歌钱包和近距离无线通信技术（NFC），但出现了其他移动支付技术可供可口可乐公司选择。新型自动售货机使企业实施客户忠诚回馈方案变得更加容易。可口可乐公司的忠诚客户可在数千台自动售货机上享受优惠计划，顾客可通过“我的可乐奖励卡”赚取积分，使用积分免费兑换饮料。可口可乐公司实施忠诚客户回馈计划，本质上反映出企业实施了可立即更改价格的定价策略。实施灵活的定价策略对企业运营有诸多优势，例如，企业可在热浪肆虐的时候调高价格，然后在天气凉爽时降低价格。

可口可乐公司为推广新型自动售货机，在 46 英寸触摸屏上虚拟了一台“展示车”，顾客可自定义播放内容——视频、游戏和电视广告。可口可乐公司认为，将这些“展示车”放在大学、商场、机场和游乐园这些高客流量地点，可以同青少年实现零距离接触。可口可乐公司的饮料自动售货战略主管丹 • 艾文尼克（Dan Avenick）说：“由于实现了实时数据传输和管理，这些机器可接受不同的付款方式，发送定制信息和特价商品信息，存货充足，处于良好的运转状态。我们正在行业内推进创新，在自动售货方面做到差异化经营，创造与众不同的购物体验，让顾客兴致勃勃地购物，为企业创造不断增长的营收和盈利。”

在阶段 2 中，有些流程固然是新制定的，有些原本就应用的流程仍然有存在的价值。在阶段 1 和 2 中，对流程的扩展和改进肯定会对流程产生影响，这是改进或增强流程工作中无法回避的问题。例如，美国铁路公司的乘务员仍然要做验票工作，由于移动网络覆盖良好、配置的移动终端和安装的 App 大大降低了乘务员的工作难度，压缩了确定某位乘客是否登上列车所需要的时间和工作步骤。在其他领域，例如现场服务，同样在上演饮料行业和铁路客运行业所经历的变化。过去，只要机器仍在服役状态，维修技术员就按照固定的计划对机器进行维护。今天，这些行业根据机器内置的传感器上传的数据决定何时进行维护，根据机器不同的运行情况决定维护内容。

我讨论过零售业如何拓展业务流程的问题，包括推送手机优惠券、在手持设备上查询商品库存情况，向顾客推送购物积分优惠政策。多年来，上述营销策略已经十之八九在零售业中落地实施，在企业实施移动化战略过程中，零售业仍然能找到新的方法提高业务流程拓展的工作效率。当顾客进入门店时，零售流程增强成果表现为利用地理围栏追踪顾客，向顾客推送营销通知消息。当顾客站在超市冷食麦片展台前五英尺的地方时，家乐氏公司希望送给这位顾客一份 Crunchy Nut 营养麦片优惠券，顾客在 10 分钟以内就会收到优惠券。为创造满足客户需求的极致体验，企业要对大量数据进行分析并实时作出反应。这绝不是不费吹灰之力就能做成的事。

零售业的流程改进体现在，营销人员在顾客进入商店时能够精确向顾客发送信息，而非在凌晨 4 点向顾客发送千人一面、毫无针对性的促销邮件，或在收银处为顾客打印 Crunchy Nut 营养麦片优惠券，仅因为这名顾客购买了通用磨坊的玉桂麦片。企业可通过类似优惠券电子化的方法扩展销售流程。增强流程的方法很多，如静态摆放打印的商品目录或杂志，或创建 App 和 QR 代码，顾客通过链接可在手机上播放视频、浏览网页或显示其他内容。

阶段 3

现在，移动化蕴涵的潜力远比简单改善流程对企业的发展更有作用。当企业使用相互连接设备做过去不可能做到的事情时，移动化蕴涵的潜力就转化为看得见摸得着的价值。过不了多长时间，能够“互联互通”的对象将不局限于人们熟悉的通信终端和网络设备，会拓展到人们工作的大楼、驾驶的车辆和使用的机器。定位、语音导航和图像捕捉已经催生了第一波看似简单但充满变革的客户体验，如实时停车位查询、企业级 App 支持的语音搜索和移动支票存款业务。

在阶段 3 列举的范例中，人们看到新的流程使发货人能够在移动状态下重新选定运送包裹的路由。例如，UPS 允许客户在自己的家、办公室或其他地点重新设定包裹路由。这听起来很容易，但是实现起来很复杂。要做到这一点，需要精确掌握每件包裹当前到达了哪里，包裹从一个地方到另一个地方要花费多长时间。承运人在包裹运输过程中根据传感器上报的振动、移动和温度信息，向托运人通报包裹当前的状态，运输业由此发生了翻天覆地的变化。

美国西南航空货运公司推出了一项称为“货物伴侣”（Cargo Companion）的服务，该公司在发布的新闻稿中将其描述为“一项全面的资产跟踪服务，以完全可视方式向客户提供高价值的、对时间 / 温度敏感物品的位置和环境状况信息”。这项服务的对象是货运代理人、快递公司、易腐商品托运人，以及对时间要求高的高价值物品托运人。

这项服务的特点表现在无线资产跟踪装置上，该装置可监测运输过程中货物的位置、震动、亮度、温度、压力和湿度。这项服务根据航空运货单实施货物状态跟踪，客户能够在 swacargo.com 网站上跟踪托运货物的状态。

最后，这项服务通过电邮向托运人发送提示消息，本公司承运的货物通过预定检查点的时间，到达目的地的时间，或者运输过程中可能发生的问题。它为客户提供了“通过可视方式了解托运货物的状态，这体现了货运业服务达到的新水平”，西南航空货物销售和营销主管沃利·德弗罗（Wally Devereaux）这样说道：“这项服务向顾客提供运输过程中货物的状态信息，改善了客户对航空货运服务的体验，提高了航空货运企业的经营效率，并在供应链内将延迟的影响降到最低。”

企业使用相互连接的互联设备创建过去不曾有过的新的工作流程，交付新产品时，移动化为企业创造的实际价值就会凸显出来。例如，奥兰多健康中心的神经病学家在 iPad 等平板设备上通过控制安装在病床上的摄像头对患者进行远程诊断，不受地点的限制，这种技术为医疗服务业带来的深刻影响，改变了医疗服务业的面貌（见图 7—2）。

	**医疗保健** • 扩展：电子刻绘、病人数据捕获、医学检验批准 • 增强：药物样品自动跟踪、新病人教育工具、通过平板电脑的视频销售抵押、设备跟踪 • 转换：救护车视频、通过平板电脑进行的远程病人诊断
	**物流** • 扩展：签名采集 • 增强：实时调度、路线优化、GPS 交货证明 • 转换：货物实时定位和状态监测、预测性设备维护、增强实镜
	**零售** • 扩展：手机网址、短信促销 • 增强：移动 POS、推送通知 • 转换：定制实时出价、扩展分配渠道（如乐购对使用您的手机从火车站广告选择和采购的试验）

图 7—2 宝利通 RealPresence 视频使在移动设备上进行远程诊断成为可能

资料来源：宝利通公司。

可口可乐公司也在应用移动技术和大数据实现业务的转型。在超市和便利店经营场景中，可口可乐公司改变了业务流程，测试了使用移动终端拍照功能的定制的应用程序。

在门店，配送人员站在通道里拍摄进货补货的图片，发回总部。总部的分析系统收到配送人员发回的配货图像，实时分析门店的当前销售额，按照影响顾客购买行为的季节性、天气、地方事件和其他任何因素等若干维度，对当前销售额和保存在系统中的过去的订单和销售额进行对比。分析结果会反馈到公司的销售 App 中，向零售商提出订购产品数量和产品组合的建议。理想情况下，门店缺货之前即可补货，提高了存货周转率并减少了客户由于缺货引发的不满。

我曾向读者介绍过法国安盟保险公司和美国前进保险公司等企业实现保险业客户服务转型的策略和操作方式，还介绍了乐购公司应用移动技术向新的地区拓展零售业务，沃尔玛公司使用大数据技术感知顾客需求。谷歌眼镜和新一波互联设备标志着新的数据采集和设计方式诞生了。世界正处在移动和大数据浪潮初起之时，人们期待着许多充满变革精神的体验，现在每个人都有在创造极致体验方面大展身手的机会。

在阶段 3 中，许多企业会使用解析工具将现有交易数据和当时当地的场景数据融为一体，提供交易预测和规范交易操作的服务。在阶段 3，极致体验将关注焦点放在依据一系列潜在场景的最佳信息评价和回应员工和用户需求上。预测性和规范性服务看起来科幻色彩十足，但其实企业只需做出些许改变就能收割移动技术结出的硕果。

指尖上的场景革命

Right-Time Experiences
Driving Revenue with Mobile and Big Data

企业必须定义移动化战略才能创造极致体验。该战略首先要明确商业目标，制定移动化战略支持的业务流程路线图，实现业务目标。久而久之，企业有了对大多数应用程序和服务实施移动化战略的需求。IT 部门和业务线的管理人员要合作确定企业哪些工作流程和应用程序列入优先实施移动化战略的清单中。

在企业实施移动化战略的过程中，企业要始终保持清醒的认识，业务流程的演进升级必须和新型的场景化数据源衔接，并应用数据处理技术，这一点至关重要。这意味着企业必须重新思考业务流程并考虑这些流程将如何演进升级的问题。一般来说，企业将经历三个阶段来实现业务流程的转型发展。这意味着企业不必硬着头皮奢望在一夜之间完成业务流程转型工作。分阶段的工作套路方法是非常重要的，当被快速完成业务、业务流程及其应用程序转型的思潮裹挟时，企业领导者常会陷入举棋不定、不知所措的境地。

在创造极致体验的三个阶段中，阶段 1 涉及企业将当前的系统、产品和服务带进更为分散的移动 + 云计算世界中，员工、顾客和合作伙伴可在任何地方获取需要的数据和服务；阶段 2 涉及我在之前章节中讨论的全部新类型的数据源，在业务流程中融入这些新型数据源，改善业务流程；在阶段 3（描述上存在点困难），创新是非常重要的，企业要思考如何采用新的方法进行企业运营，创建以前未曾有过的、全新的流程或商业模式。这些新流程和商业模式将为利益相关者创造升级版的极致体验。只有在服务具备自动适应场景能力、具备预测需求能力，或服务具备自我约束能力按照规范操作时，企业才能进入创造极致体验的境地。

阶段 3 是企业确定发展方向和前进路径最困难的阶段。这一阶段包括了会对业务产生长期的、影响最大的一系列变化。在这一阶段，企业需要创建发展战略，好的战略能够重塑企业，不好的战略可以毁掉企业。当这些战略汲取到技术上的力量时，战略实际上是以思想的形式表现这个世界在如何运作。有时，这些思想看起来很古怪，并从根本上与当前普遍接受的观点相对立。20 世纪 90 年代后期，如果有谁认为数字音乐终将淘汰唱片，人们一定认为这个人的想法太疯狂了，毫无理性可言。1998 年世韩公司推出的 MPMan 和帝盟公司推出的 RIO 是数字音乐的先锋，引领了数字音乐的发展。但是，引领挑战并不意味着已经将成功收入囊中。企业还必须拥有合适的技术、赶上天时地利人和的发展时机、良好的产业发展生态系统。2001 年，苹果推出 iPod 时获得了史无前例的成功，就是对先锋怎样才能不成为先烈的最好诠释。

高级管理人员必须扪心自问：“今天，如果从零开始，我们愿意做些什么？”“我们如何打造产品和服务？”“我们如何运用定价和营销策略赢得竞争？”。要求所有的企业按照创造极致体验的三阶段思路来打造产品或服务是不现实的。不过，作为企业管理者，理解三阶段思路蕴涵的无限可能性对企业运营是非常重要的。至少，三阶段的思路能让企业了解未来发展可能要经历的风险。

第 8 章　场景技术解决方案的构成要件：移动性

实现极致体验的技术方案涉及三个不同的技术领域：移动性、大数据和解析学。现在，越来越多的员工将他们拥有的终端设备携带到工作场所，这就为公司的首席信息官要制定一个移动性的信息管理方案来对公司的信息进行分发、管理和控制提供了十分方便的基础环境。

技术方案的组成结构

企业领导者一直高度关注经营指标，如提高边际效益、营销活动效果和营销活动的结束时间，而技术逐渐演变为提高各种运营指标的一个关键要素。此处所说的技术不再单单指保障业务的持续可操作性的基本动力，而是执行新策略和创造性策略的核心基础。如第 7 章所述，IT 管理人员和业务管理人员应确定一种方法来选择适当的进程和应用以实现移动性。这两个团队还应确定这些进程可以访问哪些新旧数据源以及这些数据的存放位置。

为此，IT 人员应制定一个切实可行的技术发展方案，以支持面向云化和移动化的全新计算场景下的安全、管理和应用的开发计划。最初重点支持的领域包括智能手机、平板电脑、个人电脑和新的可灵活转换的二合一电脑。然而，物联网要求我们拓展现有思维，以在大量的连接装置中安装各种各样的传感器，如在机械装置、医疗设备和建筑气候控制等系统中进行安装。尽管企业面临着许多的技术挑战，但技术实施策略应至少包含以下三个方面。

1. 企业移动性管理解决方案。安全和管理工具常见于个人电脑，新连接的设备（包括 IoT 设备）中也需要一种类似的工具。这种工具首先应该是一种软件，它能够有助于保护和管理设备、分发和管理应用程序并在继续提供电信服务的基础上按不同的成本支出情况，提供相应的移动性能力。该软件还将规定谁有权访问哪些数据、什么时候访问以及访问地点。

2. 应用开发策略。应用开发策略是指一种技术策略，它规定了开发移动应用程序的内容、时间和方式。这种策略还将回答企业会采用哪些开发方法（如本地应用程序、移动网页应用程序开发或混合式程序等）等问题；它还将规定企业支持哪些操作系统（如 Apple iOS、Android 等）和企业将采用的设备类型（平板电脑、智能手机、电视、汽车等）。这种策略将采用与企业选择的操作系统类型和开发方法相匹配的开发工具，包括选择使用响应式网站设计和构建 HTML-5 应用程序。策略还将规定哪些高级管理人员和 LOB 利益相关人员参与设计过程，以确保成功开发应用程序。最后，应用程序的发展策略应设计为可以不断更新的，以便这些应用程序可几周更新一次，而不是一年更新一次。

3. 大数据和分析策略。这一发展策略支持移动场景业务。策略先评估业务收集的数据类型以及企业需要回答的问题类型，然后由技术团队评估如何使用不同的大数据存储、处理和分析工具来满足不同部门和不同数据类型的各种需求。没有一种完美的方法可用于存储和分析所有类型的数据。不同类型的问题适于采用不同的方法来解决。IT 人员必须将正确的工具与适当的问题相匹配，以获得大数据项目的成功。

高级管理人员在支持开发新技术并提供资金支持时，应理解 IT 和开发团队将面临的挑战。本章将重点关注技术规划战略的前面两个部分，即企业移动性管理和应用程序开发战略。这两个方面都与移动性密切相关。

我会重点描述企业领导者应掌握的重要问题和术语，从而与 IT 团队共同创建一个成功的发展策略，但这并不意味着本章将成为如何部署移动策略的明确技术指南，本章将只重点描述移动策略应包含的基本要素。技术发展计划方案的第三部分——大数据将在第 9 章进行描述。

企业移动性管理

IT 领导人员已经认可员工将其计算设备（如智能手机、平板电脑等）带入办公室这一现象。这种风潮起源于普通大众，管理层也希望 IT 人员支持最新的装置，而首席信息官和首席财务官却担心这些新设备将为企业带来合规性和安全问题——这种担忧是非常合理的。目前安全漏洞达到了前所未有的高度，移动设备则为恶意方入侵企业和偷盗数据提供了更多的机会。

为应对这些威胁，出现了一类新的软件供应商为移动设备提供管理和安全解决方案。IT 人员意识到不能忽视这个问题，于是他们开始采用一种类似于企业为方便个人电脑接入而专门提供的、相对比较笨拙的接入许可方法，来管理员工个人的移动设备接入，这种方法不仅让人回忆起已经逝去的小型机时代。但没有一种解决方案能够确保企业设备和数据百分百安全，IT 人员开始寻求一种工具来保护设备。因此，产品供应商提供了多种解决方案以锁定个人移动设备。

过去，随着更多的员工将其个人设备带入工作场所，IT 管理人员开始试图在个人设备上安装软件以保护设备。第一批管理软件被称为移动设备管理（MDM），这些软件主要用于管理设备级的功能，这也是第一波企业移动性管理（EMM）的雏形。

虽然开始时员工同意安装这种软件，但后来他们又开始强烈反对。这种安全软件所采用的一些安全措施，如较长的密码等恶化了用户体验。移动设备管理软件还可能删除设备上的所有数据。因此，员工通常不愿意报告装置被盗，因为他们怕 IT 人员会清理设备并删除所有的个人数据，如合同、照片和视频等。另一方面，员工还担心公司会监视他们在个人移动设备和平板电脑上的一切活动。因此，许多员工用户都不愿意使用这种解决方案，造成 IT 部门也无法保证实现此项系统所预期的安全性。

在早期（2010 年—2013 年），购买一个兼顾 IT 各方面所需的解决方案是非常具有挑战性的工作。企业需要一个解决方案能够提供设备管理、应用管理、内容管理、安全性和费用管理。而多数企业认为它们只需要安全性和设备管理，因此刚开始时，市场上有很多移动设备管理、内容管理、安全性和费用管理的功能相对独立的管理工具。

IT 人员在安装了移动设备管理工具后，才发现他们还需要应用和内容管理工具。企业也要求移动应用管理工具能够提供比移动设备管理更深层次的应用程序管理。移动应用管理解决方案能够控制移动应用程序的提供、更新和移除。这些解决方案为员工提供了一种方式，既可以从企业应用目录上选择下载企业认可的第三方应用程序，也可以将这些自定义和现成的企业应用程序想象成 iTunes 或 Google Play。这些应用程序还可允许 IT 人员监测应用程序的性能和使用，并可从管理的应用程序上远程删除数据。

IT 人员在使用移动设备管理和移动应用管理方面可能有点过分敏感。例如，IT 人员会阻止员工访问 Facebook 等一些流行的应用程序，这一点让用户一直非常生气。此外，IT 人员还使用这种软件阻止用户使用一些他们认为不安全的商业应用程序，如 Box.com 和 Dropbox 等。

许多企业在这种混乱的情况得到解决之前是不会购买任何解决方案的。产品供应商意识到 IT 人员不会从多个不同的供应商处购买 15 种不同的产品，因此开始构建一种集成多种功能的产品套件。较大型企业也要求小型企业提供现有的产品组合，这种更加综合的管理工具套件被称为企业移动性管理软件，这些工具套件为调动员工的积极性提供了基础。

这些工具旨在解决 IT 部门的安全问题和员工的隐私问题之间的矛盾性。它们将个人设备上的公司信息与个人信息区分开，同时允许 IT 部门完全控制企业的移动设备。今天，有几种不同的技术方法可实现这种分离，但各供应商的解决方法都有一个共同的目的，即只保护企业的数据安全。随着时间的推移，这些工具将不会被用户所感知。随着供应商获得的公司越来越多，市场上的工具便几乎每月都在改进，增加新功能或减少一些原有功能。

在 2013 年，个人电脑管理和移动设备管理功能相互独立。然而，现有的个人电脑和安全管理供应商期望将个人电脑、安全性和移动管理软件联合起来，以方便 IT 人员更容易管理并保护多种不断变化的设备系列。随着时间的推移，IT 人员应找到这种联合，或者至少找到一种集成化的移动管理、个人电脑管理和安全性解决方案。移动管理将从设备管理发展成内容和数据管理，这种管理我们称之为场景管理。它将根据内容元素管理和保护数据，如用户、工作职能、设备类型、位置和内容类型等（见图 8—1）。实际上，市场将根据用户和内容来确定一个安全配置文件，而不仅仅是设备和应用程序。

最新的软件提供了几种内容保护方式，同时允许员工可以在任意地点完成其工作。IT 部门应购买企业移动性管理系统来负责分发、管理和保护员工移动设备和企业移动设备上的信息。这些解决方案能够帮助首席信息官悄无声息地保护企业数据，同时又能够维护员工隐私和设备可用性。因此，企业移动管理策略将作为极致体验感技术方案的基础，以便在企业环境下支持适当提升员工的体验感。

图 8—1　企业移动管理的三个阶段

什么是企业移动性管理

如果企业移动管理非常重要，则应该选择最正确的解决方案，好的管理解决方案应包括下列几个方面的基本功能。

- **移动设备管理。** 移动设备管理软件能保护、监控、管理和支持企业和员工的移动设备。这种软件能够管理所有类型的移动设备数据，还能设置并监控设备的健康性。移动设备管理还包括基础的无线分布应用程序和为安全策略提供平台基础，并在设备丢失或被盗时提供一些基本功能，包括密码执行、远程设备锁定、设备跟踪以及删除设备上的数据。
- **移动安全。** 移动安全可视为设备管理的一部分或一个单独的实体。设备管理只能提供一个级别的安全性和解决方案。首席信息官需要一个能够提供多级保护的综合移动安全性解决方案：第一级是保护设备和设备上的数据，包括可移动存储卡（SD 和微 SD）上的数据；第二级是保护网络间移动的数据，通常是指在某类安全通信渠道上移动；第三级是通过防止任何被篡改或没有适当保护软件的设备访问企业网络来保护企业网络的访问，这种保护被称为隔离；第四级和第五级是在必要时保护应用程序、程序内的内容或两者兼有。最后两级通常被视为是移动应用管理的一部分，但也涉及安全性解决方案的领域。移动设备管理供应商通过更新其解决方案来支持多个功能，安全性供应商现在提供的解决方案支持集中确定和分发的安全性策略、设备和可移动媒体加密以及双重认证，如生物计量学。移动应用管理解决方案重点关注保护应用程序，而移动安全性解决方案能够提供设备级安全性。
- **移动应用管理。** 应用管理提供的基本功能包括应用交付、版本管理、性能管理，以及如崩溃日志报告和数据使用等。这种工具有助于 IT 部门规定用户和组访问控制，利用应用程序包装或容器化来保护应用程序。移动分析不仅能够帮助应用程序开发团队掌握应用程序的运行是否正确以及在哪些方面能得到改善，还能够提供分析方法来监控员工和客户如何正确使用应用程序。这些数据能够帮助应用程序团队掌握应用程序是否按照预期方式运行，是否有任何人使用了该应用程序。

  移动应用管理提供了版本管理，意味着 IT 部门能够确保用户始终拥有最新的软件。早期的移动先锋工具利用苹果的 iTunes 和 Google Play 等消费者应用程序商店来部署企业应用程序。如果由企业向客户分发应用程序，这种工具能够发挥作用，然而对于内部企业应用程序而言却非常糟糕。最新的移动应用程序管理工具提供了自定义企业应用程序目录，员工可像在消费者应用程序商店一样登录应用目录并下载应用程序。这种方式为员工提供了寻找应用程序的集中位置，也使 IT 部门能够管理这些应用程序的软件许可。此外，还能简化安全问题，因为员工将从受信任和安全的位置下载应用程序。

专业供应商开始提供移动应用管理软件，但移动设备管理软件和安全性供应商现在才仅提供基本的应用程序管理。IT 部门可能会选择使用包含安全邮件客户端和安全浏览器的可选服务，而不会使用包含特定电话的本地邮件和浏览器。企业利用移动设备管理软件能够将所有邮件、浏览器和应用程序访问保留在设备的一个安全容器中。此外，该软件还将能够在任何应用程序间实现安全的数据共享，这些应用程序受到管理供应商软件的保护以及带有独立于使用设备的应用程序级加密。

- **安全内容管理**。虽然在 2014 年，内容管理被视为一组单独的产品，但它很快被集成至企业移动性管理组合中。之后，越来越多的企业开始寻求向移动设备安全分发关键内容部分的方式，如价格表、电子表和演示等。企业需要直观的移动解决方案以允许员工访问、更新和共享业务内容，同时不会损害企业的安全性和控制能力。预期企业将所有文档移动至一个存储库中来支持移动访问是不现实的，这意味着企业需要一个能够直接链接至其他内容管理系统的移动内容管理系统，如 Microsoft SharePoint、共享网络驱动等。基于云的新文件存储和共享解决方案包含多级安全保护，如 Citrix Sharefile 和 Box.com，成为解决该问题的一种方式。内容管理领域是一个迅速发展的领域，IT 部门应与这些领域发展并驾齐驱、与时俱进。

企业应寻求的一些其他关键功能包括能够支持多种类型的内容，包括办公室文档、PDF、图像、视频和音频文件。企业应能够安全地存储内容以供离线审核和编辑，并自动审核新版本的更新文档。员工也应能够寻求所有站点（云应用和内部应用）和文件夹上的内容。

- **移动业务管理（MSM）**。移动业务管理是 IT 业务管理（ITSM）的移动化形式。ITSM 是一种广泛部署的最佳实践框架，以使 IT 和业务相一致，构建包含人、进程和技术的 IT 业务，以提供一系列质量上与企业投资相适应的 IT 业务。移动业务管理专注于 IT 服务交付链上多个角色的移动设备、应用程序和业务。MSM 授权 IT 人员提供、监控、注意、修复和优化移动业务和应用程序，以确保高质量的服务，同时减少故障时间。MSM 还允许支持团队能够实现远程诊断以迅速解决移动问题，并为移动用户提供自助服务以降低支持成本。MSM 为 IT 管理人员提供可见性和分析法，从而使其做出更多的明智决策并优化服务交付。

企业移动性管理对于移动性应用程序而言非常重要，但对于构建消费者应用程序而言并不是必须的。企业对用户应用程序要求开展安全漏洞测试和与消费者应用程序商店的合规性测试。消费者应用程序商店供应商至少应为消费者应用程序提供部分管理功能，如苹果的 iTunes 和谷歌的 Play Store。然而，这并不意味着企业可以放下所有安全性责任。企业仍然需要保护 B2C 交易，仍然需要严格测试企业和消费者应用程序的代码，看其是否存在安全漏洞。消费者的移动应用安全性会在现有的网络安全解决方案上进行扩展和更改。详细的消费者解决方案策略不包含在本书的描述范围内，具体可参考《黑客大曝光：移动应用安全揭秘及防护措施》（*Hacking Exposed Mobile Security Secrets & Solution*）、《安卓安全教程》（*Android Security Cookbook*）和《移动设备安全入门》（*Mobile Device Security for Dummies*）。

移动管理评估的四个问题

市场上有多个类型的移动性管理供应商和几个部署模型，包括内部部署、云部署和混合部署。在这种复杂的环境下，如何决定哪种解决方案适用于企业？由 IT 部门和企业领导者组成的技术团队应根据应用程序和内容需求确定处理哪些类型的数据、评估该类数据的风险状况以及可用的技术解决方案。如果企业移动性管理项目停止发展，那应该不断重新评估解决方案，因为多数供应商每三至六个月会提供新的产品版本。企业和 IT 领导人员应在评估如何支持其移动工作人员时询问下列四个问题。

1. 员工携带自己的设备（BYOD）仅用于收发邮件和安排日程工作、完全使用自己的设备办公（访问企业应用程序）或使用企业下发的移动设备（COPE）办公这三种方式各自所占的比例有多少？ 没有一个万能的能够支持所有这三种方式的设备，也很少有一家企业只支持企业具有的设备接入与使用，或只支持员工携带的设备接入使用。虽然多数首席信息官都支持员工携带自己的设备，但很多其他企业和 IT 领导人开始为员工购买智能手机并越来越多地购买平板电脑。首席信息官也必须确定一种管理策略来管理员工携带自己的设备部分办公、完全办公和使用企业下发移动设备办公这三种不同的情况。IT 部门和人力资源部门还必须制定一个符合不同国家安全性和隐私条例的全球性策略。

2. 如何管理整个应用程序的生命周期？ 今天的企业移动性管理必须优于过去的移动设备管理。无论企业部署何种解决方案，该解决方案必须提供一定程度上的弹性，以确保设备上应用程序和内容的安全，并且不会被员工排斥。另外，它还应方便终端客户访问和更新应用程序。

3. 我们需要哪种级别的安全性？ 首席信息官应确定移动设备可访问哪些应用程序、设备上可存储哪些数据，以及企业必须支持哪些安全条例。例如，一家医疗保健公司可能会选择一个不能将任何病人个人健康数据复制到另一个移动设备的解决方案。尽管一家企业可能会选择更宽松的安全性约束，但供应商的选择应提供丰富的安全性解决方案组合以防客户需求发生改变。

4. 我们是否希望支持企业内部移动管理、托管管理或两种管理方式兼有？ 移动管理解决方案对于企业运营健康和安全性非常重要，但许多企业没有 IT 资源来评估、安装和管理企业移动管理。IT 部门应评估其可用资源并确定其是否应部署内部企业移动管理或云管理方式。在某些情况下，首席信息官可能会希望在某些 IT 人员有限的区域使用托管解决方案，而在较大的区域使用内部解决方案。

构建移动先行的应用

移动先行是一个过去几年内在行业内流传的有趣术语。它是描述应用程序设计人员在为消费者和员工设计应用程序时的心理转变，它还描述了企业管理人员在重新设计工作流和业务程序以在移动和云计算领域发挥作用时产生的心理转变。

移动先行对于企业而言可以是一个两极分化的术语。它不仅意味着我们过去构建的所有成果必须被摒弃或重新创建，还意味着我们只为移动设备进行设计，但这并不是移动先行概念的本质，也不是企业今天所面临的商业环境发生变化的本质。

实际上，移动先行是指设计恰当的应用程序和业务以便为用户所使用的设备提供正确及时的信息和与之相对应的用户体验。用户体验并不等同于美观性和触摸屏导航那么简单，而是指用户能够获取与所用设备相匹配的适当的功能。使用户可以以最简单的方式来获取正确信息就是一种有极致体验感的业务。赛诺菲集团的移动性工程总监和负责人布莱恩•卡茨（Brian Katz）说:“移动先行并不单单是指移动性，还是指从移动的角度出发使用响应性设计，以使应用程序符合移动化的屏幕/设备的需要。”

移动先行并不是指我们要重做所有的应用程序以用于智能手机，而是指我们必须断定哪些应用程序的部分可用于任何特定设备，还指我们必须重新想象我们的应用程序和服务在将来会如何发展。在消费领域，实现这些要求更为简单，因为多数应用程序都是新的，也不需要访问企业后台系统，如物料需求计划或企业财政情况。而在企业领域，实现这些要求就更加困难，因为企业的系统可能是在十多年前构建的。我们还需要使用这些系统或其中的某些部分。可能“为移动化做好了准备”（mobile ready）这个术语对于企业而言就更容易处理些。思杰系统的集成产品营销总监娜塔莉•兰伯特（Natalie Lambert）说：“在用户心中，他们关注的不是移动先行，而是以我为先。”她将此称为“以用户为中心的 IT 时代”。无论如何称呼，我们都至少必须重新设计很多部分的程序进程。

各行业内的企业都开始构建移动应用程序，但许多企业还继续秉承着只适用于个人电脑时代的旧理念。该领域的一些领导者，如可口可乐公司和乐购公司，他们在设计中时刻谨记移动性。这些企业重新设计了可主动感知场景的应用程序和服务。

多数情况下，我们发现构建的移动先行的应用程序适用于消费者，而不太适合企业员工。由于我在企业移动性管理部分所述的那些问题以及与企业相关的管理系统的复杂性，使得面向员工管理的应用程序才刚刚开始起步。

企业为客户和员工构建的应用程序在许多方面有很大差异。例如，耐克公司早在为其员工提供移动应用程序之前，就已经为客户提供了优秀的应用程序。耐克公司前全球架构移动性负责人、现任 Spidercloud 无线公司的企业服务和技术总监的阿特 • 金（Art King）阐述了企业所面临的移动应用程序挑战方面的有趣观点。在采访中，阿特告诉我说："企业 IT 部门向移动性转变时面临着很多挑战，大量小型商业应用程序的企业所有者没有预算或者无法优先发展即使只是应用程序某个部分的移动性，" 他还说，"这样就使应用程序的部署使用期变得很长，从而妨碍了多数 IT 部门试图完全掌握办公室情况这一想法的最终实现。由于某些原因，企业应用程序项目没有足够的预算来创建预期的直观、简单和有吸引力的应用程序的消费级用户体验，没有这些应用程序，企业应用程序可能会由于未被员工接受而被边缘化。"

在许多情况下，服务于消费者的企业可能会雇用外部顾问来构建移动先行或至少是移动友好的应用程序。在消费者领域，企业构建的第一代移动应用为微型应用程序，可完美地分别执行两个功能。有些应用程序目前仍然作为微型应用程序，但多数应用程序开发商已经根据消费者审核和要求构建了其他功能。

消费者应用程序要不断更新，用户反馈、操作系统版本变更或设计工具的变更都有可能激发程序的更新。消费者应用程序很少被认为彻底完成，通常需要进行迭代设计。事实上，在消费者应用程序领域甚至还有一次性应用程序的概念，这些应用程序包括为支持特定事件而构建的营销应用程序，如 Super Bowl XLVII 的官方 NFL 游戏程序应用、蕾迪 • 卡卡（Lady Gaga）为其专辑 ARTPOP 而设计的移动应用程序。

新一代应用程序开发对企业 IT 应用设计而言尤其具有挑战性，整个设计过程非常艰难。一旦确定了移动性的管理和安全基础，企业会开始为企业数据提供访问途径，如费用管理和客户关系管理。当员工能够从设备上访问任何企业数据后，他们就会希望能够访问所有方面。考虑到他们在消费者应用程序上的体验，员工希望企业的应用程序也易于使用并能不断改进。因此，企业的应用程序设计团队已习惯每年更新一次构建的应用程序。而实际上的变更速度超出了多数软件设计周期。消费者移动应用程序可能在几周内完成构建，每隔几月就会更新一次。通过迭代设计，这些消费者应用程序包含了丰富的功能。

许多快速和迭代设计的概念没有在企业移动应用程序的市场上转换成产品。企业设计人员希望在一开始就构建功能丰富的应用程序。由于企业运行的应用程序由应用程序开发团队编写，因此团队成员希望编写的移动应用程序能够持续运行数年，这种想法并非不现实。多数企业的现有企业应用组合也耗费多年才完成创建和部署。企业的 IT 部门可能需要花半年甚至更长时间来更新一个应用程序。时代已经发生改变，并不是企业不需要强健的应用程序，而是这些应用程序必须能够适应快速变化的技术和企业环境，这意味着我们设计和更新企业应用程序的方式也必须发生改变。

敏捷设计并不是一个新概念，早在 21 世纪初期就已经出现。许多专业人士认为敏捷设计是专注于迭代和增量式开发的软件开发方式，它促进了灵活规划、演进式开发和交付，并要求对变更作出快速、灵活的响应。移动和云计算创建了一个更强大的敏捷设计环境。在云应用方面，包括 Facebook 和 Google 在内的消费者应用程序每隔几周便会更新一次。不只是消费者应用程序遵循这些原则，甚至 Salesforce.com 和 Successfactors.com 等商业云应用程序也需要定期不断更新。在第一波消费者应用程序开发阶段，程序设计人员必须更改开发速度，以符合不断变化的设备和操作系统。如果我们要在正确的时间向正确的设备提供正确的信息的极致体验，那么我们必须不断更新企业应用程序。

人们接受移动应用程序是因为这些应用易于使用并能满足某个需求或愿望。如果企业能够快速解决问题并增加用户要求的新功能，则消费者会愿意继续使用该应用程序。这种动力在为消费者构建应用程序的方式上已经改变，而且在为企业员工设计应用程序的方法上也奠定了基础。

Sencha 是允许开发人员构建跨平台移动和 web 应用程序的框架开发商，它认为应用程序开发团队必须提供三个方面：通用性、优秀的设计和合规性。Sencha 在名为《多设备领域的应用程序开发策略》（*Application Development Strategies*）的白皮书上这样写道："应用程序必须提供不受设备影响的一致的用户体验，且所有特征和功能在所有设备类型和任何环境下的作用方式必须相同。"在优秀的设计方面，该公司称"功能不再是优秀设计的唯一标准，商业应用程序必须具有视觉冲击力，并与消费者应用程序一样能够顺利直观地运行"。最后，一切移动应用程序和商业服务还必须符合内部安全、隐私和法规政策的规范要求。

接下来我们讨论一下企业的应用程序开发和 IT 团队为交付移动式应用程序必须做出的选择。

在开发面向企业应用的程序时的功能选择

应用程序开发人员在构建面向员工的应用程序时必须问自己几个简单问题：员工需要或希望在移动设备上使用的功能或工作流是什么？哪个功能能够让员工更快速和 / 或更简单地完成其工作？企业应与 IT 和应用程序设计人员确定企业有哪些需求以及如何按优先顺序排列这些需求。开始时，企业可在各个团队确定一个或多个成员作为与 IT 部门的联络人。

在客户和前景方面，开发人员应考虑的问题是：消费者到达下一个逻辑行动所需的信息或服务是什么？他们是否试图研究一个特定产品或服务、寻找一个位置或购买一个产品？他们是否在探索或试图完成特定目标？对于员工和消费者而言，应用程序设计不仅仅是缩小一个网页或应用程序。

移动应用程序设计代表着应用程序设计的新时代。这个新时代内包含了哪些方面？首先，后 PC 应用架构将在一个应用中提供更少的功能，特别是在应用程序的早期阶段。

更少的功能并不意味着应用程序更差，只是这种应用程序的无关特性更少，也可以将其视为包含"正确的功能"，而不是包含一切功能。虽然一个应用程序可能包含 500 个功能，企业应用程序却很少出现混乱、不堪重负或不可用的情况。新的应用程序不能设计成支持所有的使用情况。开发人员将先设计小型应用程序供消费者和企业用户使用，随后再扩展成更丰富的移动应用程序。在一些情况下，应用程序设计时就考虑到过时的情况，这样的案例有如为圣诞节而设计的目录应用程序。

当今的企业软件一般情况下预期能够持续运行 5 至 10 年，因为这些软件与企业的业务相关。应用程序构建时应考虑迭代性。许多新的移动应用程序还将设计成有更短的使用寿命，以支持特定的 LOB 目标。例如，营销部门可利用一个应用程序支持产品发布，销售部门可要求为圣诞季设计一个专题目录，现场服务部门可构建一个应用程序来支持构建一个项目。这些应用程序都应有特定的 ROI 指标，如营销领域内下载和使用的人数，或在状态报告准确性方面节省的时间。接纳“移动先行或移动性已准备好了”理念的企业要求在设计应用程序和业务流程方面利用新思维以支持移动性。

寻找速效方案

在我们当前所处的时代，客户不再隐藏其需求和愿望。所有消费者（包括员工或客户）都希望参与开发过程。他们希望能够提供反馈且希望开发人员能够听取其意见，他们也能够提供重要的洞察力和建议。这意味着移动应用程序开发策略不仅仅与工具有关，还与收集应用程序的要求和反馈信息的过程有关。LOB 管理人员应负责确保应用程序团队掌握用户群体的需求，应用程序团队也应参与设计、测试和建议变更的过程。对于客户应用程序而言，应用程序团队还应提供几种方式来收集反馈，包括在应用程序内部提交反馈、在应用商店内评估应用程序的链接以及网站反馈形式。

有时候 IT 部门会尝试构建完美的应用程序，然而这个过程会非常长，通常结果也不尽如人意。所以，IT 和业务部门负责人开始时应确定几个能够快速构建和部署的轻型应用程序，也可在必要时快速更改。IT 部门应与其他不同的企业部门密切联系，从而确定哪些应用程序有用同时又满足较短开发周期的标准。较短的企业设计周期为 90 天，在应用程序发布后 60 天内即可更新一次应用程序。电话和数据系统（Telephone and Data Systems）的 IS 安全经理杰西卡 • 巴特利（Jessica Bartley）在 2014 年 M6 会议的炉边谈话中对机遇进行了很好的总结。当我请求她为企业应用程序开发提供建议时，她说：“完成比完美更重要。”从 2013 年进行的为移动化做好准备的研究调查可以看出，大概有三分之一的受访企业表明他们每个月甚至更短时间会发布一次更新或改善版本。过去 IT 团队取得了几次成功，但还需要更多的资金以实现更大的移动性举措。业务部门负责人和首席财务官应做好准备。

应用程序将在几个月内构建好，而不需要半年或一年时间。这些应用程序开始时不需要成为企业的代表作，否则的话至交付下一个“大作”将耗费很长时间。应用程序只要有用且运行良好即可。企业不需要在一开始就将所有方面都包含在一个应用程序内，只需要确保应用程序内构建的各个方面都能充分发挥作用。对于消费者和企业应用程序而言，企业应列出接下来计划构建的功能并寻求反馈。

开发方法的选择

片段式移动应用迫使 IT 商店陷于困境中，因为这些商店试图找到最佳方式来调动最广泛设备的应用程序和进程，而无须每六个月重新设计一次。在网页应用程序的早期，存在移动网络应用程序“薄”和本地设备应用程序“厚”之间的争论。你的观点是什么？企业的 IT 团队将需要从下列几个开发观点中做出选择。

- **本地应用程序**。构建本地应用程序意味着利用编程语言和界面，为某个操作系统和设备编写应用程序，如苹果的 iOS 或谷歌的 Android。这样通常可以实现最佳性能，但各操作系统要求有不同版本的应用程序。IT 团队还可花更多的钱来开发应用程序，因为各操作系统中必须构建和维护一个应用程序，这也意味着需要懂得如何用不同的语言编写应用程序的开发人员。
- **网页应用程序和网站（Web apps and websites）**。多数新的设备都有一个网页浏览器。企业现在可构建包含移动界面外观的网页应用程序。这种方法的优势是网页开发商比本地应用程序开发商更容易找到，而且也更便宜。此外，企业必须一次性构建好网页应用程序。这种方法的缺点是网页应用程序不像本地应用程序一样包含所有的功能。网页应用程序支持多数设备，但通常不能够访问移动设备功能，如照相机或联系人列表。网页应用程序的其他补充方法还会创建一个响应式网页设计。Whatis.com 将响应式设计定义成网页创建的一种方法，确保有灵活布局、灵活图像和层叠样式表媒体查询。响应式设计的目标是构建网页以检测出访问者的屏幕大小和方向并改变相应的布局。
- **混合应用程序**。混合应用程序是本地应用和网页应用开发之间的折中选项。开发人员先用符合行业标准的网页编程语言，如 HTML5 和 JavaScript 编写应用程序，然后打包成本地安装格式以在应用商店内分发，这样就允许应用程序开发人员可重复使用已经开发的大部分代码，从而构建可在几个操作系统中运行的应用程序，以节省金钱和时间。

我发现关于企业内部开发方法的讨论都非常具有哲理性，开发人员似乎都想找到做事情的最佳方式。一些开发人员坚持使用本地应用程序，另一些坚持使用HTML5。他们的观点也会随着时间的推移而变化。在2011年，虽然许多开发人员开始认为HTML5网页应用程序是解决所有问题的最佳方式，但这种思潮到后来却倾向于本地应用程序。在2013年第4季度，Appcelerator调查了6 698名公司高管（由IDC填写），该公司报告称“更倾向于用HTML5来开发应用程序的开发人员数量下降至56%，成为该报告发布历史中的最低百分比数。与此同时，几乎半数有利用HTML5构建应用程序经验的人员都给予了中性或相反的选择”。

事实上，为移动设备制定应用开发策略并不是一个二选一的选择题。虽然有些人坚持使用一种方法，其他人坚持使用另一种方法，但没有一个完美的选择适用于所有应用程序。企业很可能会构建一个结合了本地、混合和网页应用程序的组合式解决方案。开发方法应根据企业试图创建的体验类型、连接要求和成本进行选择。本地应用程序能够完全访问设备功能（如加速计、照相机等）、本地处理的优势、具有持续性并与联系人和日历等其他本地应用程序相集成。

然而，移动网页开发具有多平台支持、大量后备的开发人员以及快速的部署周期等方面的优势。HTML5的最新进展通过支持少数本地存储、网页结构化查询语言（SQL）数据库以及地理位置缩小了本地开发和移动开发之间的差距。实际上，它们之间的差异并不很明显，因为多数本地应用程序的用户界面元素都包含了来源于HTML5的网页技术。如果一家企业需要访问某个设备功能，如照相机和联系人列表，则只有当该应用程序为本地程序时才可以访问这些功能。如果应用程序易受间断连接的影响，则应用程序设计团队应对构建本地应用程序进行评估，以使用户能够离线工作并在设备上存储数据。

设计方法应符合应用程序要求

应用程序开发人员面临的挑战在不同方法作出权衡，并根据具体的应用程序要求作出选择。为此，应用程序开发团队必须与各个业务部门密切合作，以掌握工作人员的真实需求。如果没有掌握他们的需求，则制定的应用程序将只具备优秀的技术，但缺乏员工所需的可用性和功能性。虽然我已经讨论了开发模型的选择对员工有什么意义，构建 B2C 应用程序还是会出现相同的问题。开发人员必须知道消费者需要什么，从而选择最适合创建所需体验的开发方法。

企业应为各个应用程序构建功能图，并构建需要进行设计的工作流。然后应用程序团队将这些功能与相关的开发方法相匹配。例如，社交网络应用程序短期内很有可能是一个本地应用程序，因为该程序需要访问设备的联系人列表、照相机和 GPS。Facebook 历尽艰辛才发现这点，它先发布了 HTML 版本的移动应用程序，然后决定构建一系列本地应用程序来改善应用性能。然而，只需要查询库存而不需要访问设备其他功能的应用程序可以设计成一个简单的网页应用程序。

应用程序设计时也应考虑成本因素

我已经讨论了 IT 人员在工作中选择使用正确的工具会面临的挑战，这并不仅仅是要选择一种工具，而且要为应用程序选择正确的开发方法。企业管理人员所面临的挑战是寻求构建应用程序的成本与所需功能之间的平衡。技术团队没有足够多的预算使企业内部的所有应用程序成为移动式应用程序。他们需要与首席财务官共同为企业内部人员使用的应用程序提供资金支持，但 LOB 应用程序会先咨询部门领导人。

如果营销人员试图构建一流的品牌体验，可能需要一个本地应用程序。然而，本地应用程序可能需要耗费成千上万美元。你有这么多预算来构建一个应用程序吗？你将需要多少个应用程序，又将如何分配初始设计和后续更新的资金？许多营销团队都寻求设计机构来构建应用程序，这可能会产生两个问题：第一，费用问题，如果企业没有自身的设计团队可能无法避免这个问题；第二是企业必须能够更新应用程序并制订更新计划。

许多企业没有内部专业人员来构建本地应用程序，也不想支付咨询费用来构建和维护应用程序。在这种情况下，跨平台设计工具包是一种适于构建特定企业应用程序的具有成本效益优势的技术措施。在一些情况下，企业可能会选择通过网页团队来设计基于 HTML5 的应用程序来启动移动式应用程序。

工具的选择

一旦团队确定了企业需要构建什么样的应用程序以及预期构建应用程序的方式，接下来 IT 人员就需要选择合适的开发工具。考虑到 IT 部门必须支持多个操作系统，应用程序开发团队应审核以下几个方面的内容：首先，必须支持哪种语言，开发团队是否具备所需技能？过去，IT 人员可以使用大量的开发工具，但企业希望能够支持多个系统，如 Android 和 iOS 必须开发成 Java 和 Objective C 语言的版本。这意味着工具的选择至少部分由所选的开发方式确定。以下几种移动应用开发平台可供选择。

- **本地应用开发平台。**本地应用开发平台可针对某个具体的操作系统，如 Windows Phone、BlackBerry、Android 或 iOS 进行开发。例如，iOS 应用程序开发人员经常会使用 Xcode 和 Objective C 语言，但却利用 Java 语言来开发 Android 应用程序。
- **网页工具包。**这些工具可设计几乎在任何操作系统上都能运行的网页应用程序。虽然外表看起来不错，但可能会存在很多缺点，如性能更慢、断开连接时无法使用应用程序、缺乏本地界面外观。
- **混合应用程序开发平台。**这些平台有时候被称为移动应用开发平台（MADP），通常包含支持本地和网页应用程序开发的工具。这些平台的理念是充当构建跨平台移动应用程序的一站式工具包，所面临的挑战是这些工具可能包含一些特殊功能，开发人员必须学习如何使用。而它们的优势是其中的组成部分允许开发人员在所有平台上使用类似的编码规范，从而可大大提高开发质量和速度。同时，更新多个平台时可减少维护成本。虽然这种方式并不完美，而且很难就具体解决方案对 IT 人员进行培训，但许多企业发现这种方式是最简单的长期有效方式。这种方式还应提供运行时客户端应用程序接口（API），从而提高安全性、管理和可用性。记住，使用应用程序接口时必须连接至后台系统。

IT 策略应确定应用程序如何与后台系统集成起来。企业将需要连接至移动式或非移动式的系统。移动优化中间设备可充当应用程序、后台系统和基于云服务之间的网关。这套连接工具可作为单独软件购买或作为 SaaS 服务购买，通常称为移动后台服务（MBaaS）。企业将根据是否希望预先打包移动应用程序、支持各种不同的操作系统、离线数据收集以及接入移动互联网的速度来选择工具。企业领导者和应用程序团队应考虑以下几个方面。

- **可用性**。不言而喻，可用性非常重要。如第 7 章所述，可用性不仅仅是指图形用户界面，尽管图形用户界面也非常重要。如果有多个按钮和图标或者如果这些按钮或图标排列过于紧密，则设计将失败。按钮大小应相当于一根成人手指。当使用移动界面时，可用空间是有限的，一些设计人员会增加过多的按钮或图标。另一个考虑因素是人手指头的大小。如果按钮或图标太小，用户可能会选择错误的按钮。如果有疑问，可对布局进行测试并获取反馈。
- **一致性**。另一个问题是工作流的一致性。应用程序设计人员应尽力设计一个在所有应用程序上保持一致的用户体验。当然，由于设备功能不同，可能会存在一些差别。然而如果设备间的体验有很大变化，可能会使用户混淆并感到不快。
- **生命周期**。企业应将进程和应用程序当作会随着时间推移而变化发展的有机体。这意味着企业需要确立设计生命周期，IBM 公司的移动先行举措提供了应用程序设计生命周期内应包含内容的示例，包括支持应用程序设计、测试、部署和分析所使用的工具（见图 8—2）。

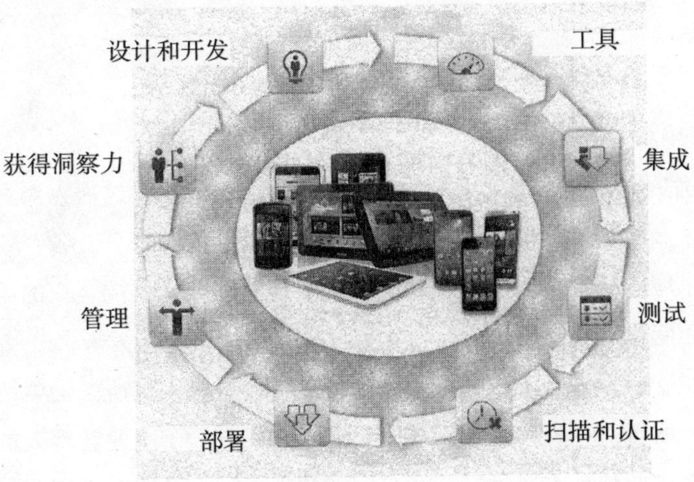

图 8—2 IBM 移动应用程序开发生命周期的视角

资料来源：IBM。

- **工具。**我已经讨论了应用程序设计和开发。工具是指企业可用于分析应用程序性能和用途的测试途径。然而令人惊讶的是，当今很少有企业会使用工具。在测试阶段，在应用程序内构建分析法这一点非常重要。如果没有分析法，则面临着虽然构建了应用程序却不理解应用程序如何使用、是否被使用以及是否具有 ROI 的风险。我们可利用移动应用程序管理工具来实现这一点，但在早期就将分析法包含在应用程序中会更加简单。
- **集成。**集成意味着连接至移动式或非移动式系统中的数据。这些系统通常称为事务系统或记录系统。系统中的数据类型示例包括库存可用性、价格、财政情况、销售报告等。
- **应用程序测试。**糟糕的性能和用户界面会损害有用性。测试是个人电脑应用程序设计过程的重要部分，但对移动应用程序设计而言更为重要。不同的平台表现不同。一个应用程序可能在某个操作系统上运行良好，但在另一个操作系统上表现欠佳，因此在各个操作系统和网页上对应用程序进行测试，以查看其特征和功能的变化非常重要。IBM 将这称为应用程序扫描和认证。我认为这是应用程序的测试部分，意味着应用程序开发人员在发布应用之前应测试应用程序代码是否存在漏洞。不同的操作系统也有不同的漏洞，企业在为不同的环境开发应用程序时应记住这一点。

不要忘记应用程序分析

IBM 生命周期示例中提到了获取洞察力的概念，我认为这一点对交付正确的体验尤其重要。获取洞察力应成为各应用程序生命周期的一部分。各企业不可能一开始就创建一个应用程序或服务。即使开发人员能够完成，终端客户的需求也会随着时间的推移而变化。获取洞察力是指掌握发挥作用的方面并为未来改善提供反馈。

分析法在这一方面起着重要作用，通过理解设备、人员所做的事情，以及做事情的地点等来改善应用程序和使用体验。这些知识有助于企业管理人员掌握构建的应用程序是否按照预期方式运行。如果企业构建了一个游戏，则需要了解人们如何使用游戏？用户是否一直在玩这个游戏？游戏玩家认为闯关难度如何？游戏设计人员会考虑这些问题并将分析法加入服务中。

构建企业软件和面向消费者的服务的人员同样必须考虑这些问题。企业应收集用户体验对用户的影响数据。当我们进入重新构建和购买新的应用程序和服务的新时代时，我们可利用场景信息来制定更好、发挥更高效作用的产品。

究竟要花多少钱投资移动应用程序

企业必须克服的一大障碍是对移动应用程序的投资。成本是移动方面难以确定的一个因素。如我们所见，许多选择都会影响移动式业务的成本。要想了解企业需要花费多少，我们来看看移动技术方案的主要组成部分，包括企业移动管理、开发工具和平台、开发人员和后台集成费用。

许多企业认为员工自带设备会更为便宜，甚至完全免费，因为由员工自己携带设备。然而事实绝非如此。Good Technology 公司的调查表明，每个用户的年度移动购置成本为 1 900 美元，其中不仅包括设备和载体成本，还包括基础设施、软件、支持和许多其他成本。跟踪和计算这些成本的人员对这些成本大大超出他们的预算感到非常意外。Good Technology 公司创建了一个计算器供企业输入实际花费的所有成本，如劳动和通信费用，以计算其年度总拥有成本（具体可登录 www.good.com/mco 查看）。当企业看到其花费的全部成本时，很明显，IT 人员应购买某种形式的移动服务管理，以帮助企业尽可能减小劳动负担。

如上所述，企业移动管理是 IT 人员必须投资的一组技术，在某些情况下还包括移动服务管理。企业移动管理的成本在过去两年已大大降低，而其功能却在不断改善。企业每月应为每位用户分配 1 至 5 美元的预算以实现基本的企业移动管理。如果要增加移动应用管理、内容管理和服务管理，则成本也不同。对于消费者的应用程序，企业不需要提供企业移动管理，但要测试这些应用程序并通过消费者应用商店来分发这些应用程序。

移动应用开发（包括后台集成）是最难确定的移动性成本之一。企业可能会将该任务外包给系统集成商或应用程序设计公司，也有可能会评估和部署企业级的 MADP，这些平台可为一些常见的应用程序提供连接器，如 SAP、Oracle、Microsoft 等。

即使有一个平台，企业也需要集成支持。MBaaS供应商提供了另一种选择，但我认为MBaaS最终也会成为移动应用开发平台的一部分。今天，MADP最终将发展成企业移动应用平台，为后台系统集成提供开发工具和中间件。现在平台的成本随开源工具不同而变化，有些工具是免费的，而有些可能要花费成千上万美元。

按照Anypresence的移动性准备标杆基准，构建应用程序的成本并不低。该公司调查称："半数以上的被调查人员表示，根据传统移动应用程序的最初平均开发成本（包括环境设置、移动业务部署、SDK和UI开发、测试、部署和项目管理），估计每个应用程序超过5万美元。大概25%的被调查人员估计该成本为10万美元甚至更多。"如果IT人员需要为企业开发几百个移动式应用程序，从设计和预算角度来看都不是个小问题。

然而，移动支持并不是企业可以忽视的一种奢侈情况，而是必须实现的。我们不能控制或否认移动支持的事实。因此，必须找到资金来实现移动支持。我们能够做的是构建一个为企业提供灵活性以及可扩展性的解决方案，我们可以尽可能减少一次性的投资。

本杰明·罗宾斯（Benjamin Robbins）在华盛顿西雅图创建了一家移动应用咨询公司——Palador，该公司专门致力于企业应用程序的开发。他认为估算应用程序的成本有几个步骤，而不仅仅是估算工具的成本。虽然应用程序估算通常由技术人员负责，但企业领导者也应掌握影响预算的活动部分。许多企业领导者通常会错误地判断"只需要它完成一件事情"的复杂性。许多应用程序的成本与其他系统相关。作为企业领导者，为了解应用程序的复杂性可问自己下列几个问题：

- 数据由我们自己控制还是第三方应用程序控制？
- 用户界面简单还是繁杂？
- 应用程序试图完成一个动作还是多个动作？

一旦掌握了这些高级问题，即可更深入地探讨更详尽的应用程序估算。罗宾斯提供了下列信息作为确定构建应用程序成本的方法。

Palador 公司的应用成本估算框架

罗宾斯说："应用成本估算没有什么神奇法术，但却有一点小技巧。我们在了解复杂的估算之前，可先看看我们希望构建多少个应用程序。估计应用程序成本的第一步是明确我们正在构建的是什么。在过去几年中，这一点耗费了大量的时间和艰辛的努力。在移动性这个轻便、灵活的领域，有一种更简单的方法。"

实体模型

应用开发人员或团队首先要做的第一件事是设想应用程序的每一个画面或场景并画出来（制作实体模型或线框图），这个模型或图不需要很漂亮、很完美或很精准。可以是实体性的或数字化的，甚至可以画在一张餐巾纸上。不要拘泥于形式或格式，只要自己习惯即可。我更喜欢用白板，你可能更喜欢用 Visio、平板电脑或传统的纸和笔。

画图可以完成几件事情：首先，开发团队人员不会再感到毫无头绪，而这是很多人都有的困惑；其次，尽管方式有限，但没有什么方式可能会比这种实体方式更能体现出设计。画图可以比书面方式更快地指出存在的漏洞；最后，利用实体模型可快速地将想法传达给他人。

使用案例

完成总体设计后，就应该将设计换成文字形式。这个任务刚开始看起来似乎很难，但事实并非如此。转换成文字形式的目的不是为了阐明一个应用程序，而是从用户的角度来描述使用体验——从技术角度而言就是使用案例。

使用案例应包含下列信息：

- 名字——通常是描述一个目的；
- 角色——使用应用程序的人员在组织内的角色；
- 描述——用几句话描述用户执行的动作；
- 预期结果——用户体验的最终结果。

这些使用案例不仅仅供应用团队使用，作为企业管理人员，也需要帮助自己的团队制定相关的使用案例。应用程序的开发和测试应围绕这些使用案例以支持最终用户。这样，应用团队不仅能够创建一个应用程序，还能确保从用户的角度来思考应用程序的工作方式。这一点对开发人员和测试人员都非常重要，因为这些人员通常会优先考虑技术而不是用户。通过考虑用户的最终体验，这些人员将能够构建一个可以吸引并留住用户的应用程序。

应用编纂

完成了使用案例后，应用开发团队可开始将组成要求细分成以下四个主要部分：

1. 总体结构；
2. 用户界面；
3. 数据 / 集成点；
4. 报告 / 分析。

总体结构

每个应用程序都要设立一个基本结构以包含其功能。本质上来说，应用程序需要放在一个容器内，包括编程性和数据结构。建立容器只需要一小部分的时间。对于简单应用程序而言，可能只需要总体时间的 5%；而对于复杂应用程序而言，大约需要总体时间的 10%。

用户界面

用户界面相对较为简洁，通常可以细分成一个个屏幕。这些屏幕包含文本框和下拉框等简单要素，完成开发大概需要几个小时，而那些包含动态变化以及非标准交互作用的屏幕开发需要更长的时间。对于页面上的简单元素，每个元素需要 4 到 8 个小时，而复杂的用户界面功能可能需要 24 ~ 40 个小时。

数据 / 集成点

多数应用程序需要创建和访问数据。数据通常位于多个位置，可能位于本地应用程序、本地网络、私有云、公共互联网或其他系统上。一般而言，企业对数据的控制越强，将数据集成至应用程序上就越便宜。数据离网络控制越远，就越难实现协调整合。应用程序上的数据所需开发时间相对较少。简单的数据交互需要 8 ~ 16

个小时来实现，而与第三方系统的复杂集成可能需要两周甚至更长的时间，具体取决于其他供应商的记录和响应情况。

报告 / 分析

许多应用程序内置有报告和分析功能。这些功能可按照功能进行细分，按照报告复杂程度可能需要花费 8 ～ 24 小时。人们通常会低估报告在显示数据所需总时间上所占的比例。确保将各个功能细分成最简单的组成部分以进行正确估计。

项目管理

如果没有一些基本的监督，项目将不能够实现。项目管理至少应在项目预算中占据一行。通常许多细节都需要进一步协调沟通。集成点通常会出现问题，而项目经理是处理这些细节问题的有效方式。一般项目预算和时间轴状态必须传达给管理人员。开发人员不应负责这个任务，他们的时间非常宝贵，也更适合处理一些技术任务。

我们可以将项目管理要求归结为快速而随意估算项目沟通的重要性。管理人员是否希望有详细的进度报告？项目是否有多个集成点需要研究和协调？如果项目有项目管理要求，则可估计管理时间占总开发时间的 10%~15%。如果项目需要很多的沟通任务，则最好将项目管理时间估计成占总开发时间的 15%~20%。

测试

测试是一个永远无法真正完成的功能；测试内容是无止境的。没有哪个项目会认为测试过多。然而，测试对任何项目而言都不是一种实用方法。在某个时刻，必须停止测试并认为产品足够好。测试估算与项目管理估算类似。如果产品有很多集成点，则更容易遭受损坏。复杂的报告选项或分析也会增加测试时间。

测试时间至少应占应用开发时间的三分之一。更复杂应用的测试时间应占总开发时间的 50%。

部署

管理人员经常忽略的一个方面是部署应用程序所花的时间。即使是简单地将应用程序部署至应用商店也要耗费时间。

应用复杂性和控制通常决定了部署时间。应用程序越复杂——包含数据库、网页服务和集成点——组织对最终部署环境的控制越少，则所需部署时间就越长。简单的应用程序部署时间占总开发时间的10%，而更复杂的应用程序可占15%甚至更长。

缓存

应用程序估算必须记住的一个重要方面是，大多数人都会低估应用程序实现的时间。只有非常仔细的人才会估算正确或过高估计所需时间。除非你是一个生活中非常谨慎的人，否则最好在你估算的时间上增加25%~40%。尽管这样可能会让你的估算虽然很真实却缺乏吸引力，但问一下你自己，按照计划一个项目完善地运行需要多长时间？应用程序越复杂，则增加的时间就应越长。如果应用程序只有几个简单的屏幕且没有集成，则可以减少增加的时间，但仍然应考虑最糟糕的情况。

应用估算是一门技巧

罗宾斯在框架讨论的最后说道："开展应用估算是为了了解某个项目将要花费多长时间和金钱。和所有事情一样，估算应用的能力将提高团队的实践能力和理解力。最重要的是，记住应用估算是一种技巧而不是一门科学。"

他还提出了一个有关确定消费者应用程序和企业应用程序的预算差异的重要观点。他说："这些估算技巧可得到大致正确的结果，并能设定一些合理的预期。不要被应用估算的结果吓到。我们都习惯了将应用程序当作0.99美元的一次性东西。但创建这些看似简单的东西却绝不便宜。这也是我们发现为什么多数独立的应用程序开发商在消费者市场上没有盈利的原因。"

员工是在不断变化的，消费者也是在不断变化的。有了正确的技术基础，企业可实现员工工作效率增长，做出实时决定，并改善客户服务。

技术支持策略应包含企业移动性管理解决方案、应用程序开发策略以及一个大数据和分析策略。企业移动管理软件能够保护、监测、管理和支持企业和员工的移动设备。

技术团队应确定可以访问哪些数据类型、访问该数据的风险以及根据应用需求和内容评估可用的技术解决方案。

我们不需要重做智能手机上使用的所有应用程序，但必须确定哪些应用程序的哪些部分可用于任何特定设备。此外，我们需要制定一个技术应用开发策略。企业应能够支持多种类型的开发工具。

移动应用开发策略不仅仅与工具有关，还包括收集应用程序的请求和反馈。LOB 管理人员必须确定应用团队知道用户群体的需求，并参与设计、测试和建议变更的过程。

应用程序的成本不仅包含工具的成本，还包括应用程序的可用性、一致性、生命周期、测试等。估算成本的框架涉及了各个屏幕或场景的实体模型、使用案例、应用编纂、总体结构、用户界面、数据集成、报告 / 分析等。

希望本章内容让你掌握了浩大的企业移动支持是什么。这在所有企业历程中都是关键且艰难的一步，也是危险与机遇共存的一步。移动支持具有高度动态性。除非我们有一个魔法水晶球，否则没有人能够预测未来五年会发生什么变化。成功的关键是在一开始就制定一个策略，按阶段来快速执行策略，并经常对策略进行重新评估。

接下来我会讨论另一个同样重要的话题，即大数据在组织中的作用。

第 9 章　场景技术解决方案的构成要件：大数据

大数据是机会也是挑战。伴随着大数据和正确的分析，企业能够解决以前解决不了的问题。老的计算机系统的设计处理不了大量、多样的数据，它需要先进的数据分析处理技术。大数据的优势在于它能从根本上改善生产效率，提高产品质量和提升企业每个部门虚拟化后的价值。

大数据如何有助于实现更好的产出

在本书的开头，我谈到了已接入到网络上的可资利用的数据公司在数量和类型上的转变情况。这种新的尚未挖掘的数据仓库蕴涵了巨大的挖掘潜力。但是，拥有海量数据的喜悦很快就会变成痛苦，因为人们很快会发现，如果想从中找到有用的信息会非常困难。在本章中，我们将探讨大数据及其四个维度（数量、种类、速度和可信度）如何正在改变着一些大数据应用工具的应用模式，而这些大数据工具是 IT 和电子商务经理们寻找潜在商务价值的必备工具。

IBM 和其他的一些公司已经在谈论第五个维度，即价值（见图 9—1）。后续我们会详细地讨论每个维度。和前面一样，首先我们会介绍决策者们需要了解的大数据带来的基本的机会、挑战以及相关的内容，据此，决策者们才能和他们的团队有效地工作，更为重要的是真正挖掘大数据的背后价值。

首先，我们来定义广义的大数据，O' Reilly Radar 公司的首席分析师、《大数据规划》（*Planning for Big Data*）的作者艾德 • 顿姆比尔（Edd Dumbill）这么定义大数据："所谓大数据就是已经超过了传统数据库系统的处理容量和处理能力的数据。要么是数据流量太大、流动得太快，要么是传统的数据结构已经不适合去描述它。如果你要从它们中获取有用的价值信息，就必须选择另外的方式去处理这些巨量的数据流。"基本上来说，大数据已经不适用于传统的存储处理系统。从前，我们可以有效地存储和处理相对少量的数据，但现在针对大数据，我们必须要找到另外一种方式或工具来发现大数据背后所蕴涵的价值及其运行规律。

尽管任何技术本身就是个好东西，但没有公司可以仅仅出于技术的目的就愿意去购买和使用这些技术，也就是说任何商业购买行为都必须有确切的投资回报。在某些情况下，很容易看到投资回报，它可以是安装了某些新技术后直接带来的节省成本所产生的回报。而往往很多情况下，投资回报很难量化为成本上的节省，但它的好处仍然是显而易见的，例如，在第 5 章中，我们提到的纪念斯隆 - 凯特琳癌症中心项目，大数据可被用于制订更好的癌症治疗计划从而有效地延长患者的寿命。

现在，我们来讨论下大数据能够提供的新机会。

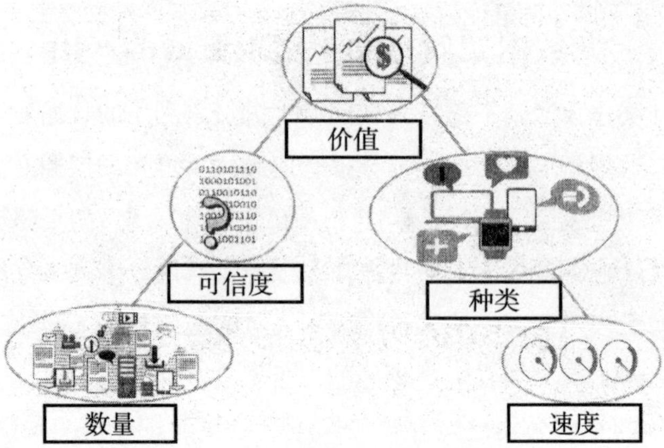

图 9—1　大数据的 5 个维度

大数据的商业案例

分析技术的独特价值在于它能够分析错综复杂的、结构上不同的大数据，并能最终找到其潜在的规律。这可以充分辅助商业人员去分析存在的挑战和机会。如金融、零售、电信等行业其实已经和大数据打了多年的交道了，已经经历过无数的挑战和付出了很多代价，这些行业是早期大数据的使用者而且能够给我们提供一些独特的思路借鉴。

总部位于以色列的 Amdocs 公司，作为服务业软件解决方案的提供商，它把大数据的差异描述为一种迁移，从理解过去到预言未来，并帮助推演出适当的行动方针。“商业智慧其实就是回答一系列问题，我们需要知道什么会发生，而另外一些为什么不发生，”Amdocs 公司的 CTO 阿维亚·丹顿（Avia Dadon）这样认为，“大数据的分析更为高级，公司会使用这些分析去发现数据 / 信息的特性，它并不仅仅是回答发生与不发生的问题，而且还要预言下一步会发生什么，尤其是那些市场领先的业务提供商们需要使用大数据去分析未来该采取什么样的行动及决策。”

阿维亚·丹顿描述了实时行动的重要性，这需要对事情发生后要更快地作出反应，通常所需时间要低于秒级，而在其他大部分的情况下，反应快慢可以是分钟级甚至小时级。在与服务提供商工作的过程中，阿维亚·丹顿发现了大量的案例可以依赖大数据和分析去驱动新的商业价值。这包括实时的跨界销售、预先的客户维系和多渠道的客户维系机会等。

Amdocs 公司分析了电信服务商们的大数据，它试图通过分析相应案例来发现应用大数据后可以带来的利润增长及可以节省的成本。这个案例是实实在在的驱动商业价值和收入增长的案例，而不仅仅是去发现新的潜在商业机会。因此，当你求助于运营商而因此得到更好的服务支持时，你不会再为此新变化而感到惊讶。当然，它可以同时为运营商去挖掘新的商业机会提供很好的案例分析基础。

通过理解消费者所使用过的以及他们对使用过的东西的喜好等特性，服务提供商们可以更好地、有针对性地通过线上或服务中心来提供服务，并通过使用实时的数据分析来提供有针对性的产品和服务推荐。这种营销模式的成功率要远远大于过去那种普遍撒网式的销售方式。

当你把大量用户在购买服务过程中所需的额外花费累加起来时，你就会发现利用大数据分析来节省这些成本将变得非常可观，不仅如此，大数据的分析还可以在跨部门间使用，以提高整体工作效率。根据 Amdocs 公司的研究结果，在服务商想向用户提供的一系列服务清单中，积极主动地关爱和维系用户这一项总是优先级最高的，那么如何才能做到积极主动地关爱和维系用户呢？ Amdocs 公司举了一个例子，如何去避免一个有可能对服务并不满意的用户的抱怨呢？假设在玛丽和朋友及亲友的电话套餐里包括 10 位可随意拨打的用户，而这 10 位用户可能并没有太多联系，于是她想要额外加三个用户，而此时刚好到了她的结算日，这时玛丽会遇到被多收费的情况，这种情况下，大数据分析可帮助玛丽发现她并没有充分利用这 10 位用户的资源，同时大数据的分析还可以主动帮她提出进一步的套餐改进计划。

这时，提前关爱维系用户这个项目就会及时地给玛丽发送一个邮件提醒：推荐她把更多的成员加入到她的朋友和亲友套餐里，这样玛丽就可以及时更新她的套餐，她的账单就可以匹配她的使用情况了。最后，在理想的情况下，玛丽会告诉她的朋友说服务商主动提供了优化服务，并帮助她避免了交过多的收费。

阿维亚·丹顿还描述了一种大数据分析带来的及时反馈现象，即当用户使用流量达到 95% 的时候会收到服务商的及时提醒，这样就可以避免用户的许多抱怨。

这并非只是理论上说说而已。斯普林特公司在2008年的时候因接到用户过多的抱怨电话而备受折磨，这一切都是由于用户遭受的很差体验问题所导致的。后来通过分析根本原因，制定如何降低投诉电话及账单错误的措施，尽可能地避免了那些引发大量投诉的错误，斯普林特公司的客户维系费用从2008年的37亿美元降低到了2012年的20亿美元。当然那个时候的斯普林特公司并没有使用像我们现在所说的大数据分析工具，但是这个发现问题和解决问题的原理与大数据的分析过程同出一辙。随着现代化的数据分析技术的深入使用，企业可以对市场变化作出更快的反应。

保险公司积累了大量的用户和精算数据，如大都会保险公司（MetLife）开始使用大数据对用户进行360度全方位的维系与关爱，从这个角度讲，大数据也并不是什么新的概念。大都会保险公司在过去10年里一直致力于完善这套方案。为了达到目标，大都会保险公司把60个不同的团队、70个独立的行政系统以及其他数据源整合在一起，这项任务十分艰巨，而且该项目也突出强调如果有商务承诺而且资源是跨公司的，而不仅仅是跨IT部门的，那么该项目就只许成功。

大都会保险公司并不准备完全抛弃原来的系统。他需要在原有的和新的系统之间找到一种平衡的解决方案。公司选择了一种更新的大数据技术，叫作MongoDB的NoSQL的数据库，因为它能收集基于原有系统结构化的数据，而且也可以基于非结构化的数据来工作，而不需要消耗大量的时间在数据结构上作匹配映射。

大都会保险公司负责区域应用拓展的副总裁和首席信息官加里•霍伯曼（Gary Hoberman）说："任何其他的数据库都没有办法让我们只关注用户的纪录而不在乎数据结构的差异。基于这个Mongo数据库，我们可以随意地把公司和个人保险策略整合在一起，而无须任何统一结构的提前操作，基于Web应用能够更方便操作。"

大都会保险公司通过与一家代理机构合作创建了一个类似于Facebook墙的接口，它把针对一个用户的所有的原来独立分散的操作整合到了一个入口中，在这里列出了所有的产品特性、联系中心交易以及账户登录和个人交易等。这种新的体验我们称之为"墙"，他们在2013年4月就宣称计划在全美200个呼叫中心和受理机关部署这种墙。到目前为止，这个墙在经过受理的1.4亿个营销宣传推广活动中达成了4 500万份交易协议。大都会保险公司正在评估它的投资回报，但是我们相信此类360度全方位的用户维系，提供了前所未有的、更短的受理时间、更好的呼叫解决方案以及更高的促销方式效果。

在写这本书的这段时间里，“墙”仍然是一个试用版，当前它并不支持更新传统的系统纪录，而保留传统的数据纪录对于最终提供清晰一致的完整用户记录是非常关键的。这个过程的挑战在于要消除那些无用的数据，确保所有和用户关联的数据都是用户自己的数据而没有任何人为的痕迹。加里·霍伯曼认为企业解决这个问题的方法之一就是通过代理机构去向用户验证相关效果。

这个系统是一个使用数据来创建实时体验的主要案例。它同时强调企业可以利用大数据与移动技术的整合来寻找重塑商业模式的机会。就像大都会保险公司设计的“墙”一样，它能把客户的体验由原来需要40项点击操作才能完成的任务瞬间简化为一次点击就能完成。沃尔玛也提供了类似的案例，也证明了只要实现移动和大数据的整合就可以获取更好的投资回报。整体来说，50%的沃尔玛客户拥有智能手机，而50%的沃尔玛网站流量就来自移动业务。

沃尔玛公司的移动、数据和全球电子商务领域的资深副总裁吉布·托马斯就相信移动应用提供了一种机会，即可以把对大数据的分析结果应用于指导用户具体的购买过程。我们的目标是交付一种用户会本能使用的工具，并用它来指导销售的每一个环节。通过使用大数据分析，我们能够具有一种预判的能力，能够根据用户过去一周购买的物品来推演出这次将要购买的物品清单。

沃尔玛公司在其官方Twitter账户@WalmartLabs中有一个团队就致力于使用大数据帮助用户在网络上进行产品选择。

沃尔玛公司通过大数据分析发现那些使用移动App的用户每月去沃尔玛的次数要多于那些不使用移动App的用户。频繁使用该APP的用户有可能一个月会有4次或更多次的购买次数。深入的数据分析也指出，频繁使用App的用户一般花费要高出常规用户77%甚至更多。很明显，沃尔玛公司使用大数据和移动应用创造了一个实时的体验来改善用户满意度，进而提高了自身的销售收入。以上仅举出了3个例子来说明不同的商业企业是如何使用大数据来获取更多的投资回报的。

大数据带来的挑战

我们一直都有数据，数据对我们来说并不新鲜，但问题是我们该如何利用这些数据。就像高级管理人员经常抱怨的那样，我们时常被淹没在这些数据里面，却不知如何去利用它们。

社交网络和信息技术在计算上很先进，他们会产生大量的原始数据。但这是纯粹的数学问题，越来越多的人使用计算机，越来越多的联网设备不断上线，他们产生的数据量还在持续增长。越来越多的联网设备上线，比如我们在车上、电话里、飞机上，以及制造设备中嵌入了越来越多的传感器，这些设备都能够不断产生并发送数据。25 年前，只有信息工人以及信息系统能够产生数据，而现在世界上成千上万使用移动设备、社交网络等的人都变成了创造数据的源泉。我们有工业设备和家用电器，只要任何具有传感器的东西，其互联就会产生数据流。

如今，有更多的数据不断产生，已超出了我们现有系统所能转化为可执行信息的数据。实际上，这个问题在大数据之前就已经存在，只是现在变得更加紧迫。过去技术团队及其领导者可以设置条件把这些数据的处理变得可以掌控。他们经常说："我们需要知道我们的确切问题，对样品要非常了解才可预知精确的结果。"

还记得 GIGO（garbage in，garbage out，GIGO，意为垃圾入垃圾出）吗？具体说就是创造适当的问题产生所需的结果。如果一个机构把周围所有相关的数据统一收集到一个地方，IT 部门就可以利用分析软件通过预先设定的一些问题，获得一定范围内的结构，当然这得花费几天甚至几周的时间。

不幸的是，也许通过这种方式得出的数据并没有多大的用途。因为信息总是有时间价值的。此外，系统只能通过特定的方式处理特定类型的数据。如果一个企业收集到的数据结构不对，无论是行还是列，商业软件在利用起来就会有问题。IT 部门就得花时间去处理结构不同的数据，并需要做大量的工作去进行转换，这种方式耗时、昂贵且不灵活。

除此之外，由于对数据结构有要求，系统在处理数据的时候就显得很笨拙，假如该结构在设计时考虑了支持三个问题，如果当管理层想去寻求第四个问题时，IT 部门就得花大量的时间重新编码去添加第四个问题，以此类推，任何新的要求对于

IT 部门来讲都会带来修改的灾难。因此，当我们手头有大量数据的时候，往往一开始就被淹没其中，手头又缺乏有效的工具去提取有价值的信息，更不要说对数据进一步地深入分析了。一些聪明的网络工程师们经常考虑："我们需要更好的方式来处理数据。"如果我是 Google 或者 Yahoo，要去索引一条信息，我需要有效地处理搜索请求；如果我是 Fackbook，我需要帮忙成千上万的用户找到他们想知道的或者找到可以成为朋友的人。

一些天才设计出了使收集、存储、搜索数据变得更容易的方法，这就是大数据处理平台。后面我们会更详细地讨论。这些工具的确能够更灵活更好地处理数据，真正具有变革意义的是这些新的工具使得数据处理难度大大降低，而且可以同时处理不同类型的数据，如 email、视频、音频、照片等。与此同时，为终端用户提供了接触和处理数据的可能。用户可以基于数据提出各种问题，而且要得到结果也只需花费几分钟，回忆一下第 6 章提到的 Hilti 案例，它让企业处理 3 300 万数据量的时间从过去的以小时计降到了以分钟计。

曾经是软件开发员和产品经理，如今已成为行业分析师的伊凡·奎恩（Evan Quinn）指出，市场营销行家们已经意识到对于他们的每一个用户来说，都存在多个可用的数据点。如果能够更好地整合这些数据，就可以在理解用户真正想要的东西的基础上极大地降低揣测用户心思的工作量。如果有合适的工具，企业就可以提前感知用户是否对新的定价或产品满意。法院能够把犯罪数据和基于本地的一些数据如天气数据、购物时间等关联起来，以方便警察预测何时何地有可能会发生犯罪行为，从而去适当地部署警力资源等。医疗团队也可以把松散的医疗研究和疾病处理数据联系起来，从而更好地制订诊疗计划。

所有进入大数据处理平台的数据让我们开始问一些新的问题或者是以新的角度来提问，然后以一种以前从未考虑过的方式来解决问题，去发现那些事实存在但可能我们之前并未意识到的问题。

1. 大部分为企业设计的操作处理系统在初始设计时并未考虑到数据的大量增长、处理速度需求以及处理数据的种类变化。此外，更为重要的是，它们并不能处理异常复杂的问题，而这些正是我们需要从中寻找确切答案的。

2. 企业的智能 / 分析工具通常是相当简化的、出于统计目的的应用，而大数据处理所需要的统计通常是更为先进而且能够做提前的一些预测。
3. 很少有人有能力理解那些数据、商业或人类肢体语言背后的寓意，但是统计分析学可以做到这一点。而且我们还不得不与所有可以使用这些答案的人们来分享所有问题的答案。而且，他们还有可能问一些新的更加中肯的问题，于是他们也就无意识地参与到了挖掘全新视角和全新价值的信息反馈环路之中了。

幸运的是，凭借我们对大数据处理的能力，能够把大量松散的原始数据转换为有用的、能够辅助行为决策的信息，同时通过以下三个要素的共同作用，让我们能够改变游戏的基本规则。

1. 我们目前的进展可以说是飞速的，Google 搜索大数据词条的时候，0.34 秒就可以搜索出 8.46 亿 条结果。
2. 我们能接触到很多数据，而不仅仅是一小部分，理论上说，一个组织能够分析任何格式的数据，不管什么结构，不管什么登录方式。
3. 我们能够以不太昂贵的硬件来处理大数据，我们并不需要超级计算机，尽管这些计算机在某种意义上非常适合处理大数据，我们也可以采用计算机集群的方式，某些情况下，我们可以购买资源就像在云服务里购买服务一样（我会在后面占用一些篇幅来简单讨论一下这种情况）。

目前这些变化意味着我们并不需要完全知晓未来的所有问题，我们可以带着一部分问题就开始工作，一旦不适用的话，我们还可以尝试其他方式。因为分析很快，系统可以在任何数据上工作，我们并没有把数据抛弃掉；老的处理方法中并不包括数据，因为它们并不存储数据，而是已经定义了问题参数，在处理的时候只讲问题，即使他们认为这些问题是错的，新的结果所依赖的数据也不是必须的。

现在让我们来谈论一下大数据所带来的好处。

大数据的有用性

麦肯锡咨询公司在其 2013 年 3 月的报告中，对“在大数据下，你的计划是什么”这个问题的答复是，任何大数据的计划都需要三个核心组件：（1）数据；（2）分析模型；（3）工具。这是一个简单但却有效的描述大数据新挑战的方式，我们接下来将在本章详细讨论这三个核心组件。

我们需要收集和集成那些孤岛的数据。我们不能或者不该生活在彼此孤立的世界。但在某种程度上，企业的数据一直保持着一种孤立的状态，各个部门将有效隔离，就像金融、市场、人力资源等部门之间那样。这可能是因为企业在建立之初就是由相对独立的部门构成的，之后很少再发生改变，然而在这个相互独立基础上的企业无法实现极致体验感。这些极致体验感是需要多部门的共同参与、需要信息的自由流动的。

建立一种新的方式来存储和分析数据，就为我们提供了一种新的机会来解决所面对的问题。

在这个全新的大数据世界中，企业的每个部门，无论是市场部、财务部、生产部门，还是人力资源部门都主动地想接入数据，并从主观上非常积极地想找到一种方式来把这些数据转换为一种全新的洞察力，以便基于此做出有意义、有价值的决策建议。例如，市场部想从金融数据中分析出价格改变如何影响销售和利润。在这种需求背景下，相互孤立的数据是毫无意义的。

企业需要的是从大数据中提取出有价值的信息，而不仅仅是需要大数据处理方面的科学家那么简单，这就需要把数据诠释为大家所能理解的知识。在理想的情况下，通过数据分析至少可以给出一种排名建议，甚至是下一步最有可能发生的动作，我们称之为约定俗成的分析（prescriptive analytics），亦称为主流行为分析或习惯性行为分析。这种行为分析模式可以进一步演进为预测性分析（predictive analytics），即基于可用的已经实际发生的事实，通过大数据分析可以预测未来最可能的发展结果。

然而，在一开始使用大数据的时候，最重要的事情就是能够以可理解的最简化的方式来处理大数据。如果对大数据的分析仅仅得出了“销售额降低了”这类信息，那是远远不够的，同样如果仅得出了“在堪萨斯的销售额降低了”这类信息也是不够的。大数据的分析报告需要提供更加深入的原因分析、是否需要改变产品配置的分析，以及是否有新的竞争者加入等更深入的分析内容。

大数据及其四大衡量要素

针对这一点，你可能会问，这是否是关于大数据如何改变我们的系统的讨论，前面我们已经讨论了很多大数据的机会，很明显还有很多我们还没有讨论到。关于企业在建立大数据支持系统的时候要面对的问题，至少有四个衡量大数据的要素需要我们详细陈述一下。

这四个要素包括：信息量、信息类型、以合理代价实现信息转换的速度以及保障获得高质量信息的程度。在某种程度上，大数据使得处理大量的信息变得更加困难，而另一方面又使得它变得容易，因为借助大数据很容易分析事物的趋势和识别异常情况。

首先，我们来讨论信息量带来的挑战及其与目前技术水平下的解决方案的相互关系。数据通常是存储在数据库里，这是一种存储和组织数据的方法，数据仓库是对数据的集中存储，数据仓库存储历史数据和某种程度的最新数据。过去，企业一般具有诸如 SAS 和 Teradata 这样传统的数据分析包和分析工具来创建一些趋势性的研究分析报告，通过分析历史数据来改善产品性能，提升销售业绩以及增加客户服务等。

直到现在，大部分数据以某种形式存储在关联的数据管理系统如甲骨文、IBM 和微软等数据库之中。之所以叫关联是因为它们以关联的方式进行存储，如表格中行代表条目，列就代表这些条目的相关属性。数据通常在存储之前就进行过一些处理，因此数据通常在数据库中按照一定的结构来组织，以方便计算机识别处理。数据分析人员整理更新数据以改善数据的精确度，同时他们也定义数据组织的方案，但这些工作通常都非常耗时，因此就限制了数据存储的量和类型，那么我们为什么会关心数据库的历史呢？这无疑是个好问题。

自从 1980 年开始，甲骨文和 DB2 就应用了商用管理数据库，关联数据库已经成为信息存储的主要选择，但是在 20 世纪 80 年代后期，很多事情发生了变化，而应用和接口在过去 30 年变化最大，底层管理存储数据的方法并没发生太大的变化。不幸的是，大数据突破了传统的系统，那么大数据有什么不同，很大一部分不同来自其规模，它大得就像人类基因和三维视频，这些在传统的数据库架构里是很难存储的。它需要子秒级的处理速度，例如每百万分之一秒需要处理百万级的报文。这意味着只要一发生就需要处理，而不是大批量的存储与处理。它可以是未结构化的数据以及快速迁移的，如社交网络，大数据经常会频繁地改变数据源，这使得所有的数据源保持结构同步很困难。经证明，大数据适合并行处理，利用多个处理器把数据结果整合起来。

员工和客户的期望也都发生了改变，如果一个人点击一个网页或者点击一个移动 App 的应用，用户都希望能够得到快速响应。人们希望能看到把所有数据都整合在一起，不论它开始于哪里。如果客户打电话，客户期望呼叫中心作出"知道我是谁"、"我为什么打电话"以及"我所问问题的准确答案"等响应。给客户的响应答案也许来自三到四个不同的系统，但客户并不关心这个问题，他们只要能获得自己想要的确切答案就可以了。

传统的关联数据库很难支持大量的和不同类型的数据。企业也可能会添加新种类的数据源，如传感器数据、社交数据和第三方数据等。

传统的数据库很难整合大量的快速的流入系统的数据，因此通常很容易引起拥塞。

业务发展得越快，就意味着我们所需要的信息处理就越快。我们需要实时或近乎实时的方式来处理数据。一周或几天的处理时间就显得太慢了。我们需要的处理时间是小时甚至是即刻。前面我们提到在过去通常是按照特定的方式设计的数据库，只能够处理特定的问题，实际上用传统的工具可以实时地处理数据，但问题是，如果数据量太大或格式不对就很困难了，而且也很难同时去整合和分析多种类型的数据。

在传统的商业智能架构中，数据通常是存储在数据库里（如一个关联数据库，或基于一个大型的数据仓库）。用户问问题叫作基于数据的搜索。而流处理就不一样，它会从连续快速的实时数据中提取信息，而不是收集再存储，这意味着极大的延迟。另一个大家可能听说过的术语就是复杂事件处理，它是一种跟踪和分析的方法，能够对业务处理和工作流程进行实时的处理，同时可以提出带有指导意见的方法。因此，人们通常会把复杂事件处理看作是一种涉及业务处理的大数据而不是纯粹的数据。

到目前为止，我们所需要的是那种能同时兼顾存储和分析功能以及实时数据的解决方案。

所有的这些不是过去的商业智能必备的简单报告、仪表盘以及搜索等能解决的。的确，有更先进的商业智能软件解决方案能够帮助数据分析者们理解业务，但是这些软件并不都适用于公司所有的经理及雇员。因此，大数据更适用于那些 IT 工程师们使用。大数据的解决方案的目标是帮助技术团队及时准确得到数据并得出一定的结论，来为用户服务。

目前的情况是每个部门如金融、销售、市场等都有各自相应的商业数据来显示各部门的运营情况，但是管理层更想看到的是跨部门的整体 KPI 的数据，从而便于做出决策。我们也经常利用这些数据对人们的行为进行更多的了解。最重要的是，我们之所以想了解这些资源，是为了更方便地做决策。

考虑到今天广泛存在的数据，我们可以提出很多问题，这在以前是难以想象的。在 2006 年以前，准确实时感知客户的需求和产品体验基本上是不可能的，而在今天，社交网络提供了进入用户生活的实时窗口。每天有 475 万的内容在 Facebook 上共享（包括状态更新、新的事件、照片、视频及评论等），伴随着这些信息，又会有 45 亿相类似的和多达 100 亿的消息产生。不幸的是，我们现有的数据存储系统并不是为这些大量且类型繁杂的数据而设计的。

用传统的工具，基于这种类型的数据很难去提问或者改变这些问题，我们不得不重建新结构的数据库，重新装载数据以支持新的问题。并且新的存储还要花费时间和金钱。

今天，企业决策层需要问问题，先得到答案，然后再修改问题。我们需要不断地去提问、提炼、抛出问题，以理解不断变化的市场，而大部分现有的数据处理系统并不能完全满足这些要求。

大数据平台与容灾

几年前，企业内部还在争论云计算是什么，哪种符合工作流程和应用类型的架构适于放置在云上，因为市场变化太快，产生了太多未知的东西。在过去的 5 年里，业内定义了一套使用场景和满足相应场景的技术，如不可预见的增长应用、灾难恢复以及应用测试环境，市场也至少定义了三种部署模式：公共、私有和混合云。

大数据快步走向今天，又以同样充满变革的方式进入人们的视野，设备商们开始发布软件和硬件作为大数据的应用平台。大数据作为一种平台有助于获取、分析和整理数据。这看起来很有前景并且演进很快。它把开源技术和企业级的解决方案结合在一起。类似云计算，大数据市场也为大数据平台提供了一种混合的、主流的模式。它并不一定必须包括先进的分析和可视化的组件，这些你都可以轻松从设备商处获得，如 SAS、IBM、SAP 等，或从一些更专业的可视化组件供应商，如 Tableau 和 Roambi 等处获得。

在大数据平台和我们今天所具备的能力之间最大的变化，就是我们建立了新型数据库和搜索工具来支持大量的数据分析和存储。你可能听说过 IT 团队讨论类似的解决方案，如 Hadoop、MongoDB、Cassandra 等。出于简化的目的，你并不需要详细了解技术细节，而就某个技术方案优于其他的技术方案的原因，你也无须确切地知道。

大数据平台和传统的数据库是互补的

当我要选择合适的工具用于工作时，首先我需要做的是一个重要的识别。前面我已经说了很多次，现有的系统不能处理大数据，这并不意味着我要抛弃掉以前的一切。如果你认为我们过去花了很多年缔造的东西是无用的，而到了大数据时代就需要完全抛弃的话，那这种思路本身就是错误的。

事实上，我们仍然需要现有的数据存储和现有的报告体系来运作，新的数据工具如 NoSQL 和 NewSQL 更倾向于补充而不是代替当前的存储处理平台，它们是大数据平台的一部分。

这些补充方法能够帮助企业全面提升其能力，从而可以更好地理解并对市场的变化作出快速而正确的反应。虽然技术在发展，但数据存储和分析一直按照原有的方式，如日报、周报、月报等方式运作着。实际上，即便是在大数据时代，仍然有结构化或者是容易结构化的数据，仍然有合理规模的数据量。因此，现有的工具仍旧适用于所有这些数据的处理。我们利用新工具是去分析、收集并把笨重的大数据和已经结构化的数据整合到一起。

大数据平台是一套简化的工具，能够帮助企业更高效、更快速地响应以及获取更高的利润。

很多情况下，一项任务需要快速及时地完成，例如，市场部门和客户服务部门需要分析数据帮助公司更好地实时指导销售及客户服务。对于这些任务，我们可以利用大客户平台来处理。它使企业能够赚取更多的利润。

工作场合使用的合适工具

我们既需要像往常一样支持业务的正常运转，同时也需要为将来的业务作考虑。另外，许多 IT 部门的预算也在缩减。根据洛佩兹研究所发布的年度 IT 基线来看，截止到 2013 年，IT 预算平均削减了 5%~10%，新技术带来的混乱、削减的预算和商业环境节奏的改变已经让 IT 领导者们感到头痛了。

如你所见，面对大数据所带来的混乱 ，人们一直在争论哪种技术更好。事实和我们在移动领域发生的一样，没有一种方法能够解决所有问题，IT 团队需要挑选出最合适的工具来使用。

每一种解决方案都有各自的优劣势。像移动应用一样，大数据及分析方案的选择很大程度上取决于一个公司的目标是什么。这意味着公司根据自己不同的需求来选择不同的工具。例如，MongoDB 适于动态搜索，MongoDB 的本质是支持地理空间的索引，方便使用者开发基于位置的数据应用，开发新功能，提升个性化的用户体验。

技术提供商们开始把网络质量和用户体验关联起来，就会用到复杂的数据流的处理，而在别的应用场景中，公司只需要搜集那些变化很缓慢的数据即可。

这种类型的数据的一个很好的例子就是用户关系管理和内容关系管理系统报告。数据库的方案如 CouchDB 就适合处理这种场景，而 Riak 的数据库则对于处理快速变化的数据更合适些。

社交网络公司利用图库如 Neo4j 来发现个体间的关系和联系。这种场景下最大的困难是通过流的处理和持续不断的计算来给出方案，所以要不断地更新数据库，Twitter 作数据处理的时候，通常是把人们正在讨论的事情贴到网页上，浏览器能够实时看到当前热门的话题，很明显，所有应用数据都是不同的，需要不同的特性处理。

不要指望IT部门走出去买个大数据的方案，就能把它变成了大数据的平台业务，即便是要购买也得要定义所需要的数据分析类型。谈到主要的大数据业务，需要去发现云计算如何影响大数据基础机构的趋势。

建立与购买

企业采用云计算来更新、扩展、代替现有的数据中心，而用来管理大数据所需的软件和硬件是一项非常大的投资。云服务提供商例如亚马逊、Quble 以及其他公司充分抓住了这个机会，为各种大数据平台提供了云业务。其中有些公司采用基础架构外包的方式，如果你要外包业务的话，你需要把存储、处理、数据提取、搜索、商业智能以及可视化等整合到一起。

在一个平台上解决所有这些问题在今天是不可能的，但是这是一个持续不断的演进过程。

埃森哲咨询公司做过一项研究，即在哪里部署你的 Hadoop 集群。研究里提到了对不同部署模型的探讨、技术考虑以及投资回报等，埃森哲咨询公司提出企业有以下四种方式来部署 Hadoop：

1. **完全客户化的使用。**企业购买硬件，安装软件，运行工作，可以完全控制 Hadoop 集群；
2. **Hadoop 作为一个工具。**这种预配置的 Hadoop 集群允许企业绕过详细的技术配置，直接进行数据分析；
3. **Hadoop 宿主。**就像传统的互联网提供商的模型一样，企业依赖业务提供商来部署及运行 Hadoop 集群；
4. **Hadoop 作为一个业务。**企业可以接入到 Hadoop 集群中按照付费使用的模式，企业具备非常大的灵活性。

在第一种场景里，一切都有 IT 部门来做；在第二种场景里，IT 部门可以跳过硬件安装，将主要精力集中在软件栈的建立和分析；在第三种场景里，对于 Hadoop 宿主，IT 部门拥有硬件和软件，但是由业务提供商来进行管理，这可以把 IT 解放出来，专注于设计策略和正确的分析；最后一种场景是用来提供业务。当你并不确定你的需求及相应的解决方案的时候，HaaS 是一个帮助你起步的很好的工具。如果某个工具运行得很有效的话，你没必要丢掉它。

埃森哲咨询公司认为，机构在决定部署适当的模型时应该考虑下面 5 个关键因素：

1. 性价比；
2. 数据的保密性；
3. 数据的重要性；
4. 数据的丰富性；
5. 研发人员和数据科学家们的生产率。

基于公司分析的案例，埃森哲咨询公司的研究指出：Hadoop 作为一项业务能够提供更好的性价比。当然，关键是把你的这种需求和解决方案很好地匹配起来。

大数据是关于人和数据

大数据并不仅仅局限于一种技术，它还和人密切相关。新的技术需要在机构内部具备新的技能。一个新受追捧的角色是数据科学家。我们已经有商务分析师和数据分析师。数据科学家是一个新出现的职业。伊凡·奎恩总结得很到位："数据科学家就像大数据时代人力资源里面的瑞士军刀，它是一种职业的综合体，一部分是软件研发人员，一部分是数据分析师，一部分是商务分析师，另一部分则是统计学家。他可以把所有这些因素都综合统一起来去寻求具体的解决方案。"

的确，你猜对了，这个角色需要集 MBA、数学家、技术专家和设计者的才能于一身。

这从工作角色来定义的话，是一个不太合适的描述，听起来像是在招募超人。事实上，麦肯锡公司认为，美国目前面临着 14 万到 19 万的人员短缺，这些人既需要能够做具体分析，也能管理和理解大数据，并能够做决策。

大数据的引入需要技术，大部分公司当前缺乏人力和物力。这确实是一个难题，但是任何公司的成功都取决于对这种新挑战的敏锐度和接受的能力。第一个要应对的挑战就是制订一个计划。该计划应该既包括技术方面的整合，也包括人力资源方面的策略。因为数据科学家很抢手，因此需要企业进行内部人才的培养，同时要有计划地和外面的组织合作。

通过形成一个世界级的数据科学家和工程师网络，Data Guild 帮助客户理清他们的问题，改变商业模式并找到对企业发展有贡献的技术和方法。他们采用多学科的方法，将设计人员、大数据工程师、数据科学家、社会科学家和企业家整合起来形成一个高效的团队，Data Guild 公司的奠基人之一大卫·古特琉斯（David Gutelius）认为："公司应该把更多的资金投入到人上面，而不是投入到具体的事情上面。"在人力资源方面投资，你会获得更多更有前景的回报，企业应该看到大数据真正最具希望的事情是更注重人而不是机器。这些人并不仅仅是企业里的数据科学家，而是一个团队，这个团队能够支撑数据从认知到决策的处理。

如果我们不能轻易地获得数据科学家，那就对现有的具有潜力的员工进行培训。首先，这些数据和商务分析师应该在公司内部面试不同的人员，通过定义与业务相关的不同问题来产生一些积极的成果；其次，这种操作并不是去累计或操控，而是去捕捉有意义的数据，从而转化成可为企业所用的数据。在理想的情况下，这样的方式能够产生导师，古特琉斯认为，产生导师的这种方法一直被低估。其实，今天的商务分析师仅仅是另一种数据科学家的产生方式。

我曾经问过古特琉斯关于公司如何去使用大数据有何建议时，古特琉斯说，数据的异质性是不变的规则，没有任何例外。公司必须建立大数据处理和分析方案，允许多样性的环境存在，企业应该允许其数据科学家去使用任何的方案或者各种方案的组合。

他也提到，"实时或近实时远比非实时的要重要"的说法其实是错误的。它取决于你的业务需求及其所带来的前景和优势。同样，某些特性的重要取决于你要问的问题，这些特性包括数据规模、复杂性和多样性。

分析模型

介于数据库和方案是大数据策略的基本部分，你也可能需要分析模型来使大量庞杂的数据变得有意义。伊万·斯塔布（Evan Stubb）是《商业分析》（*Delivering Business Analytics*）一书的作者，他在书中提供了几个用来创建分析模型的实际指导原则。企业应该使用分析来驱动产出而不是洞察力。尽管洞察力是有趣的，商务分析的目标是驱动价值创造，斯塔布写道："洞察力是最基本的，但是那也只是一个中间步骤。另外要记住的是有趣的事情并不一定都有价值。"

分析模型必须要和一些问题相关联，这些问题是企业发展要回答的，并因此能获得一定回报的。商业要做的就是不断去发现或者消除一些问题，对于大数据而言，一个很有意思的挑战就是，在某一方面适用的东西在另一方面可能就是错的。企业必须要利用经验来处理这些事情，并应建立一个战略计划来追求正确的技术、工具和才能。寻求解决方案和问题的过程本身也依赖于经验。

古特琉斯说："大数据中最缺乏的是规范化的数据产生的流程实践，"他还说，"商业需要快速的循环分析，这意味着公司内的数据团队起步于小规模，然后通过快速实验，进而成功后再进一步推广扩张。企业在采用新技术方案时不能采用在一棵树上吊死的方法，一项技术方案不能达到预期的结果和应有的价值时，IT 人员就必须时刻准备着抛弃这个技术和方案思路。"商业投资应该是结果导向型的。"企业应该认识到自身所面临的问题会随着更多的信息量的获得而发生改变。随着时间的推移，企业将会面对更新更好的问题或机遇。我们要学会并懂得，从分析大数据所获得的全新洞察力也是一个理论来源于实践且需要多次反复迭代的实践与探索的过程。"古特琉斯接着说道。

要理解数据的不完美

我们通常把那些不准确、不完整、冗余的、经常难于用来做分析决策的数据，称为"垃圾数据"，这是伴随数据收集的过程而产生的。垃圾数据可能会包括错误，例如拼写、断句不正确、未正确反映某一领域、数据不完整或是已经过时。名字就是一个经典的案例，一个名字在数据库里有很多种存储方式，如 Maribel Lopez 可以存储为 M Lopez，M、LOPEZ、M.R.LOPEZ 或 Maribel R.LOPEZ 等不同的形式。

这意味着数据分析师们需要进行相关数据清除或数据检测，修正或删除遭到破坏或不准确的数据。有很多方法可以帮助你，包括剖析数据用来检测句法错误，映射格式的错误。分析师们也可以利用统计方法，如分析均值、范围或算法来修正意外的错误。数据清除是一项复杂且耗时的工作，毫不夸张地说，大量数据的出现只会使数据准备的工作更为庞大。

麦肯锡公司认为，大数据规划也许应该强调大量重组数据结构的必要性。短期来说，对于某些公司简化的方案似乎是可行的，就是对外寻求数据专家来解决问题，他们会利用基于云的软件来统一数据。

古特琉斯说，假定要花大量时间和精力去识别、清除和整合数据，并且大量的最有用的数据并不在公司内部，需要和公司外部的数据合作才能创造影响力，那企业一开始就应该认为自己手头没有任何所需的数据。这关系到我在第 3 章中讨论的关于实时体验的差异，实时体验需要公司收集、整合、分析数据来源。

找到正确格式的数据并进行相关分析一直是一个值得关注的问题，但是大数据工具可以使这项工作简化。大数据解决方案的两大好处：第一，可以提供保存大量数据的存储能力；第二，按照最初的格式进行保存，这种格式可以进一步格式化为数据清单，或者不格式化，如 Twitter 的消息或视频的格式。假定保留原始的数据格式，那么即便企业在第一次格式化不正确的情况下仍然可以返回重做。

你的角色

尽管你并不负责选择具体的大数据平台工具，但你却扮演着非常重要的角色——帮助 IT 设计有效的大数据策略。在我看来，首先要了解人们手头有什么，需要什么及购买的方式，CIO 需要建立一个和商务执行部门协同的跨功能的团队，去了解他们真正需要什么数据，进而指导决策并在部门间分享相关信息。

任何大数据策略都始于为得到一个解决方案来制定一个商务策略。对于大数据最重要的事情就是企业内部的多个部门都要从中受益。事实上，如果你第一次就做对了，你存储的信息和一套解决方案就会被多个部门分享。沃尔玛就是一个很好的例子。它把来自 10 个不同网址的数据整合到一个含有 250 个节点的 Hadoop 的集群中，这个集群的数据超过了 10 的 15 次方。这意味着沃尔玛的全球各部门都可以使用这些数据。IT 部门已经初步了解了团队要使用的数据，这个过程需要各个部门和 IT 部门紧密合作来共同定义业务需要。你作为商务经理或执行层需要支持 IT 团队，你需要参与到以下几个步骤中。

- **把大数据能够解决的问题列出来并进行归类。**接下来花 1 到 2 年时间考虑你的业务目标。什么样的信息对实现目标有用，它们和你今天接触到的又有什么不同。
- **定义数据来源。**需要理解大数据的来源以及如何来找到它们。你的任务是帮助 IT 部门理解你需要接触的数据，并去发现在公司内部是否存在这样的数据以及是否需要额外的数据来源，你有大量的可以获取数据来源的地方，如 infochimps、Windows Azure，实际上这里只提到了少数，除了定义数据来源，你的团队还需要设定预算来支持从第三方来获取数据。
- **重新评估你的数据保留策略。**存储数据并不免费，但是使用一些工具，你可以使它变得更便宜些，如 Hadoop 和一些日用硬件。你的企业选择让数据保留的时间更长一些，只是因为存储很便宜。但并不意味着你应该这样做。许多数据经过一段时间以后就变得失去价值，当公司决定 5 年后停止研发某个产品，那么这个产品的销售数据还值得保留吗？可能不用，因此，你得重新评估数据应该保留的时间。
- **设计输出。**大数据解决方案是把你的思路想法传递给你的团队的基础，这样他们可以工作得更有效。你需要帮助 IT 部门设计一个解决方案，它能够提供一种格式的数据，这种数据不仅有用而且不需要花费终端用户很复杂的操作。这就需要你和 IT 部门一起讨论你们所面对的问题、工具的类型、想要的数据以及你们想要创造的目标。该方案应该能够提供以下几个组件：

  1. 数据；
  2. 数据的呈现，可以是图表、图形等；
  3. 各种分析和数据产出；
  4. 数据探究。有什么方法可以帮助终端用户来更好地使用数据？什么数据终端用户可以深入地分析。

- 创建一个导航工具可以帮助你专注于有成效的结果。发现大数据的巨大好处并不意味着你就可以开始工作了，首先找出问题，例如，把回报降低 3%，或把信用卡骗子减少 2%。
- 检测结果并适时调整。即便有正确的规划，大数据方案也不会立刻提供有效的成果，需要时间去不断地修正现有的方案，甚至尝试新的方案。

• 参与到跨部门的团队中。数据的垂直或水平分割是多年以来常见的现象，而在大数据背景下各部门需要合作并共同受益。

• 不要期望大数据能够解决一切问题，获得新的洞察力就是需要耗费时间的。大数据一度被认为是治愈公司一切问题的良药，虽然好的数据和洞察力可以帮助企业，但并不保证大数据就一定会帮助企业获得革命性的改变，企业应该做的是伴随大数据来改变流程。

指尖上的场景革命

总的来说，大数据是机会也是挑战。说它是机会是因为企业可以尝试问一些新问题或者用新的方法来问老问题，伴随着大数据和正确的分析，企业能够解决以前解决不了的问题。

说大数据也是挑战是因为老的计算机系统的设计不是用来处理大量、多样的数据的，它需要先进的数据分析处理。另一方面，并不是很多人都能理解大数据和真正了解企业 / 人的需求以及统计数据的必要性。

技术趋势是不可阻挡的，重要的是需要什么样的信息以及确保它对人们是有用的。伊凡·奎恩说："在企业内有一个很大的误解，他们认为会存在一个天才的数据科学家团队能帮助决策层，告诉他们该如何做就能改变世界，这实际上是不可能的。"

大数据的最大优势是把这些新的决策能力带给那些最能理解大数据的人们，帮助市场更好地进行定价，帮助销售人员确定该给哪个客户打电话。给购买专家们更多方法去理解什么时候及如何去买和买什么。

最后，大数据的真正能量并不是只给少数几个专家赋予超乎常人的些许优势而已，大数据的优势在于它能从根本上改善生产效率，提高产品质量和提升企业每个部门虚拟化后的价值。

第 10 章　用移动互联新思维雇用和提升员工能力

任何一家企业只有发现人才并留住顶尖人才，才能在市场竞争中赢得胜利，提升客户满意度，在行业中建立新秩序。将极致体验理念引入到人力资源的招聘工作中，并将其应用于制订员工培训计划的工作当中，在公司运作的各个环节中引入“游戏化思维”，就能够在员工管理上可以做到人尽其才，在产品服务上可以做到真正满足客户需求的最佳状态。

在前面各章节里，我们分别详细讨论了一些关于企业如何为客户、雇员、合作伙伴和其他利益相关方创造有极致体验感的方法与措施，以及为达到这个目的，企业所需要进行的一些必要的制度创新与流程创新。我们还概括出了实现极致体验感所需要执行的最基本的几个步骤和技术解决方案。本章，我们要讨论的主要议题将集中在移动互联网、大数据和云计算等新技术发展给企业带来的新机遇与新挑战，以及这些技术及其所推动的相关商业行为方式转换将如何改变企业未来的运营模式。

与过去的、传统的市场环境和工作方式相比，未来将是完全不同的。未来的商业形态与生态环境将是以分布化、移动化、实时性和多媒体为主要载体和体现形式的。如今的新生代劳动力大军一直是伴随着移动互联网技术、云服务、社区网络等新兴事物而成长起来的。正如你在各个地方所看到的那样，IT 等新技术将成为推动未来市场环境及商业模式变革的核心力量。在哪里做生意和在哪里工作都将显得无关紧要，它们也将不再被局限于一个固定不变的物理位置。而且，未来的事业成功将更加依赖于团队和项目本身。

员工去到的任何一个地方，到达的任何一个地点都可以成为其办公室。团队成员可以分布在世界各地的任何一个国家与地方，他们可以在自己的私人办公室、家里或者公司办公所在地工作。如今的移动互联技术、社区网络和视频等新技术完全具备搭建一个全新的工作场地、提供全新的商业模式的能力，而且，未来的新技术还能够提供比以往任何时候都更强大的、更加高效的沟通交流方式，以及与团队之间的协作能力。新技术将会改变企业中的人员招聘模式、人力资源管理方法和员工激励机制的方式等。很显然，越来越多的迹象表明，那些能够发现人才并留住顶尖人才的公司就能够更加容易地获得竞争优势，还能大大提升客户满意度，并有效增强公司的生存能力与抗风险能力，而且能够确保人尽其才，使具有最合适技能的人才真正得到聘用。

要理解未来理想化的市场环境与商业模式，我们需要重新定义未来商业活动的新模式和新流程，同时，新的管理角色、劳资关系也是需要重点考虑的事情。例如，在未来的新形势下，企业就需要评估考虑是否应该设立一个诸如移动大中心（或者被称作“基地”）的新部门或新团队；或者在企业内部，是否需要设置诸如首席移动官或大数据首席科学家等新的管理角色及组织形式等。同时，公司还应该制定详细的管理制度及奖惩措施来留住和激励所有员工。

在新型商业模式下，企业至少还需要对每个部门的一部分员工进行新技能及新工具的再提升培训。例如，我在前面所讨论过的需要不断地再培训市场部门和销售部门的员工，以更新和增强他们吸引客户的技能和方式。ION 互动有限公司合伙人兼 CTO 斯科特·布林克尼（Scott Brinkner）在其博客中写道："产品营销正迅速成为依赖产品功能性的一种最技术化的商业活动。"过去那种专注于使用广告轰炸、市场研究调查的营销方式已经过时了，现如今，已经有很多新型的数字化营销模式与渠道，可以将消费者、潜在客户与产品生产者更紧密地联系到一起。在这些新型营销模式中，每一种方式的出现都伴随着自身的一套方法论及配套工具，而且它们还在不断的发展变化之中。布林克尼在其博客中这样写道："在商业变革风暴的中心，一种新型的经理人角色和执行官头衔出现了，那就是诸如首席营销技术专家（CMT）这样头衔的管理者。这些新的 CMT 可以是某一方面的发展战略领导官、某一方面的创意总监、某一领域的技术领导者以及某一学科的导师等。

一家企业总公司的 CEO，也就是集团总裁曾经告诉我，他最头痛的工作就是要告诉那些过往业绩很卓著的员工们，目前公司对他们的新需求已经远远超过了他们目前所具有的能力。如果我们要步入具有新型商业模式的未来世界，那么我们必须要依靠高技能人才队伍，通过流程创新和新技术创新来构建适应新模式下的全新的公司组织架构及劳资关系体系。下面让我们看看一些公司是如何使用新技术解决老员工的技能更新问题的。

将移动互联技术、社交网络和大数据用于招聘工作

一份 IBM 公司的最新研究报告表明，有 70% 的 CEO 一致认为只有人力资源才是公司财富和经济价值最大的贡献者。伴随失业率居高不下的是，全球 65% 的公司和企业却很难招聘到符合他们需要的高技能人才。目前这种需要在正确的地点为特定工作职位找到最恰当人选的人力资源招聘需求，比以往任何时候都更加迫切，因此企业的决策者们开始将移动新技术、社区网络和大数据分析等新事物引入到人

事招聘工作之中，以此来提高公司招聘工作的效率。

哈里斯互动公司（Harris Interactive）曾在 2013 年代表专业的职场招聘求职网站——凯业必达对美国境内的 2 100 名人才招聘主管和人力资源方面的专家发起了一次在线调查。结果表明，在 5 家公司中有 2 家（占比达 39%）在 2013 年使用了社交网站来搜寻和调查应聘人员，而这一比例在 2012 年时为 37%。那些目前已经在使用社交媒体来搜索和调查人才的人力资源主管们，5 个人中就有超过 2 人（占比为 43%）承认正是由于他们通过社交媒体调查到的一些信息导致一些应聘者最终被他们拒绝，这一比例相对于 2012 年提升了 9%。这些数据很清晰地表明社交网络和社交媒体正在深刻改变着人才招聘的工作模式。如果我们将这个现象更进一步地推演开来，就不难发现企业决策者们完全可以充分发挥社交网络的技术优势，为特定的职位找到恰当的人选，从而为这个人才招聘中最大的难题，找到更加行之有效的解决之道。

按照 MoBolt 公司合伙人斯科特 • 格瑞特（Scott Garrett）的说法，目前通过移动端设备找工作的求职者的人数已经是 2011 年的 3 倍。SimplyHired 公司的一项调查结果显示，有 70% 的被调查者使用过移动端设备来找工作。令人惊讶的是，经过 iMomentous 测试后，发现在财富 500 强企业中仅仅有 36% 的企业具有移动化的人力资源管理工作模块，并且其中只有很少（5%）的企业支持通过移动端设备进行招聘。结果就导致与公司占比同样多的、大概占所有在移动端设备上找工作的应聘者三分之二的人员，因公司非移动互联化的晦涩难懂的格式化操作要求，而无法完成相应的申请流程。如今，计算处理是移动化的，而且移动化是全球大量人群的最基本的计算方法。因此，如果企业想要招聘到人才，企业就应该提供可接入的、移动化的招聘管理平台和流程。

使招聘工作移动化和社区化

MoBolt 公司销售移动化招聘工具，该工具能够为那些需要招聘人才的公司提供更好的投资回报。该工具的基本理念就是借助移动新技术消除人才招聘流程上的绊脚石，从而使人才招聘工作更加简单高效。该工具已经排除了移动化应聘流程中的注册环节，这个注册环节是阻挡最有潜力的应聘者成功应聘的最大障碍。每个求职者都可以使用基于其位置与语言的用户接口来随时随地搜索一个公司的公开招聘主页，他们可以使用自己的社区身份，例如 Facebook、LinkedIn、Dropbox 或者 Google Docs 等社区的注册信息来填写应聘材料进行求职，一个简单的点击操作就可以顺利完成他们的工作申请提交流程，如果招聘公司随后安排了面试环节，这就实现了一个更美好的具有极致体验感的招聘过程。

MoBolt 公司的调查还发现，由在职员工来推荐应聘人员这种方式是一种最有价值、最高效的人员招聘模式。与此同时，移动化技术与社区网络的应用能够非常方便公司的在职员工在他们各自的社交圈子里搜寻合适的应聘者和操作实施推荐人才的流程。那些在职员工可以使用移动端设备在网络上直接搜索工作职位，然后通过社交网络来把工作职位与他们的朋友进行匹配，再将工作机会信息或者招聘职位链接信息通过私信或通知等形式提供给自己的朋友。移动化招聘软件可以跟踪这个推荐招聘的整个流程，以确保招聘信息被应聘者全面准确地获得，同时可以保证推荐者为应聘者提供全面周到的推荐服务。LinkedIn 的注册信息也可以作为简历的附加信息使用。事实上，现在很多人都认为 LinkedIn 是目前能够了解一个人的经历和反映其交际的广度与深度的一种较好的社交工具，这是因为你在 LinkedIn 上的状况信息会随着你新增加的技能、新取得的成就、新分享的信息，以及从事的其他任何 LinkedIn 活动的情况而相应地进行更新和升级。

使用大数据招聘人才并留住人才

关于大数据最重要的价值之一就是借助大数据能够改进人才招聘的流程和结果，并促进和激励员工成长。2012 年被 IBM 公司收购的 Kenexa 公司的创始人鲁迪·卡萨（Rudy Karsan）说："一些较大规模的企业在提供移动端设备接入公司的人力资源信息系统，并使用大数据的预测分析、评估系统和行为分析工具来做选人用人决策方面具有明显优势。" Kenexa 公司的核心业务是销售人才招聘及人才管理解决方案。使用这样的系统和工具，企业就可以通过接入自己的人力资源信息系统，采用情绪指数等数据信息，并通过大数据解析分析技术，就能够使企业分析预测出员工个人的才干、能力及文化修养等方面的内容。

鲁迪·卡萨还说，这种采用大数据来综合分析和审查应聘者行为的新方法，可以让公司的招聘人员能够从大量的应聘者中找出最合适的候选人才，招聘人员使用这种工具还能够更好地预测到某个候选人未来的发展潜能，甚至是在这个应聘者踏进公司大门之前，企业就能够预测到其未来的职业生涯是否能够成功，其未来的发展蓝图是什么样的等信息。使用这样的工具，企业就能够雇用到与职位最匹配的最佳候选人，这个最佳人选不仅仅体现在其个人能力方面最佳匹配，还体现在对企业文化认同等方面的最佳匹配上。企业还可以结合使用从绩效管理系统产生的数据或者从市场调查得来的数据，以提高公司的人才招聘与管理效率、人才的签约率和人员的劳动生产效率，而这些指标的提高绝对能提升公司的盈利能力。对企业的人力资源部门来说，发挥大数据分析系统最大的竞争优势将取决于他们如何使用分析好那些由全体雇员所产生的巨量的大数据，来提升公司生产率、服务满意度、创新力、执行力以及劳资关系。

在人才招聘工作中使用大数据分析技术有一个很有趣的副产品，那就是它会影响到很多既有的职场法则。例如，一般情况下，很多雇主经常有意避免招聘到经常跳槽的或者已经失业了一段时间的应聘者。大家普遍认为过去的历史就是未来故事的序曲，但是大数据分析告诉我们这一传统的看法是不正确的，大数据分析认为应聘者的工作历史并不能用来预测应聘者未来的职业发展。

这里还有另外一个例子：传统观念认为一个成功的销售员一定具有开朗活泼的性格、与生俱来的亲和力，而且能够和任何人和睦相处。Kenexa 公司通过对来自不同行业的多个公司的 1 000 多名销售人员的跟踪研究表明，一个成功的销售人员更可能是激情洋溢的、具有胆识和持之以恒的毅力性格的人，因为这样的性格更能让你全身心地投入到工作之中，在别人一次次地说“不行”的时候还能够持之以恒地去努力尝试。卡萨说：“我们的研究结果表明，那些能够始终如一地表现出这些性格特质的销售人员才是他们所在行业的顶尖级精英销售人才。”

使用大数据分析技术，企业就能够研究分析任何一个有潜力的候选人，能够以令人惊诧的准确度锁定候选人中谁更有能力胜任这份工作，谁更有学习新技能以满足未来的能力，还有谁与公司的企业文化更匹配。Kenexa 公司把才干（Capability）、能力（Capacity）和文化（Culture）称作是商业成功的三个基本要素，简称为“三个

C”，并坚信这“三个C”是企业获得竞争优势的关键，是员工实现工作价值的关键，并最终重塑更加美好的商业社会新模式。

还有一家名叫Evolv的公司，该公司通过预测分析和云计算技术来帮助企业提升工作效率。使用该系统能够准确而容易地帮助公司找出公司中最有资质与能力的员工，并指出他们的性格特征，还能够帮助公司找出在整个工作期间，甚至是每个小时里产出最多的员工。Evolv公司通过使用以数据驱动为核心的方法论和学习机制，就能够帮助企业的执行官和财务官做出更好的商业决定。

例如，哈特•汉克斯公司（Harte Hanks）为全球的许多分支机构提供呼叫中心服务，这家公司在其全球呼叫中心就雇用了成千上万名小时工，这些小时工负责售前支持、销售拓展以及具体的销售工作。哈特•汉克斯公司就引入了Evolv公司的这种从根本上与众不同的以数据驱动为核心的人才招聘系统，使用该套系统能够从根本上确保新招聘的人才的质量，并满足公司的人力资源要求和绩效考核要求。

这里所说的Evolv公司的人力资源招聘解决方案，其工作原理首先是对所有应聘者进行自动排序和筛选，这样就能够过滤掉那些不合格的应聘者，然后再使用大数据分析技术优选出杰出人才。由于采用这套系统首先要冒彻底改变其原有人力资源发展战略的巨大风险，哈特•汉克公司对于其同时运行传统人力资源管理流程与Evolv的新型人力资源解决方案的双系统双备份的实际情况，以及对二者实施情况的横向比较孰优孰劣等问题都避而不谈。但是，毋庸置疑的是，以数据驱动为核心的人才招聘处理流程是Evolv公司与其他公司人力资源招聘管理系统的最本质、最明显的差别。例如，同样是30天的辞工率指标，通过Evolv公司提供的人力资源新系统获得的入职员工的30天辞工率结果比通过哈特•汉克公司原有的老式人才招聘系统的入职员工的30天辞工率指标低35%，同样地，90天的辞工率指标低25%。还有一个指标，就是由Evolv公司的人力资源系统成功筛选出来并被成功招聘的员工，在最初的6个月内的工作中被统计出来的出错小时数也比通过传统流程招聘来的员工的出错小时数低29%。得益于在一个呼叫中心所取得的良好示范效果，哈特-汉克公司授权Evolv公司在其本土的所有呼叫中心中推广使用Evolv公司的人力资源管理系统，来为其劳动力管理提供决策支持。

社交媒体、移动技术和数据分析技术都能够对临时性劳动力的人才招聘战略施加不同的影响力。成立于 2011 年 5 月、总部位于旧金山的 Gigwalk 公司，通过将大小不一的商业公司与持有智能电话的劳动力大军进行对接，就能够提供按需的流动劳动力，从而实现任何地方都有按需的工作可以做。到 2013 年年底，在遍布美国 50 个州、波多黎各、加拿大和英国等国超过 6 500 个城市中，共有超过 35 万名的 Gigwalk 的劳动人员。这些人员通过使用智能手机上的 Gigwalk 来赚钱，他们一般从事商店库存管理、竞争性追踪、位置勘察、野外访谈、场所拍照、易用性测试等工作。实际上，这就是基于移动技术和社交媒体实现大众劳动力外包的基本原理。

通过数学建模，Gigwalk 公司发现，可以使用诸如对某一个工作机会的平均响应时间这类数据信息，来作为对一个临时工是否成功获得这个工作机会的评价指标。Gigwalk 公司的首席执行官鲍勃•巴哈米普尔（Bob Bahramipour）说："如果你能够在一个小时之内及时响应，你成功拿下此工作机会的概率将会高达 97%，但是，如果你直到 5 个小时之后才响应，那么你的成功概率就会下降到 47%。"

Gigwalk 公司仔细解析各种数据信息，以便发现价值被严重低估的人才，最终在不需要相互会面的情况下就可以筛选出最好的可用劳动力来。巴哈米普尔说："我们从来不与劳动者聚会，也从来不和他们见面，而且从来不当面与他们对视。"毕竟，见面是需要花费时间和金钱成本的，而且对于所需要承担的工作来说也没必要对应聘者要求得太多。他还说："选临时工的过程其实也就是一个随机过程。"尽管他们彼此并没有见面也没有深谈，但 Gigwalk 公司却还能号称他们比其他任何一家公司都更加了解自己的这些"流动大军"中的员工。

在这方面，利洁时公司（Reckitt Benckiser）的做法就是一个很好的按需随时雇用劳动力，并高效利用现实劳动力的典型例子。这家跨国日用消费品公司，就像法国的 Clearasil、 Finish、Air Wick 和 Lysol，发布了一款新型家庭产品，他们想通过投资重金建立研发中心、更换新包装来增加该产品的品牌美誉度，并希望在一年四季的各个节假日中提升零售销售成绩。十分不幸的是，从刷 POS 机的销售数据来看，实际情况并没有达到公司的预期目标。公司的管理者需要学习如何使用消费者的消费行为来带动销售业绩的提升，还要学习如何来展示和摆放某种好产品，以及如何提升整个物流仓储效率。于是他们使用 Gigwalk 系统招聘了 500 名店内物管员，还进行了 1 300 人次的消费者访谈，并且在短短的两周时间内直接通过应召者的智能手机获取了遍布全美国范围内的 800 张实际情况的照片。

这次行动的结果是，通过 Gigwalk 公司招聘的流动员工解决了店内 54% 的商品摆放展示错误问题。通过对顾客的访谈调查，解决了利洁时的产品包装一直没能有效展示其产品关键功能与性能的包装风格问题。还在户外与客户一起实际测试了产品包装设计，最终公司根据测试结果选择了改进型的新设计包装风格。利洁时公司的客户与市场调查官勒·贝兹（L.Baez）说："在基本不费什么力的情况下，这些流动的店内物品摆放监督管理员能够使我们随时掌握每个分店的实际情况。"

从以上的哈特·汉克斯公司与利洁时公司的范例中，我们可以很明显地看出，一个以数据驱动为核心的人力资源管理系统是如何实现招聘管理极致体验感的，这种极致体验感既有利于劳动者自己，也有利于商业企业的业务发展。它为公司的需求痛点找到了最合适的人才，增加了劳动力与工作职位的匹配度，并且让每一个劳动者在他们空闲的时候都能够获得工作机会。社交媒体激发了类似于 Gigwalk 公司提供的"一张嘴、一句话就搞定"的业务服务市场，而移动技术是一个非常完美的获取工作机会的"一点一发就搞定"的工具。

使用协作化工具简化人才招聘与入职管理

云计算、协作化软件、移动化技术等新技术的广泛应用使得远程办公成为可能。在将来，所有关于招聘人才、留住人才的工作都能随时随地展开，IT 系统的视频流服务能力，完全能够让人力资源管理部门的招聘工作超越地域的限制。

视频访谈能够让人力资源部门更快地面试更多的应聘者，这不仅简化了招聘工作的日程安排，也消除了来回的差旅费用，而且还方便整个招聘团队同时进行面试并能够当面快速沟通每个招聘人对应聘者的看法。一旦挑选出一个候选人，人力资源可以使用视频来管理这个雇员的入职工作。这样一来，视频已经变成人才招聘和培训技能不可分割的一部分。

在一家公司里，公司分部的员工常常需要长途跋涉赶到公司总部去进行培训，这时，IT 系统就可以借助视频服务成为人力资源管理系统的一部分。使用 IT 系统就可以将全球可接入的多媒体培训视频发送到遍布全球的每一个员工手里。如果这个视频能够被下载和传送，那么员工就可以通过任何可用的智能手机、平板电脑和个人电脑等终端设备在任何方便的时候来执行培训计划。由于很多公司都有强制性的培训需求，这时如果使用 IT 系统提供的视频流，公司的人力资源部门和他们的首席风险官就可以检查培训计划的执行情况并监督培训技术的实施过程。这样一来，通过使用多媒体视频，节省了员工的时间，消除了差旅费用，从而使公司获得了即时的投资回报。下面我将要讲的主题是有关公司培训方面的新发展，让我们首先简要讨论一下高效人才的培训问题。

制订培训计划

美国一些大公司的执行官们证实，他们的企业都存在严重的高技能人才无法续接的问题。埃森哲最新的研究结果表明，在未来的一到两年时间内，很多企业都无法获得他们所需要的高技能人才，这个人才缺口几乎接近一半（46%）的比例。从埃森哲的研究报告还可以看出，有 51% 的企业都计划在未来的一到两年时间内增加培训方面的投入，有 35% 的企业面临高技能人才短缺的窘境，并承认公司过去在人才培训方面投入严重不足，有很大的历史欠账。

2013 年，埃森哲公司对美国大型企业的 400 位执行官进行了访谈，以评估各个公司的人才招聘、人员配置和培训战略。其中接近四分之三（72%）的执行官认为培训是提高员工技能的最佳途径之一，在被调查的公司里仅有 52% 的雇员接受过由公司提供的正式培训。这个调查还发现由于这些公司没有采取有效的手段来弥补高技能人才缺口，因此他们正在吞噬自己酿成的苦果。在这些已经面临着或即将面临人才短缺的公司里：

- 66% 的公司将在与竞争对手的竞争中面临损失；
- 64% 的公司将面临收入下降的局面；
- 59% 的公司在客户满意度方面受到侵蚀；
- 53% 的公司在新产品和新业务开发方面将面临被延迟的窘境。

埃森哲北美公司的人才与体制部门总监凯瑟琳·拉威里（Katherine Lavelle）说：

"对高技能人才的需求与可用的高技能人才数量之间的缺口问题，促使这些公司重新思考从如何定义工作职位，到如何挖掘公司内部隐藏的人才，再到如何招募和评估候选人的每一件事情。目前，这些公司开始在公司外部的整个产业界中搜寻有潜力的候选人，而且他们也加大了对通用人才和多才多艺人才的招聘力度，以便公司能够在这些人才既有能力的基础上迅速开发拓展适应公司工作职位要求的高技能。"

在我看来，埃森哲公司所进行的调查研究的亮点在于对已有员工的继续教育与培训需求方面。在某些领域，例如大数据专家这样的专才，是无法通过对现有员工的简单培训来获得满足需要的。因此，我认为渴望专业性人才的企业应该将宝压在先招聘到一两个有专长的人才，然后让他们协助开发培训计划，并对其他员工进行有针对性的培训。如果连这样的人才都招不到，那么这家公司就只能雇用一个具有相关技能专长和经验的外部团队，然后全权委托这个团队来设计培训计划并对自己现有的员工进行培训。

这些针对企业高技能人才断代严重及未来发展对人才的需求变化问题，结合对一些大公司执行官们所进行的访谈调查，并通过新的分析方法，最终得出了有关员工培训的重要结论。埃森哲的研究发现：有 42% 的员工使用了移动化手段来进行技能培训；35% 的员工使用了社交媒体来进行培训；27% 的员工使用了大型开放在线网上课程慕课（MOOC）来进行培训；而有 13% 的员工使用了游戏化的培训方法，后面我将介绍游戏化培训方式。

最后，埃森哲公司为那些意识到人才断代问题严重性的企业执行官们提出了以下建议。

- **在正规学习与非正规学习之间寻求平衡。**由于数字技术将正规学习与非正规学习之间的边界模糊化了，因此要求企业能够合理平衡这两种培训学习方式，以便二者相辅相成、相得益彰。例如，将学习嵌入到日常工作之中，让学习与工作如影随形；引入导师制，做好传帮带；利用网络论坛相互学习；所有这些非正规的学习模式都能够帮助到那些在线类培训或者教室面授类的正规培训，并促使这些正规培训更加具有针对性和更加高效。
- **拥抱新的技能培训方法。**现在伴随着很多新技术的不断发展应用，培训工作变得越来越有针对性和高效率，例如，便于协作和知识分享的社交媒体工具、让员工沉迷于虚拟世界的游戏化体验，以及移动化新技术的使用，允许员工在任何方便的时候和任何可能的地方进行培训学习。

- **扩展候选人资源池。**再好的研究报告都无法教会你如何找到高技能人才，因此，企业应该考虑放下他们只找最优秀人才的企图，也不要完全按照一个特殊才能、学位学历、工作经历的详细需求表格来按图索骥地找人才。取而代之的是，只要寻找具有常规技能的人才，甚至是来源于公司外部的业内候选人，只要他们的潜力能够很容易地被开发以适合岗位的需求即可。
- **基于新兴的大数据资源来筛选人才。**挖掘新的大数据资源信息，并把这些数据信息纳入到更加全面的审查候选人和对候选人未来发展潜力更具预见性的考核选拔工作之中，而不能仅仅依靠候选人简历中的关键词来遴选人才。例如，在网站上完全可以找到一个候选人的工作经历简介，也可以对某个人的文化修养、行为方式进行评估分析；当然，通过社交媒体还可以揭示候选人的兴趣爱好。
- **尽早在人才供应链上进行投资。**领先型公司已经与大学和院校进行合作，通过修改专业方向和修订课程计划，来保证公司获得对口的专业技能人才。有些公司甚至正在建立接口开放的培训项目，以确保有更多的员工在某些特定领域具有公司所需要的特殊技能。一旦员工完成了培训，这些受过培训的员工的第一个权利就是与公司一道再继续对新的学员进行培训。

KnowledgeAdvisors 是一家从事知识与技能分析的学习顾问公司，其公司总部位于芝加哥，该公司主要销售能够帮助客户通过学习提高其商业价值的学习分析软件产品。该公司的专家们能够帮助企业更好地设计和分配他们的人力资本投入，通过测评实际的学习状况，能够比前面我们所介绍的系统更快更准确地以数据驱动为核心提出决策建议。例如，他们有一个从事健康保险的客户，该客户购买他们学习软件的动机是需要降低员工流失率，这个客户原来每年都有 30% 的员工会离职。这个保险公司专门研究了持续改进人才招聘流程、提升新员工满意度、提高员工认同感得分等方面的发展策略，随后他们推出了一个 30 天、60 天和 90 天的多触点评价流程，期望通过事先的介入干预流程来提早发现潜在的风险点。通过这样的改变使得公司将 90 天后人员流动风险的 93% 的可能性给规避掉了，从而节省了超过 70% 的人力管理成本。

KnowledgeAdvisors 公司的研究总监约翰 • 马托克（John Mattox）说："通过使用一套简单的持续提升流程；检测发现问题、确定潜在的诱因、使用干预措施和全程监控改进成效，最终让用户公司的老板们获得人力资源管理方面的好处。"他还说，随着最近几年硬件与软件技术的巨大进步，现在已经既不能依靠人工来处理巨量的数据信息，也不能依靠人工来快速处理信息。如今，随着大数据与分析技术的不断成熟，使得分析人员能够测试成百上千个新方法并能够同时观察数百个变量。现在，我们无须真正去验证一种无谓的假设，取而代之的是只要设计一个模型即可解决一切问题。

因此，现在我们有机会使用基于社交圈和商业圈的协作软件来发现人才并招聘人才。我们现在还有巨量的数据可以用来作细致的分析，从而帮助我们发现人才并留住人才。我们还有诸如移动化的和视频类的新技术，这些都可以帮助我们招聘人才和培训人才。这样一来，符合逻辑的下一个关键问题就是一家企业如何使用这些新手段，以便公司的内部员工以及外部客户都能够长期与公司保持足够大的黏性。下面我们就来重点讨论这个问题。

以游戏化思维来管理和雇用员工

现如今，公司和企业面临的最大挑战就是人员流动性居高不下，员工对公司的忠诚度一直不高，或者说是黏性不够。这种情况经常发生在公司有了新的发展思路和要有新的战略调整的关键时期。这往往会限制公司获得新鲜人力资源，也会制约应聘和招聘工作的方方面面。我们并不想指责造成这种局面的雇主与雇员中的任何一方。下面我们研究的目标是如何分析并解决这个问题。

在过去的 5 年多时间里，很多企业在移动化应用、社区软件、文档与协作管理系统、人力资源管理、CRM 等系统上花费了数百万美元的大量金钱，其目的就是一方面提高客户忠诚度，另一方面也提升员工的工作绩效。

可是，这些系统实际的运行情况却是员工、客户和合作伙伴都没能以公司所期望的方式，与这些系统提供的数字化的多范围联动协作触点真正互动起来。尽管企业作出了巨大的努力，但很多员工还是不能与公司花费了数百万美元构建起来的管理系统轻松简单地协调一致起来。由于员工不能有效使用指尖上的强有力的管理工具，使得这些工具并没有发挥它们应该发挥的作用，也就无法达到公司预设的目标基线了。这种现象也许可以帮助解释盖洛普民意调查（Gallup Poll）的结果，他通过研究发现有超过 70% 的雇员都不能很好地与他们的工作职位匹配。

在企业中，有超过一半的 CRM 项目都未达到预期的目标。尽管新的社区商业软件被炒作并被鼓吹为传统的古老商业应用未来的救世主，但也仅仅只有 12% 的劳动力市场使用了这种软件系统。开发新软件和进行商业模式工具创新的首要挑战是让人们喜欢使用它，而不是为了解决一个工具的问题，再为这个工具设计另一个工具，即不能为了工具而工具。例如，假设你要给某一个应用增加一个微博（类似于 Twitter）功能，这时你唯一需要思考的问题就是帮助人们实现他们自己的目标或者使某件事更加简单，而不是让你的应用又多了一项功能而已。这样一来，我们就完全可以相信无论是员工还是有关的消费者只要一个工具对他们的工作或管理流程有价值有帮助，他们都会张开怀抱去拥抱这个新工具的。

沃达丰公司的企业创新全球总裁杰杰•胡安先生（JJ Juan）向我详细介绍了他们使用协作化工具的具体情况。他们使用协同工具系统将公司的组织架构进行了扁平化处理，从而使任何两个雇员之间都能够直接对话沟通。让所有人都能够直接高效地沟通，这就是我们自觉自愿地购买新型协同工具的核心原因。因此，如果你没有清晰的、想要实现的目标就盲目地购买工具系统，那么它们对你来说实际上就毫无价值。

在本书前面所述的内容中，我都详细讨论了增加客户黏性的各种策略问题，这里，我将讨论一种新兴的游戏化管理理念及其市场发展潜力，将游戏的过关奖励原理作为一种新型管理方法，既可以提高购买公司产品的消费者对公司产品的黏性，也可以提高公司员工对公司的黏性。牛津词典是这样定义游戏化的：“将玩游戏的典型元素（如游戏点卡、相互竞争、玩的方式等）注入到其他事情之中。”①

目前流行的社交网络和社交游戏（杰出代表就是“Facebook”公司和“与朋友说说”公司）已经充分验证了行为心理学在用户体验中所发挥的巨大作用。这些交友网站和社交游戏已经充分证明了人们非常渴望在构建社区联系和游戏进阶方面不断取得进步。数以百万计的人们终日沉迷于这些业务之中，从不计较他们甚至连分文回报都没有的现实。

游戏化理念正在改变着人们的工作和玩乐方式。目前，很多游戏化的管理理念也正在逐渐应用于公司与客户、公司与员工的协同管理之中。通过分别设置不同的预期状态信息、成就、竞争能力和自我表现力等要素信息，这些游戏化的技术理念就能够驱动游戏者做出某种可预期的行为模式来。其他一般性的商业活动也可以使用一些相类似的驱动游戏要素。这些游戏要素可以为商业活动带来同样的好处。这些游戏化的驱动要素包括：参与度策略、领导力排行榜、忠诚度、倡导力、奖赏激励等。由于游戏化理念已经成为公司提高客户黏性以及增加雇员对公司忠诚度的有效手段，它的重要性正在逐步提升。

实时反馈环路能够帮助生成身份和名誉等信息，这些反馈环路可以识别人的注意力和忠诚度。Badgeville 公司是一个总部位于加州红木城的游戏化平台公司，他们逐一列举了行为生活圈管理（Behavior Life-cycle Management，BLM）系统的所有游戏化驱动要素。这些要素比游戏化系统本身还要庞大，主要是因为它囊括了能够影响和驱动一个商业活动行为的所有游戏化驱动要素。Badgeville 公司倾向于将它描述为包含游戏机制、大数据、身份、解析学、名誉、社交、社区和协作等。BLM 是一套可以根据你的商业目的来设计处理你的商业行为以及测量评价商业行为的不同影响的工具系统。任何一个购买该系统的客户都必须清楚理解：该系统是如何工作的？为什么要使用游戏化的系统？以及该系统在什么样的环境下能够发挥最大效能？

① 游戏化管理理念主要是将玩游戏中的过关奖励机制引入到各种管理系统之中，这里所说的游戏化思维就是玩游戏时，通过使用各种各样的过关奖励来引诱你、激发你继续玩下去的一套激励奖惩方法措施。最能代表游戏化思维的就是大家乐此不疲的春节抢红包游戏。——译者注

在企业内部，游戏化理念已经在企业核心价值体系和协同工作工具等方面得到了广泛使用。大型咨询公司德勤会计师事务所就面临着 18 万多名员工之间如何高效协同工作的严重问题，以前这些员工主要是通过电子邮件来进行协同工作的，而电子邮件这种沟通方式在很大程度上排斥掉了能够帮助他们更高效地做好本职工作的一些知识和信息。为了克服这些挑战，德勤在企业社交网站 Yammer 平台上搭建了一个内部社交网络。

此时德勤面临的挑战并不在如何运营 Yammer 上的内部社交网络，而在于如何改变那些已经用了 20 多年的电子邮件来进行工作沟通的咨询顾问们的行为方式。在这个企业内部的社交网络上，他们以后再也无须把整晚的时间都耗费在使用电子邮件来共享资料和跟踪处理商业项目上。

通过与 Badgeville 公司的合作，德勤公司构建了一套简单高效的内部协同沟通方法：德勤公司要求旗下每位咨询顾问要与大家分享三方面的内容：与什么人进行了交流？讨论了什么议题？在什么地方进行的交流。为了实现这个目的，德勤公司专门构建了 3W（Who-What-Where）移动应用，然后按照咨询顾问们登入、信息提交及分享信息的具体情况来奖励他们。奖励与专业性挂钩，假如一名咨询顾问一连登记提交了 4 个绿色节能公司的信息，那么他或者她就可以获得“绿色节能专家”的称号。

以 3W 方式获得的奖励信息会在德勤的 Yammer 活动信息中广播。在那上面，公司的同事和领导都可以赞美某个行为，如此一来，则更加强化了这种奖励。对使用 Yammer 等新工具有抵触情绪的人当看到有同事由于使用这些工具而获得了奖赏，他们也就会开始尝试使用新工具了。

游戏化理念现在也被广泛应用于 B2C 领域的企业中。例如，多媒体与数字产品提供商奥多比公司（Adobe Systems）就使用游戏化理念来促使使用其图像处理产品的试用产品的客户来成套购买其产品，从而提高了实际客户的转换率。

尽管奥多比公司给潜在客户提供了 30 天的产品试用期，但是最后没有人在试验期结束后签约购买产品。曾在奥多比公司负责游戏化策略开发的球束公司（Bunchball）的创始人与首席产品设计师拉加特•帕哈利亚（Rajat Paharia）说，造成这种局面的一部分问题就是套装产品过于复杂，而奥多比公司只想将不付费的试用装客户更多地转化为购买其图像处理软件的实际客户，以增加公司的营业收入。而核心问题就是这些免费试用产品由于其复杂性而把新用户或者那些业余的图像处理人员吓唬住了。

帕哈利亚说他的公司正和奥多比公司一起工作，尝试使用游戏化理念来改造潜在客户的体验流程。“我们坚信只要我们能够让人们通过实践来学习，并且能够熟练掌握图像处理软件的12个关键功能，那么他们最终购买该产品的概率就会大大提高。”帕哈利亚说道。

球束公司为奥多比公司的图像处理软件产品提供了一个被称作“逐级升级图像处理软件”的插件。这个插件提供了12项任务（就像玩游戏一样），每一个任务就是给试用用户的一项功能，例如消除红眼、移动物体、牙齿增白等。这些功能又按照难易程度划分为三个层次。

用户赢取点数、解锁标记后就能够看到显示自己努力结果的状态条。当用户不能完成一个特定的任务时，该软件就为其提供大量的使用指南链接，而奥多比公司的产品本身就提供了这些使用指南。

帕哈利亚说:“这是一种典型的快速翻篇的学习模式，它通过预先学习，通过提前阅读使用指南，从而保证当你需要的时候，你就能够从容不迫地使用已经学过的东西。它以亲身的实践操作来推动学习，这种学习是非常程式化的，也是非常条块分割的，因此它能够一步一步地、一点一点地帮助你完成一件任务。”球束公司网站上的研究数据表明，奥多比公司采用球束公司提供的游戏化插件后，由于新的潜在客户使用游戏插件学习奥多比公司的图像处理软件产品的功能并不断晋级更高级别的应用技能，从而将先期的免费试用客户转化为实际购买客户的比例提升了4倍。这样不仅让客户非常满意，而且奥多比公司还可以发现他们的客户是如何学习产品的功能的，以及客户用他们的图像处理软件在做什么事情。如果一家企业想通过培训来提高员工对企业的忠诚度，那么他们完全可以复制奥多比公司的这个案例。

三星公司可以提供游戏化理念的另一个商业案例。三星公司在其公司网站上为新用户提供流程非常完备的注册购买产品的网页工具，这个网站每月有几百万的用户访问量，但是三星公司在如何让客户再一次访问该网站、继续使用该网页工具等问题上面临巨大挑战。为了提高回头率，三星公司在 Badgeville 公司的协助下推出了一款被称作三星王国的增加客户黏性的项目，该项目主要聚焦于让客户愿意花费一些时间和精力来创建一些用户生成的内容、进行一些社交网络分享，客户付出努力后可以获得犒赏。用户只要完成以下步骤就会获得一定的点数，这些点数可以增加他的社交网络声望：

- 注册申请一个三星产品，可以获得 500 点；
- 在一问一答环节提交答案，可以获得 300 点；
- 提交评论评价，可以获得 300 点；
- 观看视频，可以获得 200 点；
- 在 Facebook 网站上点击“喜欢”，可以获得 200 点；
- 在 Twitter 上进行分享，可以获得 100 点；
- 在一问一答中上传问题，可以获得 100 点。

在这里，有一点非常重要，那就是与每一个点数对应的行为模式却并不一定是相互匹配的。例如，上传粘贴一个产品问题奖 100 点数，但是提出问题比为一个问题提交一个聪明的答复要简单得多，这就是为什么三星设计的回答问题环节可以获得 300 点数的原因。

游戏化理念最重要的设计策略就在于，针对某种行为方式定义打分排序并为一个行为确定一个奖励分值。

截至目前，我已经看见了很多使用游戏化理念获得商业成功的案例：有大大提升用户评价水平的；有增加用户在网时间的；有快速增加了点击购物量的；有使社区销售额快速增长的；有增加了员工对公司的忠诚度的；还有大大增加了培训的契合度的例子。游戏化思维模式也可以扩展到工业领域，下面我们简单地分析一下它在医疗卫生方面的应用情况。在医院里不洗手是导致原本可以预防的病菌感染的罪魁祸首，它每年在美国要夺去将近 10 万人的生命。尽管医院安装了大量的自动消毒洗手机，但是医生、护士和其他人员并没有按照要求的频次来使用这些设备。据《经济学人》杂志报道，在很多医院达到规范要求的情况要低于 40% 的水平。来自德布全球医疗有限公司的 DebMed 集团监控系统（GMS），就提供了一个基于游戏化思维可以改进这种陋习的真实案例，该系统将物联网和游戏机制引入进来，以鼓励人们把洗手看作是一件人人都愿意去做的乐事。

DebMed GMS 通过加装在自动消毒洗手机中的一个芯片来跟踪监视使用情况。这个芯片可以给远端服务器发送所采集的信息，远端的服务器就会记录、分析这些信息，然后自动通过网络或电子邮件把每个自动洗手机的使用状态、繁忙程度发给医院的所有人员。GMS 会记录分布在医院各处的每一个洗手机的使用频次，并与一个较为合理的使用模型进行比对，从而为每一个医院优化设计出自动洗手机的最佳摆放位置和最优化使用方案模型。

实际情况与目标要求的比率（可以简称为“实标比”）就可以用来衡量医院中每一个科室或病房的实际执行情况与目标要求之间的符合程度。这里所说的实标比是针对团队的评价参数，而不是针对个人的评价指标。因此，如果实标比结果比较低，那么这个科室或病房的所有未达标人员都应该一起默默地努力，以纠正他们的错误。这样一来，就将洗手这样的一种行为动作要求量化成为一种比分指标，从而使得洗手问题更像是一个游戏，而不是一种强制要求。

正像《经济学人》杂志上所说的一样：“这种做法的聪明之处就是巧妙地利用了隐含在其后的心理学，以趣味性的游戏代替了强制性的命令与摊派，让行为的动力来源于团队之间的比较压力。将那些强制性的压力转化为团队之间的竞争力，而不是转化为团队内部成员间的埋怨与指责。”这就是一个具有极致体验感的鲜活范例，说它具有极致体验感并不是因为它发生的时间恰好正确，而在于这个游戏的设计思路深刻洞察了医院员工们在被要求改进行为方式时的所思所想。

黏性隐含在任何一个正在进行的对话之中。游戏化思维可以帮助你深入理解用户的喜好，例如更喜欢哪一类的内容、什么时候更喜欢互动、喜欢怎么样的互动、哪些推销信息反响更强烈，等等。极致体验有很强的适应能力，因此，那些在员工管理上采用了游戏化思维的公司也可以考虑根据各种不同的管理需求来灵活自如地追加各种各样的游戏理念到他们的管理工作中去。每一个游戏解决方案都应该不断创新，引入新要素、更新游戏内容并彰显新变化。也就是说，当你开发出什么东西，向市场投放这个东西之后，并不意味着你就可以从此对其置之不理，然后就转移到下一个新项目上去了。如果我们能够在使用中不断优化改进游戏的流程，那么使用游戏化理念将非常高效。

如果要解释为什么企业通常都会敷衍游戏化原理的使用，我的猜想就是游戏化原理并不能精确描述一个商业活动所能实现的所有好处。企业的执行官们都对怎样将游戏化思维用于 B2C 的 CRM 工作之中非常感兴趣，但他们中的绝大多数人却对如何将公司内部文化打造成像开心农场一样的美好愿景丝毫没有兴趣。很多公司都认为一旦他们完成了应用系统和游戏化环境的构建任务，他们的分内工作就做完了，之后的事就与他们无关了。这一点在一定程度上是正确的，但对大多数情况是不适用的。所以有了基于游戏化理念的系统还远远不够，下一件大事就是好好地利用好这个工具。即使你构建了移动应用、培训流程或者新的工作流程，但是如果没有人使用它，它将变得一文不值。

如果一个流程、应用或者业务的使用情况在短短几个月后迅速从良好下降到了糟糕，那么这种情况也是我们不愿意看到的。事实上，这恰恰就是黏性的准确定义，它隐含了你所听到的以及从你的客户、合作伙伴或者员工那里所获得的体验感反馈信息。但是，到目前为止，我们还仍然不能按需地获得所有所需的后端服务。那么你将如何利用这一趋势呢？

我有以下三点建议。

首先，要确定游戏化原理将帮助你实现哪一个商业目标，同时要明确通过使用游戏化技术，你将如何驱动用户来为目标而奋斗。你将以哪一个目标为开端？这个目标的选择应该是结果可测量的（例如，完成某一特定培训课程的员工数量的变化情况、再次访问网站的用户人数的变化情况、每次访问网站的时间长度的变化情况等）。

其次，企业应该直接将这个游戏体验嵌入到他们的网站及其应用系统之中，然后要求客户或者员工必须充分使用这些工具。企业应该在他们已有的协同工作站或网站之中增加这些体验游戏，而不是新建一个游戏化体验的孤岛。

最后，在用户体验开始后，应该更早更频繁地为用户提供指导和反馈信息。游戏化原理的嵌入必须做到要积极主动地随时让用户知道他们当下处于什么样的位置并积极引导他们完成预期的操作流程，这样的引导和反馈也是获得员工忠诚度和客户黏性的一种方法。利用游戏化设计思维，为企业在新的发展方向上培训出高技能的人才队伍、招聘到合适的技术团队，对一家追求技术转型、商业模式创新的公司来说也是至关重要的。

以IT为核心驱动变革

任何一家企业，无论其规模有多大，现在都变成为一家技术性的公司了。无论是商业管理者还是公司的执行团队都已经认识到强大的技术背景将是公司成功的关键要素之一。IT与商业的结合已经远远超过了我们的想象。同样地，被动应付IT的日子也一去不复返了。IT技术对一家企业的改变就像企业目前越来越倚重于通过技术实力来获得竞争优势一样。

虽然很多公司都在持续不断地致力于发现IT化的新方法来帮助公司做得更多而花得更少，但是，现如今节省成本也是一件有风险的事情，因此IT技术必须发现新的方法来帮助公司更快更好地做事，而不是仅仅为了更便宜。我们必须超越IT唯成本论阶段，而逐渐使其演化成为技术创新的战略性合作伙伴的角色。

在帮助其公司向新世界成功转型的道路上，IT团队需要面临许多挑战。首先，他们必须克服云业务将取代IT的工作给他们所带来的恐惧感。许多基于云的业务都把注意力集中在更有效率的交付商品的解决方案上或者是交付更迫切的功能上，从一个IT设计与管理者的视角来看，这些云业务不具有战略性。如果IT团队固步自封，不再成长或者不再增加新技能，那么云业务将必然会取代IT的工作。

艾斯普罗集团（Expro Group）是一家总部位于英格兰雷丁的全球油气管理集团，它的首席信息官马丁·奥登（Martin Odgen）说当他想要在公司内部推广使用一套基于云的人力资源管理工具时，往往会受到公司IT部门的极力抵触。IT人员担心如果什么事都搬移到云上去，那么他们自身存在的必要性就大打折扣了。在决定使用云计算系统时，马丁·奥登说："由于已成惊弓之鸟的IT部门无法确定云计算对于他们的工作未来将意味着什么，因此，我感受到了巨大的来自于IT部门的阻力。但是这时我所能做的只有合理安排好高工资、高技能的核心人才的工作，让他们能够人尽其才地为公司做有意义的事情。"

IT团队面临的第二大挑战就是他们缺乏诸如移动和大数据等新技术所需要的新技能。虽然这听起来像是陈词滥调，但是我们还是要说公司给每一个团队提供可持续进步的培训机会是非常重要的。在这里我会再多费一些口舌、多花一点点时间再次强调一下培训的重要性。

IT 团队面临的第三大挑战就是 IT 部门也必须寻求自我超越，通过和其他部门的通力合作以便发展出新的更有趣的解决方案。

在 2013 年年末，《经济学人》杂志报道说，从理论上来看，目前的商业环境恰恰是 IT 部门将自己打造成为公司发展战略核心的一个大好机会。通常，现实情况是公司的非 IT 部门并不了解 IT 部门的 IT 男们到底在做什么工作，这就导致了一旦非 IT 部门准备购买属于自己的 IT 系统时，往往首先选择从外部直接购买。

高德纳公司（Gartner）的戴夫·阿伦（Dave Aron）引用了 2014 年针对 CIO 进行的访谈所获得的初步数据说，在过去的两年多时间里，许多 CIO 都将考查重点从"被动性的反应效率"（也就是使系统跑得更快和更有效率）转移到"主动性的价值创造与创新"上来了。有 70% 的 CIO 说他们公司对 IT 部门的工作仅仅表示满意，而有 19% 的公司把 IT 看作可信赖的盟友。如果 IT 部门要超越成本控制的羁绊而构建更有战略性的服务，那么他们需要成为可信赖盟友的路径。决心要为公司员工、客户、合作伙伴提供有极致体验感服务的这个诉求就为 IT 部门提供了成为公司转型升级的架构师的机会。

如果企业在各方面真正做到了完美的极致体验感，就能帮助企业降低成本、增强企业核心竞争力并最终提升公司价值。移动化技术、云计算和大数据为商务部门及 IT 部门提供了推动商业模式转型升级的一个千载难逢的机会。企业需要商务部门与 IT 团队精诚团结共同支撑公司技术战略的成功实施。IT 团队完全能够为公司找到使用移动化、大数据和新型解析技术来改造升级公司运转流程的最佳途径，他们扮演这样的角色也具有这样的能力。公司的商务部门能够帮助公司明确所面临的挑战以及所需要采取的移动化解决方案，他们还能够从可执行、可实施的角度帮助公司搞清楚应对这些挑战需要提供哪些数据。看到这一点，你们第一步就是先将商务部门和 IT 部门的领导安排到同一个房间里。

通过与商务部门的并肩战斗，IT 部门就可以为公司提供未来的业务发展战略，从而帮助公司明确哪些任务将提升整个公司的效率，哪个发展方向将给公司带来新的利润增长点。从我个人的实际感受来看，商务部门和 IT 部门需要更加频繁地相互沟通。正像早前所提到的那样，极致体验感应该被设计成为一个重复迭代的持续反馈环路形式。频繁沟通对产生极致体验感和推动业务转型升级来说是非常重要的。老道的管理者也许会调整员工个人的奋斗目标来鼓励商务组与 IT 组的精诚团结，并确保每一个成员都向着他们共同的目标而奋斗。

对设置新角色和扩展角色新职能持开放态度

我们知道近几年来，有很多技术领域都发生了翻天覆地的变化，而且技术革新的步伐目前看来仍在继续加速。在这种背景下，仅仅保证商业部门与 IT 部门秉持共同的奋斗目标可能还是不够的。企业应该考虑增加新的角色和新的团队来引导公司克服发展转型的障碍。下面我们将至少讨论两个这方面的案例。

CDO 或 CIO 的角色职能

在新形势下，企业为了应对商业新模式的挑战，一种可行的方法就是任命一位 CDO 或者 CIO。按照来自伦敦猎头公司——翟萨公司（Tyzack）的大卫•多摩斯科（David Dumeresque）的说法，在全球的很多公司中，一直是由 CIO 负责管理公司的数字化技术发展方向。随着数字化技术的快速发展，一些全新职能的新角色出现了，例如，现在很多公司开始需要掌握有关市场营销、销售、公共事务、客服渠道、人才招聘、采购、研发等不同专业特长的专家人才。这就为 CIO 扩展自己的专业技能或者与 CDO/CTO 一道在公司中为推进新技术创新提供了很好的契机。

这就需要 CDO 必须是一个实践经验丰富、多才多艺的商人的同时，还要富有远见卓识。大卫•多摩斯科说："这些 CDO 们在具有常规的商业经验和专业技能的基础上，还应该有领导才能与感染力。CDO 不仅要推动商业进步，还要提升所有与公司商业活动相关的内外部人员的参与和体验感。"这样一来，公司就具有了一个全新的视角，让更具专业性眼光的专家来审视公司的业务发展流程，同时也保证了公司有这样层面的专家学者，他们完全能够解释得清楚那些新技术（社交网络、移动新技术和大数据）到底是如何促进公司业务发展的。由于 CDO 的职位超越了公司内部任何一个领域的任何一个员工，因此，他必须聚焦于公司的整个战略发展目标，还要具有和其他人密切合作的性格特质。

大卫·多摩斯科还说："在招聘CDO人才时面临的一个最大问题是对这个人才的要求已经达到了必须支撑全球市场发展需求的高度。因此，公司总裁在思考是否需要CDO这个职位之前，首先需要思考的问题是一旦有了这样一个角色后，他能够多快地让公司超越竞争对手。"

阿皮吉公司（Apigee）是圣何塞市的一家从事应用程序和应用程序接口开发的公司，他们的相关研究结论显示，目前市场上对CDO这样的高级人才的需求正在迅速增长，要求这些高级人才能够将所有数字化资源整合在一起，在技术上经验丰富，在商业上又非常老道。阿皮吉研究所总监布莱恩·科尔施纳（Bryan Kirschner）说："随着移动技术与数据分析技术的普及应用，它们已经完全颠覆了传统的商业模式，在今天竞争激烈的应用经济环境中，它们构建起了一个"活下去才是硬道理"的真正数字化的商业DNA生存法则。现在很多公司都在搜寻这样的CDO人才，以便让他们来领导整个公司的转型变革。"

招聘CDO人才，并不是让他们来运营公司的基础设施的，这个角色的定位是一个具有改革能力的角色，让他来是为了让他打破公司在日常工作中的信息"竖井"与执行"竖井"。CDO应该分析大量的数据，并发现它们是如何影响公司或者客户的体验感的。CommCore咨询顾问集团的总裁和CEO安迪·吉尔曼（Andy Gilman）说："描述CDO角色职能的最佳说法是，CDO就是连接不同单位和部门的一枚核弹。"

大卫·芝华士（David Chivers）是乔斯腾学校的CDO，乔斯腾学校位于明尼苏达州的布鲁明顿市，它是培养营销人员的学校和大本营。他说他在学校的CDO角色主要有三个职能："将世界转化为10个数字；尽最大努力从端到端将学校尽可能多地进行数字化；以我们能够收集到的、有意义的、可执行的、尽可能多的数据以及分析并揭示这些数据以我们的老师和学员的某种变化规律为基础，来构建学校的实证管理文化。"

芝华士说他一直致力于将新技术结合进他们学校的日常工作中，以便他们的学生与老师的生活学习能够更加方便与美好。例如，乔斯腾学校针对学员年度学业成绩单管理刚刚发布了一款非常酷的平板电脑应用，我们把它叫作"年度学业成绩单”，这个工具可以指导老师与辅导员直接在上面分派作业、批改作业和进行相互协作。我们使用 3D 打印（或快速的图像复原）来推动设计工作的进展，通过我们开创的循环设计法来加速设计工作的完成。我们一直使用新技术来不断突破学员销售能力的物理极限。

无论你把这个角色称作什么名字，这里都需要一个人或者一个小团队，来负责在企业内部的不同部门之间实现有极致体验感的各种创新发展理念。这不仅仅是我们只想让团队们一起工作这么简单，关于这一点，我们前面已经论述得很清楚了。因此，实际上最需要 CDO 做的就是贯彻公司的既定目标，并制定出与这些目标相一致的可以度量的数字化指标。我在本书第 7 章所论述的由移动技术赋能的 I 计划，就是一个目标可产生、可测量的很好例子。

用移动互联大中心 / 基地协调公司 IT 和商业目标

当我们要讨论移动互联在公司发展中的核心作用等内容主题的时候，首先需要理解移动互联大中心或者移动互联基地（Mobile Center of Excellence，MCoE）在推动公司业务转型升级中所发挥的作用。ReadWrite.com 网站的移动板块编辑丹·罗文斯基（Dan Rowinski）说很多全球性的大公司，其 IT 部门也仅仅只有一两个人员是专职从事移动方面工作的。“就是这么少得可怜的几个人员却负责着整个集团范围内的所有移动应用的建设与维护工作、制定移动化发展策略和方案、制定员工自带设备指导方针，并且还要为大型协作团队的工作协作提供分布式的软件应用。”罗文斯基说道。

当公司高层决定下一步的发展方向是要拥抱移动互联网，但他们却不愿在只够维持运转的基本经费基础上追加任何投资时，这几个可怜的人就有罪受了。真正的移动互联网思维并不是将已有的应用加载到手机上这么简单，它所定义的进程是一个看起来更能代表未来的工作流程或业务流程，因此，它的核心内容就更像是所谓的 CDO 或 CTO 所具有的职能。也就是说，建立 MCoE 是除了设置新的 CDO/CTO 职位之外的另一种拥抱移动互联网思维的方法。这时可能有些公司会说与 MCoE 的规模相比，他们公司的规模太小了。我反倒想提醒这些公司不要对一些时髦的名词和术语太过痴迷。说到底，对一家公司而言，他们最需要做的事情就是如何利用新技术推动公司转型升级并提升公司的业务发展。

市场调查公司 IDC 公司描绘了 MCoE 的框架结构，他们认为它是一种组织、管理以及分发他们移动企业解决方案和举措的新型商业形态。MCoE 能够引导一次商业交易的开始并提供整个环节的最佳体验与实践。我们认为在一家企业中至少会有 CRM 部门和财务会计部门的工作是需要 MCoE 团队的支撑和指导的。MCoE 可以帮助他们定义像网络安全和自带设备（BYOE）等方面的与 IT 相关的管理内容；MCoE 还可以负责基础设施运维管理并为各种移动应用提供云计算解决方案；MCoE 还可以作为整个公司所有移动化设备及业务的神经中枢来执行最常规的一般性管理。

MCoE 采用集中化管理、标准化流程以及一系列组织架构方面的原则性操作规范和要求，其目的就是为了让企业更加高效地使用移动互联网新技术。正像 SAP 公司白皮书指出的那样，“通过从公司中的移动互联项目中抓取各环节的实践、体验和参考架构模型，就可以发现 MCoE 能够加速公司内部的产品与业务开发。”这种大中心和基地模式通过集中、统一的集约化管理理念大大降低了公司的成本支出，同时也避免了公司各个部门各自为政、每个部门都需要制定和执行自己部门内的移动互联方针和政策此类复杂且不经济的局面。MCoE 能够配置和管理任何想要接入到公司数据中心的属于个人或者公司的移动互联网设备。如果 MCoE 要帮助公司实现商业成功，就需要它实现以下目标：

- 需要平衡原有的 IT 流程（标准、管理）和人员；
- 重新定义新标准、新供货商和新技术方案，以及与移动互联相关的安全策略；
- 做商务部门领导可信赖的顾问；
- 审核、评估并批准移动化项目；
- 给公司提供专家级技术建议、权威性的最佳实践，并在实际执行阶段提供雪中送炭式的技术支持和技能培训；
- 提供领导思维支持、移动新技术顾问支持，并在部署实施之后提供评估报告和后续服务支撑。

我们可以把使用 MCoE 的初衷归结为：每一家大公司都需要一个有文化、有技能、有能力的高效率团队来为公司设计与执行移动互联网发展战略。罗文斯基说："这些人员需要有做决定的权利，以及他们被分配的工作职责要具有为了做成某件事所需要的自治权。在 IT 基础设施之上，建立一个专门处理一切移动互联网事务的专职团队，能够在很大程度上提升很多公司的竞争优势。"

根据 Appcelerator 公司的实际经验，建立移动互联大中心或者基地需要以下五大步骤。

第一步：建立特许权和获得高层认可。由于推行 MCoE 会影响到整个公司的每一个部门和每一个人，而且任何一个管理者都有可能会阻碍移动互联团队雄伟计划的实施，公司的任何一位 C 级高管就可以非常容易地强加给这个团队不受他们欢迎的路线方针政策，因此获得高层的支持对 MCoE 来说是非常重要的。第一步首先包括为 MCoE 部门设置可以立足的基本宪章，这个宪章包括路线方针政策、技术标准要求、平台标准要求，以及明确优先于商务部门的项目和应用。这个基本宪章能够引导 MCoE 的发展并为其第一年的成功运行定下基调。

第二步：明确参加的部门和个人。MCoE 必须明确理清与他们工作相关的部门并明确与每个部门的对接人。当然如果没有公司执行层面的支持，这些工作基本是不可能完成的。如果公司的商务部门已经有了有关移动互联网方面的项目，然后请求公司在资金和 IT 基础设施方面的支持时，公司就应该毅然决然地将这些项目并入 MCoE 部门，这种合并应该有法律及人力资源等方面的制度保证，因为其中许多事情已经超越了技术所能掌控的范围，已经涉及人事部门和员工个人的发展目标和岗位责任等问题。IT 专业应该在 MCoE 中担当领导角色，因为主要是他们管理和维护着移动互联网所依赖的基础设施与技术。

第三步：制定技术标准、方针策略和移动化参考结构。这包括设计安全技术标准、适当的自有设备的使用规范，以及其他任何围绕品牌、图像、颜色等方面管理的标准。必须明确 IT 部门是所有商务部门完成移动应用项目所需要使用的数据及业务的核心公共资源。MCoE 应该能够成功地宣传和推广这些规范要求，并获得其他部门的认可，只有这样，才能确保 MCoE 中心能够解决他们需要的信息。另外，MCoE 制定的任何方针策略，都必须强制成为 MCoE 的参考架构和相关移动互联软件架构不可或缺的一部分。在很多时候，在公司已经形成了某些默认的管理政策，例如，有关于使用公司的设备、互联网和电子邮件的政策，和关于使用移动化可读写设备的政策。这时就需要针对安全性需求进行一些新的额外的标准化方面的投入，以确保无论是员工的个人物品还是隶属于公司的设备都要强制执行这些标准。

第四步：确定优先发展项目。建立一个对商务部门的请求进行评估和分等级的制度。用一个标准的制度框架来衡量各部门的请求是非常重要的一件事情，尤其当企业需要处理几十或几百个申请或者请求，亦或是在这些请求只被立即执行了一部分的情况下。我们经常看到的情况是，看到的比能够实现的要多得多。面对这种本质上的容量不足问题，管理者就需要适时地评估和调整优先级策略。只要在移动平台上推出创新概念，那么各种针对新产品的功能增强和应用点击率都将必然增长。

第五步：完善软件基础体系，确保项目交付应用。这一步集合了移动应用在规划、建设、连接、测试、部署和分析等方面的各种移动化技术。一旦 MCoE 建立起一系列的规章制度来，并明确了发展方向上的核心技术，那么 MCoE 就必须提供移动化的软件基础设施和架构。团队成员就必须准备好能够使用相关的技术资源和投资来开发产品和应用的准备，并保证安全标准和其他高层已经同意的发展策略都能够得到顺利执行。建立这些制度和工作流程最好的方法就是先和项目组所有成员一道试点进行一个项目，通过试点项目摸索出来的经验，来保证 MCoE 从开门营业直到开足马力全速运转均能取得成功。

无论我们是新建立一个 MCoE，还是在公司内部设立一个分支机构来领导移动互联时代的创新实践，这都不重要。重要的是公司通过将拥抱移动互联网的使命授予一个特殊的部门，借助这个部门公司就能够更好地、集中化地、统一管理公司全部的移动化优质资源，然后授权他们负责整个公司在移动互联网新模式下的转型升级战略。

随着时间的推移，由于移动互联网思维已经深入到公司的骨髓里，那么慢慢地对 MCoE 的需求就会降温，MCoE 也许会演变成为公司整个基地中的一个部分。尽管如此，未来市场对首席技术官这样的领导人员的需求将持续保持热度，随着技术的不断进步，今天的一些移动化、云计算、大数据和解析技术将会不断地被超越。

总之，伴随新技术的不断进步，非常清晰明确地给传统的 IT 部门带来了新的机遇和挑战。全新的技术不仅要求公司员工具有新的知识和才能，而且还搅动了公司内部各个部门之间的职能分工。在这种情况下，要为公司的员工或者客户在恰当的时间提供最极致体验感的内涵可能就发生了改变。在某些情况下，这些变化扰乱了目前的现状。应对这种挑战的一种方法就是在公司设立一个新的领导角色，例如CDO、市场技术官，或者是首席技术官，他们这些角色可以帮助公司围绕新技术进行商业转型升级。很多公司的实践经验证明，CDO 并不能取代 CIO，但 CDO 可以弥补和辅佐 CIO。在某些情况下，富有改革与进取心的 CIO 们愿意同时担纲 CDO 与 CIO 的角色。在理想情况下，CDO 在公司内部连接着包括 IT 部门在内的不同学科与部门。CDO 的职能是分析数据并把这些数据关联到公司的业务发展上以及关联到员工、用户、潜在客户、合作伙伴的，以及其他任何利益相关方的体验实践上。

如今，移动互联网的发展已经深刻影响到许多企业的转型发展，这种影响的施加力度与公司的规模无关，导致很多公司纷纷成立专门的团队（如果公司较小就建立处理团队）或者移动互联大中心（如果公司规模很大就成立大中心或基地）来应对市场的发展变化。这种新成立的大中心或基地在平衡了原有的 IT 部门和人员的基础上，主要职责是制定与移动互联网时代发展需要相适应的新技术标准、安全策略等公司的转型发展战略，在商务部门管理人员的支持下，负责审核、评估、批准所有移动互联方向的项目，并在公司日常工作中提供技术专家、为各种技能培训提供帮助、在公司业务发展过程中提供技术支持。最后，在项目成功部署实施以后还要负责提供阶段性分析报告和各种技术支撑。

就像我们经常看到的那样，公司的人力资源部门现在已经能够在人才招聘和员工管理工作上使用大数据、社交网络、视频和移动互联等各种各样的新技术了，同时，员工也可以使用自己的终端设备来学习公司的规章制度、方针政策，以及工作中的生产流程和操作工艺。游戏化激励措施是增加用户黏性和员工忠诚度的好方法，再好的 APP 应用或业务，如果没人使用它，那么它也就一文不值。这也正是为什么我们要学会像用户那样去思考问题，而不是像一个供货商那样思考问题。

我们在本章中还讨论了如何调整 IT 系统的发展思路，让 IT 技术适应并跟上多年来一直快速发展变化的商业形态。构建全流程的极致体验感是实现这个目标的一种好方法。

如果我们不将技术手段与商业需求进行匹配，我们就无法设计出和享受到极致体验感。IT 技术如果想要具有战略性高度，那么对 IT 技术来说，创造极致体验感不失为一条创新发展之路。与其花费整个部门 80% 的时间和预算，仅仅将 IT 作为新业务的一种基础资源来使用，倒不如将 IT 服务直接打造成一种新业务更有效。如此一来，IT 将能够引领整个公司的转型发展。

这也将是商务部门管理者的福音，他们将最终获得他们想要的东西：（1）技术已经成熟；（2）IT 与商务部门将并肩奋斗，共同推动极致体验感的实现；（3）一切商业活动实际上都需要极致体验感。

一个好的商业策略一定会综合平衡人员、流程和技术等各个方面的情况。而我们经常在技术上花费太多的时间与精力，而对人员与流程的关注严重不足。我们应该使用诸如游戏化激励措施和更好的用户体验等方法策略来提升人们的黏性（员工对企业的忠诚度，以及用户对企业产品的黏性）。好消息是随着新技术的不断成熟和应用，我们现在已经完全具有实现这种黏性目标的全新技术手段了。

后记

过去几年，尽管我们已经深刻地感受到了各种新技术的发展为广大消费者、劳动者和商业合作伙伴所带来的变化，但是我们必须清醒地认识到，这种变化将来会以更快的速度继续改变我们的生活，十年之后的商业将和今天的商业千差万别，不可同日而语。今天所发生的如此巨大的变迁完全等同于我们当年发展个人计算机和互联网时的情况。我们唯一可以明确的事情就是我们现在肯定无法准确地知道未来商业模式的具体情况。未来肯定有些知名企业将会消亡，一些现在还很小的或者刚成立的公司在未来也许会脱颖而出占有一席之地。

只要我们简单地回顾一下 25 年前的发展情况，就不难发现只有很少的几家公司能够保持住他们在财富 500 强中的排名。在 20 世纪 90 年代，美国前 10 大公司依次是通用汽车、福特汽车、埃克森美孚公司、IBM、通用公司、美孚公司、奥驰亚集团、克莱斯勒、杜邦公司和德士古石油公司。其中三大汽车公司和三大石油公司占据了前十大中的六个席位。

到了 2013 年，前十大公司则依次是沃尔玛、埃克森美孚、雪佛龙公司、飞利浦 66、伯克希尔哈撒韦、苹果、通用汽车、通用公司、万里罗能源和福特汽车。其中有 2 家汽车公司、4 家石油公司和苹果公司的排名都超过了通用汽车、通用公司和福特公司。当然，将沃尔玛的业绩提升与通用汽车的破产及政府不予救助这些情况拿来强行对比是有失公平性的。尽管如此，但是我们从中还是可以非常清晰地发现一个浅显易懂的道理，那就是，如果一家公司不能快速响应外部的环境变化，不能与时俱进地随着周围环境的变化而变化，那么这家公司就距离陷入困境不远了。

没有人能够预测未来，但是往回看，指出过去工作中的管理失误、短视、误判却是非常简单的一件事情。同样地，预测未来的发展趋势就像让你预测冰球的正确运动轨迹一样，是一件非常困难的事，在冰面上滑动的冰球将要去的方向绝不会就是你想要它去的方向。因此，我还是相信最基本的商业法则，只要我们提供的服务、流程、产品与我们的用户、合作伙伴和员工非常贴近并且对他们来说是有价值的，那么我们将无往而不胜。所谓极致体验感，就是在最需要的时候、最恰当的时间点上提供最正确的信息与服务，它是与需求最匹配的、也是最及时的服务；它因传递了某种价值、满足了某种诉求而变得有意义；它以对大量数据的深入分析而出众；这些体验也不是静止不动的、一成不变的，他们必须根据用户的需求和预期目标的变化而变化；还有一点是非常明确的，那就是极致体验感的享受者可以是你的用户、潜在客户、合作伙伴，以及你的员工中的每一个人，他们每一个人都应该有享受极致体验感服务的机会。

极致体验感是一环扣一环的前前后后相互协调的和自适应的，因此最终设计出来的极致体验感也是完全可以预测的。只要你的设计方案和流程是正确的，那么预期的极致体验感就会顺理成章地实现。极致体验感是产生“黏性”的实践，是与商业价值相生相伴的实践，是创建领先性品牌的最基本实践。

然而，你不付出努力，极致体验感就不会凭空产生。技术团队必须开发使用许多新技术与新工具，例如，企业移动化管理系统、移动 APP 开发平台、大数据和信息解析技术等。还要拥抱云计算技术，还要将社交网络和物联网等新的数据资源纳入进来。这些工具将以最大的灵活性为企业决策层至少在理解未来的发展方向上提供最科学的决策支撑。

世界充满了机会，但是我们必须去抓住它。我们没有生活在一个被动接受的商业世界里，正是消费者与生产企业二者共同积极的参与才形成了如今的商业新世界。曾几何时，企业领导者按照命令和控制模式来指挥公司的一切运作，现如今，这种情况却一去不复返了。如今是公司的员工控制着在办公室里使用的技术，并且用更好的工作方式和更好用的系统指挥着一切商业需求的响应和执行。

现在的任何新产品和服务都是由用户驱动的，而且是与你的员工、客户和合作伙伴共同创造的。在过去，产品团队即使能从用户那里获得信息，那些信息也是少得可怜的，而在新一代产品中，用户在产品构建和改进产品方面有绝对的话语权。在其些情况下，哪怕就是天使投资、众筹基金这些想要做投资的潜在客户都会测试你的样机。员工、客户和合作伙伴都可以参加极致体验感的创建与改进工作。

曾几何时，制造商只要简单地将产品放到货架上，在很大程度上这个产品就会变成热销品。这种现象现在不再发生了，这得益于互联网的普及应用，消费者无论在什么地方都可以很方便地对某一款产品进行功能、优势和价格的比较。更不要说随着移动互联网、大数据和云计算技术的不断普及应用，使得更大范围的新的竞争者进入市场变得更加容易了。

关于技术应用的积极的一面就是，它让我们与客户的联系更加紧密了，如果我们能够真正做到贴近用户，他们就会以更大的黏性和更高的热情来回报我们。虽然价格反映真实的价值是非常重要的，但是更好的客户关系将很大程度上弱化价格的趋势变化。很幸运的是，目前有很多技术都能够使我们以更低的成本实现更加个性化的、更相得益彰的用户体验。

任何事情都是有付出就有回报，我们越是在商业活动中使用好技术，实现具有极致体验感的服务，我们就越能够被用户从所有可能的供货商中挑选出来，成为他们的合作伙伴。如果企业满足员工的需求越多，甚至超过一个周的工资，那么企业就越能留住这些人才，在帮助员工成长的同时，企业也会得到成长和发展。

随着时间的推移，面对未来一切可能的变化，你将会有更好的帮手，你也会应对自如。在这种情况下，你也许会完全以玩的心态来面对一切搅局者，你之所以能够做到这一点，是因为你已经十分清楚你的客户的兴趣点在哪里。你完全可以轻轻松松地与他们进行沟通，并按既定方针来应对一切可能发生的问题。你随时随地都在他们的口袋里，他们将十分忠诚地告诉你什么东西有用、什么东西没用等你所想知道的一切情况。这将是对你最强有力和最具改革力的支持。

我们从来没有过这么深刻的洞察力；我们从来没有像今天这样被请求过和被响应过；我们也从来没有用过如此强大的工具来收集信息；我们知道员工们正在用什么，员工们是否花了时间来与我们的商业支撑系统进行协作互动，我们也知道员工们是否不惜一切代价地逃避使用我们的商务支撑系统。我们可以比以前更快速地执行我们的商业活动。这对于那些过去一直在黑暗之中摸索的大公司来说，无疑是一个巨大的胜利。当然这对于小公司来说，也是一个巨大的胜利，因为小公司能够以更低的接入成本、订阅式软件和硬件业务模式来获得更多的服务内容。只要我们行动起来，也只有我们行动起来，那么我们中的每一个人都会感受到周围的惊人变化。

创新并不容易，正像我在本书一开始所说的那样，企业的创新发展往往需要公司首先从现有的还有盈利能力很好的项目中抽调出经费，然后把钱投资到现阶段很难有营业收入或者根本无法产生利润的新项目上。华尔街希望上市公司不断成长，华尔街希望上市公司要不断有好的销售数据和好的利润增长数据，但是小公司可能更加关注商业模式、商业环境的变化。任何能够导致营业收入萎缩和引起利润短期波动的风吹草动，无论这个因素对上市公司的长期利好多有帮助，都会造成股票交易市场的波动，让董事会与股东的股票交易更加困难。然而，目前仍然无法回答的争论还在继续：如果我们不主动消灭自己，那么别人就会来消灭我们。如果我们不主动投资于新技术和新系统，那么我们的竞争对手就会拿走我们的销售、我们的客户，最终也拿走我们的未来。没有一种商业行为允许新市场与旧商业实践和平相处。

从我的亲身经历来看，我相信企业是可以改变的，员工也能够学习使用新工具，而且只要公司具有宏伟的发展愿景，就一定能够变得更加强大、更加灵活、更具有盈利能力。这就是我们为什么要极力主张构建极致体验感的核心动力所在。愿意拥抱未来挑战的企业都会走向成功的彼岸。

译者后记

RIGHT-TIME EXPERIENCES
Driving Revenue with
Mobile and Big Data

现如今，无数人都在大谈特谈“互联网 +”、“互联网思维”，或者高呼“拥抱移动互联新时代”，但是很少有人能够说得清楚什么是互联网思维？以及在互联网思维指导下的商业目标到底是什么？直到看到这本书，我才终于找到了所谓互联网思维的标准答案，那就是在任何商业活动中都以追求“极致体验感”为最高宗旨。极致体验感的核心思想就是在最需要的时刻，给最需要的用户提供他们最想要的服务和产品。请注意这种极致体验感是所有参与方的共同感受，而不仅仅只是服务提供方或是接受方的单方面的感受，蕴涵了每个利益攸关方合作共赢的思想。极致体验感一方面使得想提供产品服务的人在最恰当的时机向最恰当的客户提供最恰当的产品，同时又使想享受服务的客户在最需要的时候享受到最想要的产品与服务。

千万不要期望本书可以当“互联网 +”时代的教科书来读，本书是点燃思想火炬的燧石；也不要指望本书为读者提供解决具体问题的锦囊妙计，本书可以点拨思想，不提供操作手册，不为读者提供当思想懒汉的机会。这是译者在翻译过程中感触最深的地方。

苹果公司为什么能挣脱濒临倒闭的险境，引领行业，变得万众瞩目？乔布斯敏锐地抓到了客户体验这一关键点，在硬件设计、外观设计和操作系统上做到了极致，抓住了客户的心，让客户感到无可挑剔，心甘情愿做忠诚的果粉。从超市货品和客户之间的信息互动、智能试衣间挖掘客户信息场景的生动描述，到自动售货机按需补货，充满科幻色彩的智能家居渐成现实，本书作者笔下的移动终端在信息社会扮演的角色颠覆了人们的思维定势。需要说明的是，移动终端也好，移动技术也罢，设备和技术在一定阶段的发展会呈现固定的形态或形式，隐藏其中的共赢思想或思维才是持续推动社会或组织发展的真正力量，只有这样才能透过现象看清本质。

正如电影拍摄一样，翻译也是一件非常令译者遗憾的工作。翻译界前辈曾说原汁原味翻译出原作的 70% 已经是一件困难的事件了，读者读译文时，没有明显的翻译腔，就像原作者是用中文写作的一样，这始终是翻译人员孜孜以求的目标。这其实真的很难，毕竟中文和英文是两种不同的语言，不同民族的思维方式存在差异。译者在翻译本书的过程中，一直在想象作者如果用中文写作会如何表达自己的思想，如何消除翻译腔，搭建畅通无阻的沟通桥梁，让语言只是思想的外壳，而不是思想的藩篱，译者作了努力，成效如何，有赖读者评判。

通过阅读这本书，读者可以深刻理解在正确的时间点获得正确的服务和令所有参与者都满意的极致体验感所具有的商业价值，这才是用互联网思维实现成功创新与创业的唯一奋斗目标。任何时候，早在一个新需求被发现并被满足之前，只要你能够时刻以追求极致体验感为创新、创业的商业目标，那么极致体验感就能够帮助你及早地预见到商业机会，从而及早地发现需求、及早地获得创新创业的方向、及早地推出适销对路的产品与服务、及早地满足客户需求，从而率先实现商业成功。书中既有各行各业具有极致体验感的产品与服务的生动故事，也有非常实用的以极致体验感来指导创新、创业的科学方法论指导。我们完全相信这本书必将成为移动互联网时代指导大众创业、万众创新的指路明灯。

最后，感谢寇伟国、曹鹏、宁安、王秋风、赵军民、罗茂财、方来付、赵晨光、王崇民、谢剑文、吴夔良、高久营、付琨实、尚军、李允博、马文华、成梦虹等同志分担了部分章节的翻译任务。

北京阅想时代文化发展有限责任公司为中国人民大学出版社有限公司下属的商业新知事业部，致力于经管类优秀出版物（外版书为主）的策划及出版，主要涉及经济管理、金融、投资理财、心理学、成功励志、生活等出版领域，下设“阅想·商业”、“阅想·财富”、“阅想·新知”、“阅想·心理”、“阅想·生活”以及“阅想·人文”等多条产品线。致力于为国内商业人士提供涵盖先进、前沿的管理理念和思想的专业类图书和趋势类图书，同时也为满足商业人士的内心诉求，打造一系列提倡心理和生活健康的心理学图书和生活管理类图书。

阅想·商业

《德国制造：国家品牌战略启示录》

- 赛迪研究院专家组倾情翻译，工业 4.0 研究院院长兼首席经济学家胡权、工业 4.0 俱乐部秘书长杜玉河、工信部国际经济技术合作中心电子商务研究所所长王喜文联袂推荐；
- 从冠军品牌、超级明星品牌再到隐形冠军品牌，以广阔而迷人的视角，深度解析德国制造究竟好在哪里

《大数据经济新常态：如何在数据生态圈中实现共赢》

（“商业与大数据”系列）

- 一本发展中国特色的经济新常态的实践指南；
- 客户关系管理和市场情报领域的专家、埃默里大学教授倾情撰写；
- 中国经济再次站到了升级之路的十字路口，数据经济无疑是挖掘中国新常态经济潜能，实现经济升级与传统企业转型的关键；
- 本书适合分析师，企业高管、市场营销专家、咨询顾问以及所有对大数据感兴趣的人阅读。

《大数据供应链：构建工业 4.0 时代智能物流新模式》

（“商业与大数据”系列）

- 一本大数据供应链落地之道的著作。
- 国际供应链管理专家娜达·桑德斯博士聚焦传统供应链模式向大数据转型，助力工业 4.0 时代智能供应链构建。
- 未来的竞争的核心将是争夺数据源、分析数据能力的竞争，而未来的供应链管理将赢在大数据。

《大数据产业革命：重构 DT 时代的企业数据解决方案》

（“商业与大数据”系列）

- IBM 集团副总裁、大数据业务掌门人亲自执笔的大数据产业宏篇巨著；
- 倾注了 IT 百年企业 IBM 对数据的精准认识与深刻洞悉；
- 助力企业从 IT 时代向 DT 时代成功升级转型；
- 互联网专家、大数据领域专业人士联袂推荐。

《碎片化时代：重新定义互联网 + 商业新常态》

- 《碎片化时代》就是关于技术革命的企业生存指南；
- 本书作者史蒂夫·萨马蒂诺被公认为是科技和商业领域思想领袖，他能帮助企业摆脱工业时代的思维，获得互联网时代所需要的观念和流程。
- 智囊传媒总裁傅强倾情作序，经济学者何帆、心理管理学家、互联网商业研究专家陈禹安联袂推荐。

Right-Time Experiences：Driving Revenue with Mobile and Big Data

ISBN: 978-1-118-84735-0

图书在版编目（CTP）数据

指尖上的场景革命：打造移动终端的极致体验感 /（美）洛佩兹著；平宏伟，龚倩，徐荣译 .—北京：中国人民大学出版社，2016

ISBN 978-7-300-22029-1

Ⅰ.①指… Ⅱ.①洛… ②平… ③龚… ④徐… Ⅲ.①移动终端—应用—企业管理 Ⅳ.①F270.7

中国版本图书馆 CIP 数据核字 (2015) 第 252646 号

指尖上的场景革命：打造移动终端的极致体验感
［美］玛丽贝尔·洛佩兹　著
平宏伟　龚　倩　徐　荣　译
Zhijian Shang de Changjing Geming: Dazao yidong Zhongduan de Jizhi Tiyangan

出版发行	中国人民大学出版社		
社　址	北京中关村大街 31 号	邮政编码	100080
电　话	010-62511242（总编室）		010-62511770（质管部）
	010-82501766（邮购部）		010-62514148（门市部）
	010-62515195（发行公司）		010-62515275（盗版举报）
网　址	http://www.crup.com.cn		
	http://www.ttrnet.com（人大教研网）		
经　销	新华书店		
印　刷	北京中印联印务有限公司		
规　格	170mm×230mm　16 开本	版　次	2016 年 1 月第 1 版
印　张	19.5 插页 1	印　次	2016 年 1 月第 1 次印刷
字　数	304 000	定　价	65.00 元